ULRICH KAZMIERSKI

Volkswirtschaftslehre und Analytische Handlungstheorie

Volkswirtschaftliche Schriften

Begründet von Prof. Dr. Dr. h. c. J. Broermann

Heft 405

Volkswirtschaftslehre und Analytische Handlungstheorie

Zur Diagnose, Ätiologie und Therapie einer Wissenschaftskrise

Von

Ulrich Kazmierski

Duncker & Humblot · Berlin

CIP-Titelaufnahme der Deutschen Bibliothek

Kazmierski, Ulrich:
Volkswirtschaftslehre und analytische Handlungstheorie: zur Diagnose, Ätiologie und Therapie einer Wissenschaftskrise / von Ulrich Kazmierski. – Berlin: Duncker und Humblot, 1990
(Volkswirtschaftliche Schriften; H. 405)
ISBN 3-428-07040-2
NE: GT

Fotoprint: Werner Hildebrand, Berlin 65
Printed in Germany

ISSN 0505-9372
ISBN 3-428-07040-2

Für Tina

Vorwort

"Ein Grundzug geistiger Störung ist ja, daß sich der Kranke mehr und mehr von der Wirklichkeit entfernt. Er bemerkt dieses Entfernen nicht, denn er konstruiert Gedankengebäude, die in sich geschlossen, widerspruchsfrei sind und die Antworten geben auch auf die unangenehmsten Fragen. Ein wichtiger Zug der Gedankengebäude ist ihr formaler Charakter: gewisse Formeln, Gesten eingeschlossen, werden endlos wiederholt, aber so, daß ein Widerspruch mit anderen Formeln nicht eintritt."[1] Überträgt man diesen von P. K. Feyerabend wohl nicht nur ironisch gemeinten "Grundzug geistiger Störung" auf den gegenwärtigen Zustand der >herrschenden Volkswirtschaftslehre<, dann erscheint die von Kritikern beklagte Krise der herrschenden Volkswirtschaftslehre als >Symptom< dieser >Krankheit<. Die vorliegende Arbeit beschäftigt sich mit dieser >Krankheit<. Insbesondere werden drei Zielsetzungen verfolgt:

(1) Die Erstellung einer >*Diagnose*<: Im 1. Kapitel soll die >Krankheit< (Krise) des >Patienten< (herrschende Volkswirtschaftslehre) auf der Grundlage bisher vorliegender >Befunde< (Krisenerklärungen der Kritiker) >diagnostiziert< werden. Angesichts der zum Teil recht unterschiedlichen >Befunde< stellt sich die Frage, ob zwischen ihnen Gemeinsamkeiten und Zusammenhänge bestehen, so daß neben einer einheitlichen >Diagnose< auch eine einheitlichere >Ätiologie<[2] möglich ist. Diese Fragestellung bildet den Ausgangspunkt für die weiteren Überlegungen.

(2) Eine >*ätiologische*< *Erforschung* derjenigen Faktoren einschließlich ihrer Beziehungen zueinander, die zu der bestehenden >Krankheit< geführt haben: Das 2. Kapitel entfaltet zunächst die These, daß die Frage nach dem prinzipiellen Verhältnis zwischen Human- und Naturwissenschaften ein Grundproblem der Volkswirtschaftslehre darstellt. Insbesondere wird anhand bedeutender volkswirtschaftlicher Kontroversen ("Schmoller-Menger-Kontroverse", "Werturteilsstreit" und "Keynesianismus-Monetarismus-Kontroverse") die historische Entwicklung des

[1] Feyerabend, P. K. (Realismus), S. 310.

[2] Ätiologie = Lehre von den Krankheitsursachen.

Problembewußtseins bezüglich dieser Frage innerhalb der Volkswirtschaftslehre herausgearbeitet. Anhand der folgenden Fragestellungen wird dieses Grundproblem der Volkswirtschaftslehre, das als >metawissenschaftliche Entscheidungssituation< formuliert wird, im 3. Kapitel eingehender betrachtet: Welche prinzipiellen Abhängigkeits- bzw. Unabhängigkeitsbeziehungen zwischen Human- und Naturwissenschaften lassen sich unterscheiden bzw. werden überhaupt thematisiert? Gibt es übereinstimmende Auffassungen hinsichtlich der Merkmale, mit denen Human- und Naturwissenschaften charakterisiert werden? Besitzt die metawissenschaftliche Entscheidungssituation neben ihrer akademischen Relevanz (insb. innerhalb der Humanwissenschaften) auch eine praktische Relevanz?

Im 4. Kapitel wird die These entfaltet, daß das defizitäre Problembewußtsein der herrschenden Volkswirtschaftslehre für die metawissenschaftliche Entscheidungssituation als eine grundlegende Krisenursache erachtet werden kann. Grundlegend deshalb, weil viele der bereits vorliegenden Krisenerklärungen sich hierauf zurückführen lassen. Im 5. Kapitel wird dargelegt, daß für Identifizierung, Darstellung und Auflösung der metawissenschaftlichen Entscheidungssituation wissenschaftstheoretisches Denken erforderlich ist, daß aber der Umgang der herrschenden Volkswirtschaftslehre mit der Wissenschaftstheorie bzw. mit wissenschaftstheoretischen Reflexionen eine deutliche Vorurteilsstruktur aufweist. Die Konsequenzen, die sich aus dieser Vorurteilsbeladenheit ergeben, werden thematisiert. In engem Zusammenhang hierzu stehen "Ideologien", die als >kollektive Vorurteile< aufgefaßt werden, denn eine bestimmte ideologische Befangenheit der herrschenden Volkswirtschaftslehre führt zur Bildung von bestimmten Vorurteilen im Theorienbereich.

Im 6. Kapitel geht es in erster Linie darum, die >Fäden< der vorangegangenen Kapitel miteinander zu verknüpfen, d.h. die bestehenden, aber latenten Zusammenhänge zu thematisieren. Denn damit eröffnet sich die Möglichkeit, einen einheitlicheren Krisenerklärungsversuch vorzulegen, der dann als Ausgangspunkt für eine wirksame >Therapie< der Krise der herrschenden Volkswirtschaftslehre dienen soll.

(3) Eine *Analyse eines >Therapievorschlags<*: Die Diskussionen, die innerhalb der "Analytischen Handlungstheorie" ausgetragen werden, stehen im Kontext der metawissenschaftlichen Entscheidungssituation (Abschnitt 7.1). Insbesondere die handlungstheoretischen Überlegungen G. H. v. Wrights, einem führenden Vertreter der "Analytischen Handlungstheorie", erscheinen deshalb als interessant, weil sie bei den grundlegenden Krisenursachen ansetzen, die von der >ätiologischen< Untersuchung identifiziert und inhaltlich bestimmt worden sind (Ab-

Übersicht 1

Aufbau der Studie

>Diagnose<

>Diagnose< der Krise der herrschenden Volkswirtschaftslehre auf der Grundlage vorliegender >Befunde< (Kapitel 1)

>Ätiologie<

Analyse der grundlegenden Faktoren und ihrer Beziehungen untereinander, die zur >Erkrankung< (Krise) des >Patienten< (herrschende Volkswirtschaftslehre) geführt haben:

Metawissenschaftliche Entscheidungssituation als ein Grundproblem der Volkswirtschaftslehre (Kapitel 2 u. 3)

↙ ↘

Problembewußtseinsdefizite (Kapitel 4)

Vorurteilsbeladenheit im Umgang mit der Wissenschaftstheorie (Kapitel 5)

↘ ↙

Versuch einer einheitlicheren Krisenerklärung (Kapitel 7)

Analyse einer möglichen >Therapie<

Die Analytische Handlungstheorie G. H. v. Wrights als mögliche Therapie (Kapitel 7)

↓

Entwicklung einer immanent-systematischen Konzeption zur Analyse von >Therapien< (Kapitel 8)

↓

Die immanent-systematische Analyse der handlungstheoretischen >Therapie< G. H. v. Wrights (Kapitel 9)

schnitt 7.2). Von daher ergeben sich die beiden folgenden Fragen: Ist v. Wrights Handlungstheorie ein Beitrag zur Krisenbewältigung, und wie ist gegebenenfalls die Qualität dieses Beitrages einzuschätzen? Beide Fragen sollen immanent beantwortet werden. Hierzu wird im 8. Kapitel eine immanent-systematische Analysekonzeption entwickelt, mit deren Hilfe diese Fragen (immanent-systematisch) hinreichend beantworten werden sollen. Die immanent-systematische Analyse wird dabei in erster Linie von der Überzeugung getragen, daß eine Theorie erst dann als die >beste< ausgezeichnet werden kann, wenn zu dieser Theorie hinreichend problemadäquate Alternativen berücksichtigt worden sind.

Im 9. Kapitel erfolgt die eigentliche immanent-systematische Analyse der v. Wrightschen Handlungstheorie. Hierzu wird zunächst zwischen drei Betrachtungsebenen (Traditionen-, Paradigmen- und Verstehen-Erklären-Ebene) unterschieden. Auf jeder dieser Betrachtungsebenen erfolgt dann eine immanent-systematische Analyse bzw. Rekonstruktion der jeweiligen Problemformulierung sowie des dazugehörigen Problemlösungsansatzes. Die Resultate dieser immanent-systematischen Analyse werden in einem abschließenden Abschnitt dieses Kapitels zusammengetragen.

Im abschließenden 10. Kapitel werden die wesentlichen Resultate dieser Arbeit vor dem Hintergrund dieser drei Zeilsetzungen noch einmal zusammengetrgen. Der gesamte Argumentationsaufbau dieser Studie ist in der "*Übersicht 1*" noch einmal dargestellt.

Die vorliegende Arbeit wurde im Jahr 1989 als Dissertation vom Fachbereich Wirtschaftswissenschaften der Universität-Gesamthochschule Paderborn angenommen. An dieser Stelle danke ich allen, die zum Gelingen dieser Arbeit beigetragen haben: Herrn Prof. Dr. Peter Dobias für die Unterstützung und Betreuung sowie für die gewährte wissenschaftliche Freiheit bei der Entstehung der Arbeit, Herrn Prof. Dr. Frank Benseler für die Übernahme des Zweitgutachtens. Anregungen und Kritik habe ich des weiteren in zahlreichen Diskussionen und Gesprächen mit Bettina Blanck, Dr. Horst Brezinski, Rainer Greshoff, Dr. Werner Loh und Christiane Rennert erhalten. Ein besonderer Dank gebührt meiner Frau Bettina sowie meinen Kindern Sina und Jan, die geduldig einen großen Teil der sozialen Kosten dieser Arbeit getragen haben.

Ulrich Kazmierski

Inhalt

"Es könnte sogar sein, daß eine Ausbildung in fortgeschrittener Volkswirtschaftslehre für Ökonomen ausgesprochen schädlich ist."[1]

E. H. P. Brown

1. Die Krise der herrschenden Volkswirtschaftslehre

Die Feststellung, daß sich die herrschende Volkswirtschaftslehre[2] in der Krise befindet, ist keineswegs neu und wird von vielen Fachvertretern getroffen. Sie gehört mittlerweile schon fast zum guten akademischen Ton. E. H. P. Brown sieht die Krise in dem "Auseinanderklaffen zwischen der Wirtschaftswissenschaft und den praktischen Problemen"[3]. Die nationalen und internationalen "praktischen Probleme" heißen: zunehmende Umweltzerstörung, Energieknappheit, Rohstoffmangel, Bevölkerungsexplosion, anhaltend hohe Arbeitslosigkeit, rasch steigende Staatsverschuldungen, Währungsturbulenzen, Außenhandelsdefizite, astronomische Inflationsraten in vielen Entwicklungsländern, ungelöste Verschuldungsprobleme einiger

[1] Brown, E. H. P. (Rückständigkeit), S. 22.

[2] Unter >herrschender Volkswirtschaftslehre< soll der Teil der gegenwärtigen Volkswirtschaftslehre verstanden werden, der die herrschende Lehrmeinung bildet und mit dieser der praktischen Wirtschaftspolitik eine wissenschaftliche Fundierung und Legitimierung liefert. Ein entscheidendes Charakteristikum der herrschenden Volkswirtschaftslehre ist ihre ausgeprägte Neigung zu dem, was G. Myrdal als "Konformismus" beschreibt: Sie "zitieren einander und sonst niemanden, am allerwenigsten Rebellen - falls es Volkswirtschaftler gibt, die die Auffassungen und Theorien des Establishments radikal in Frage zu stellen wagen. Auf diese Weise schirmen sie sich ab und isolieren sich geradezu - nicht nur gegenüber anderen sozialwissenschaftlichen Disziplinen" (Memoiren), S. 11.

[3] Brown, E. H. P. (Rückständigkeit), S. 23.

Ostblock- und vieler "Dritte-Welt-Länder" und schließlich auch Hunger und Elend - und dies nicht nur bei den Ärmsten der Armen.[4]

Bei ihrem Bemühen, diese "praktischen Probleme" in den Griff zu bekommen, habe die herrschende Volkswirtschaftslehre "versagt" und sich als "unfähig erwiesen".[5] Die Krise der herrschenden Volkswirtschaftslehre wird in ihrer Unfähigkeit, "eine Brücke zum praktischen Handeln zu bauen"[6] gesehen. Diese anhaltende Unfähigkeit ist für J. Robinson ein "Bankrott der akademischen wirtschaftstheoretischen Lehre"[7]; für G. Myrdal die "Bemühung der Wirtschaftswissenschaftler, praktische und politische Probleme mit einer fehlenden Gleichung zu lösen, so daß der Ungenauigkeit und den Fehlern Tür und Tor geöffnet wird"[8]. Es ist daher nicht verwunderlich, daß die Volkswirtschaftslehre "ein Bild der Ratlosigkeit und Zerstrittenheit"[9], der "Enttäuschung und Unruhe"[10] biete.

Die Krise der herrschenden Volkswirtschaftslehre ist auch eine Krise der (praktischen) Wirtschaftspolitik, sofern die Wirtschaftspolitik ihre theoretische Fundierung und wissenschaftliche Legitimierung durch die Volkswirtschaftslehre erhält. In dieser Krisensituation gleiche der Wirtschaftspolitiker "einem Blinden, der mit der Stange im Nebel herumtappt"[11]: Ob die wirtschaftspolitischen Maßnahmen im Sinne der angestrebten Ziele wirken oder nicht, bliebe daher weitgehend dem Zufall überlassen. Die herrschende Volkswirtschaftslehre sei nicht mehr in der Lage, "die *Wirtschaft* zu steuern oder auch nur zu erklären, was eigentlich los ist."[12] Für E. v. Beckerath "ist es sehr wohl denkbar, [...], daß ein Staatsmann, welcher eine wichtige wirtschafts- oder finanzpolitische Entscheidung zu treffen hat, auf die Mitwirkung der Nationalökonomen verzichtet".[13] Dies scheint nicht verwunderlich, wenn man mit W. Hofmann feststellt, daß die Nationalökokomie "die am

---

[4] So ist für J. Robinson die sachlich dringenste Frage: "Welches ist das Merkmal eines privatwirtschaftlichen Systems, das die reichste Nation, die die Welt gesehen hat, dazu verdammt, einen erheblichen Teil ihrer Bevölkerung in dauernder Ignoranz und Elend zu halten?" (Krise), S. 66.

[5] Markmann, H./Simmert, D. B. (Einleitung), S. 9 f.

[6] Kapp, K. W. (Enthumanisierung), S. 85.

[7] Robinson, J. (Krise), S. 57.

[8] Myrdal, G. (Objektivität), S. 13.

[9] Rothschild, K. W. (Ökonomische Theorie), S. 11.

[10] Brown, E. H. P. (Rückständigkeit); S. 23.

[11] Braun, G. (Gestaltung), S. 109.

[12] Henderson, H. (Ende), S. 247, Hervorhebung im Original.

[13] Von Beckerath, E. (Einfluß), S. 459.

meisten deformierte, denaturierte unter allen gesellschaftsnahen Wissenschafen"[14] sei.

Ein Ende dieser Krise scheint nicht absehbar, da "beim gegenwärtigen Stand der wissenschaftlichen Forschung [...] eine befriedigende Lösung der wirtschaftspolitischen Probleme in nächster Zeit kaum zu erwarten"[15] ist. Für R. Hickel scheint das "Rad wirtschaftswissenschaftlichen Paradigmenwechsels [...] schlichtweg zurückgedreht zu werden."[16] Es sei schließlich ein "Anachronismus, der Wirtschaftspolitik theoretische Rezepte zu verschreiben, die ihre gedanklichen Grundlagen aus den vergangenen zwei Jahrhunderten beziehen."[17] Einige Ökonomen zeigen sich darüber betroffen, "daß wir nunmehr seit Jahren mit unseren Kriseninterpretationen hinter der Krise herlaufen"[18].

Angesichts derartiger Feststellungen dürfte sich die herrschende Volkswirtschaftslehre in einem beklagenswerten Zustand befinden, "auch wenn sie es selbst nicht oder noch nicht oder nur zögernd wahrhaben will."[19]

Die Krise der herrschenden Volkswirtschaftslehre wird von ihren Kritikern prima facie unterschiedlich begründet und eingeschätzt. K. E. Boulding behauptet: "The whole economic profession, indeed, is an example of that monumental misallocation of intellectual resources which is one of the most striking phenomena of our times."[20] Worin mag diese "monumentale Fehlallokation intellektueller Ressourcen" bestehen?

Eine Anzahl von Kritikern der herrschenden Volkswirtschaftslehre sehen in einer mechanistischen Denkweise die entscheidende Krisenursache. Für K. W. Kapp ist die Nationalökonomie "im Begriff, zur reinen Technik zu werden"[21]; für H. Arndt dagegen zeigen Ökonomen schon "seit jeher die Tendenz, [...] wirtschaftliche Vorgänge als mechanische Verläufe zu betrachten."[22] In gleicher Richtung argumentiert N. Georgescu-Roegen, der das nationalökonomische Denken immer noch vom mechanistischen Leitbild der klassischen Physik Newtons geprägt sieht, obwohl die klassische

14 Hofmann, W. (Ideologisierung), S. 1190.

15 Wulff, M. (Probleme), S. 5.

16 Hickel, R. ("Gegengutachten"), S. 130.

17 Soltwedel, R. (Relevanz), S. 27.

18 Kirsch, G./Mackscheid, K./Herder-Dorneich, P./Dettling, W. (Markt), S. 7.

19 Vogt, W. (Kritik), S. 180.

20 Boulding, K. E. (Economics of Knowledge), S. 12.

21 Kapp, K. W. (Nationalökonomie), S. 107.

22 Arndt, H. (Irrwege), S. 96.

Physik durch die Entwicklungen der modernen Physik (Quantentheorie, Relativitätstheorie etc.) als überholt gelten kann.[23] Es "geschah nichts, um das wirtschaftswissenschaftliche Denken von der mechanistischen Epistemologie der Vorväter der gängigen Lehre zu befreien."[24] Die "Institutionalisten" beklagen eine institutionelle Kurzsichtigkeit. Besonders der Versuch der Neoklassik, "die Ökonomie nomologisch zu formulieren und so aus ihr eine Mechanik (Physik) von Nutzen, Kosten und Preisen zu machen", habe in ein "»institutionelles Vakuum«"[25] geführt, d.h. in eine ausschließliche Betrachtung der Institution "Markt". Gerade durch diese institutionelle Kurzsichtigkeit habe die Volkswirtschaftslehre "eine Reihe theoretischer Sackgassen produziert, weil in vielen realen sozialen und ökonomischen Situationen der Markt weder kostenlos noch rasch allokiert, also keinesweg die effizienteste Institution ist und daher andere institutionelle Arrangements sich durchgesetzt haben."[26]

Mechanistisches Denken gehe einher mit einer "Enthumanisierung der nationalökonomischen Theorie"[27]; mit einem Verlust der Menschlichkeit, indem "von den spezifischen Eigenarten menschlicher Handlungen"[28] abstrahiert werde. Liegt es daran, daß die Ökonomen "theoretisch und ideologisch in ihre Basismodelle verliebt" sind und daß sie "nur allzuoft den hohen Abstraktionsgrad und den partiellen Erklärungsbereich ihrer Konstruktionen"[29] vergessen? Brown stellt fest, "daß die Entwicklung der Theorie wie auch der Ökonometrie auf willkürliche Annahmen über das Verhalten der Wirtschaftssubjekte aufbauen"[30]; Ökonomen gingen von Annahmen über menschliches Verhalten aus, "die aus der Luft gegriffen sind."[31]

Aufgrund der stets zunehmenden Spezialisierung und Arbeitsteilung in den einzelnen Humanwissenschaften fehle fast jede Möglichkeit, Ereignisse in ihrem Zusammenhang zu betrachten, über den sogenannten "Tellerrand" zu schauen: "Eine solche negativ zu beurteilende Entwicklung ist im Bereich der Gesellchaftswissenschaften deutlich erkennbar."[32] Das Abschieben von

---

[23] Vgl. Georgescu-Roegen, N. (Materie).

[24] Ebenda, S. 99.

[25] Blaas, W. (Institutionen), S. 277.

[26] Ebenda, S. 278.

[27] Kapp, K. W. (Nationalökonomie), S. 123.

[28] Arndt, H. (Irrwege), S. 96.

[29] Rothschild, K. W. (Ökonomische Theorie), S. 21.

[30] Brown, E. H. P. (Rückständigkeit), S. 30.

[31] Ebenda, S. 25.

[32] Wulff, M. (Probleme), S. 11.

nicht-ökonomischen Aspekten des menschlichen Verhaltens in andere Disziplinen wie Psychologie, Soziologie, Politologie etc. "hilft dem Wirtschaftswissenschaftler keineswegs bei seiner Aufgabe, menschliches Verhalten zu erkären und wirtschaftliche Entwicklungen vorherzusagen"[33]. Für H. Henderson ist die Ökonomie *"heute zweifellos ein überholtes disziplinäres Gerüst"*.[34]

Die "Enthumanisierung der nationalökonomischen Theorie" ist für Kapp "aufs engste mit gewissen Methoden unserer Disziplin verbunden [...], die tief im heutigen positivistisch-wissenschaftlichen Denken verankert ist."[35] Dies zeige sich sowohl in der mikro- als auch in der makroökonomischen Theorie.[36] Für F.-J. Clauß kommt der "positivistische Empirismus und Ökonometrismus" der Realität in keinster Weise nahe: "Was aus laienhafter und aus konventionalistischer Perspektive wie "empirische Wirtschaftswissenschaft" aussieht, erweist sich in kritischer Analyse allzuoft als träges Verharren bei steriler mathematizistischer Methodologie."[37] H. Albert sieht in einer "fundamentalen methodologischen Schwäche des neoklassischen Denkstils"[38] die Ursache für den beklagenswerten Zustand der herrschenden Volkswirtschaftslehre. Gemeint ist der *"Modell-Platonismus* der reinen Ökonomie, der in Versuchen zum Ausdruck kommt, ökonomische Aussagen und Aussagemengen (Modelle) durch Anwendung *konventionalistischer* Strategien gegen die Erfahrung zu *immunisieren*."[39,40] Für J. Frank erfordert die "Krise der Ökonomie [...] eine Reflexion über ihre Grundlagen."[41] So seien "methodologische Überlegungen unumgänglich."[42] Das Problem sei jedoch, daß die "»rate of return« methodologischer Kritik (auch konstruktiver!) [...] nach wie vor nahe bei Null" liege.[43] J. Galtung kommt zu der Feststellung, daß sich die Ökonomie als Wissenschaft, "so wie sie sich heute darstellt, [...] sich ihrer erkenntnistheoretischen und entstehungsge-

---

[33] Kapp, K. W. (Erneuerung), S. 47.

[34] Henderson, H. (Ende), S. 263, Hervorhebung im Original.

[35] Kapp, K. W. (Nationalökonomie), S. 123.

[36] Ebenda.

[37] Clauß, F.-J. (Wissenschaftslogik), S. 398.

[38] Albert, H. (Modell-Platonismus), S. 368.

[39] Ebenda, S. 356, Hervorhebung im Original.

[40] Als eine dieser Immunisierungsstrategien diskutiert Albert die "unqualifizierte ceteris-paribus-Klausel", die jede Falsifikation ausschließt (S. 357 f.).

[41] Frank, J. (Kritische Ökonomie), S. 11.

[42] Ebenda, S. 12.

[43] Ebenda, S. 11.

schichtlichen Wurzeln nicht bewußt ist."[44] Galtung erhebt Anklage gegen das "ökonomische Pontifikat, die Spitzen der Priesterschaft".[45]

K. Jojima ist überzeugt, daß die Unfähigkeit der herrschenden Volkswirtschaftslehre, ihre Probleme hinreichend zu lösen, in der Herabsetzung ihres Anspruchsniveaus zu sehen ist: "Es geht um immer kleinlichere und nebensächlichere Fragestellungen; Epigonen finden nach Keynes dem Großen oder Friedman dem Großen kleinere und untertänige Themen und sind schon mit ihren mathematischen Spielereien zufrieden."[46] Oder liegt diese Unfähigkeit der herrschenden Volkswirtschaftslehre einfach in ihrer Ignoranz begründet, wie J. Robinson behauptet: "So waren die akademischen Lehrer eifrig bemüht, die Wirtschaft in einem freundlichen Licht erscheinen zu lassen. Sie bemühten sich nicht, sie ernsthaft zu untersuchen, um zu sehen, wie sie wirklich war."[47] Eine derartige Ignoranz ist für Robinson auch ideologiebestimmt.[48] B. Ward stellt fest, daß die Ökonomie "in ihrer Struktur - in der Art, wie sie Fragen stellt und beantwortet, wie auch in der Art, wie aus ihr wirtschaftspolitische Folgerungen gezogen werden - völlig von Ideologie durchdrungen ist."[49] Für W. Hofmann ist es ebenfalls die Ideologiehaftigkeit, die zu einer "denkgeschichtlichen Verhärtung" führte und die ihrerseits "die gegebene Struktur der neueren Volkswirtschaftslehre zu durchstoßen"[50] wirksam verhindert. Für J. Frank besitzen die "Krise der Ökonomie" und das "Versagen der herrschenden Methodologie" einen "gemeinsamen ideologischen Kern", wenn unter Ideologie das "notwendig falsche Bewußtsein einer bestimmten Realität"[51] verstanden wird.

Diese Bestandsaufnahme bereits vorgelegter Krisenerklärungen erhebt keineswegs den Anspruch, vollständig zu sein. Jeder zutreffende Einwand, daß diese oder jene Krisenerklärung nicht berücksichtigt wurde, ist daher prinzipiell berechtigt. Der Grund, warum auf eine weitere Auflistung verzichtet wird, besteht in erster Linie in der Hoffnung, daß mit dieser Bestandsaufnahme ein repräsentativer Ausschnitt an Erklärungen dieser doch

---

[44] Galtung, J. (Okzidentalismus), S. 165.

[45] Ebenda, S. 177.

[46] Jojima, K. (Ökonomie), S. 17.

[47] Robinson, J. (Krise), S. 57.

[48] Robinson, J. (Ideologie). Allerdings bräuchte man auf die "ideologische Verzerrung" erst dann eingehen, wenn die bisherigen ökonomischen Modelle "die Prüfung hinsichtlich Konsistenz und Relevanz bestanden haben" (S. 129). - Das Prüfungsergebnis der "bisherigen ökonomischen Modelle" nach Ansicht Robinsons: durchgefallen!

[49] Ward, B. (Idealwelten), S. XIX.

[50] Hofmann, W. (Ideologisierung), S. 1190.

[51] Frank, J. (Kritische Ökonomie), S. 11.

so vielfach beklagten Krise (oder Krisen?) der herrschenden Volkswirtschaftslehre erfaßt werden konnte. Im übrigen werden noch weitere Kritiker der herrschenden Volkswirtschaftslehre in den folgenden Kapiteln zu Wort kommen.

Eine Gemeinsamkeit all dieser Krisenerklärungen besteht zweifellos in der Feststellung, daß sich die herrschende Volkswirtschaftslehre in einem Krisenzustand befindet. Dennoch ist nicht zu übersehen, daß neben dieser einheitlichen >Diagnose< die >Ätiologien< dieser Krisenerklärungen sich teilweise erheblich voneinander unterscheiden, d.h. daß recht unterschiedliche Krisenbegründungen geliefert werden. Vor dem Hintergrund dieser Bestandsaufnahme stellt sich daher nicht so sehr die Frage, ob es überhaupt eine Krise der herrschenden Volkswirtschaftslehre gibt, sondern vielmehr, worauf diese Krise zurückzuführen ist und vor allem, welche Möglichkeiten ihrer Bewältigung sich anbieten. Der Ausgangspunkt für die weiteren Überlegungen ist daher die Frage, ob zwischen diesen heterogenen >Befunden< Gemeinsamkeiten und Zusammenhänge bestehen, so daß neben einer einheitlichen >Diagnose< auch eine einheitlichere >Ätiologie< möglich ist. Denn erst eine einheitlichere >Ätiologie< dürfte die Voraussetzung dafür bilden, daß eine geeignete >Therapie< gefunden werden kann, die die >Krankheit< erfolgreich bekämpft.

2. Kontroversen und ihre Tiefenstruktur

Insgesamt betrachtet, stellen diese im 1. Kapitel angeführten Krisenerklärungen Hinweise auf grundlegende Problemstellungen der Volkswirtschaftslehre dar, die von der herrschenden Volkswirtschaftslehre bisher offensichtlich nur unzureichend behandelt wurden. Ein erster Schritt, sich diesen grundlegenden Problemstellungen zu nähern, soll durch eine problemgeschichtliche Betrachtung bedeutender Kontroversen der Volkswirtschaftslehre ("Schmoller-Menger-Kontroverse", "Werturteilsstreit" und "Keynesianismus-Monetarismus-Kontroverse") erfolgen; denn es wird davon ausgegangen, daß sich diese grundlegenden Problemstellungen in der Geschichte der Volkswirtschaftslehre wiederfinden lassen. Insbesondere wird im 2. Kapitel die These entfaltet, daß im Rahmen einer problemgeschichtlichen Betrachtung dieser bedeutenden Kontroversen der Volkswirtschaftslehre die Frage nach dem prinzipiellen Verhältnis zwischen Human- und Naturwissenschaften ein Grundproblem herausstellt. Bei dieser problemgeschichtlichen Betrachtung geht es nicht nur darum festzustellen, wie ausgeprägt das Problembewußtsein bezüglich dieses Grundproblems innerhalb der einzelnen Kontroverse gewesen ist, sondern es soll auch untersucht werden, wie sich dieses Problembewußtsein historisch entwickelt hat. In den Kapitel 3 bis 6 wird es darum gehen, den Zugang zu den grundlegenden Problemen der Volkswirtschaftslehre durch die bisher vorliegenden Krisenerklärungen (1. Kapitel) mit dem problemgeschichtlichen Zugang dieses 2. Kapitels zusammenzuführen.

2.1 Die Frage nach dem prinzipiellen Verhältnis zwischen Human- und Naturwissenschaften als ein Grundproblem der Volkswirtschaftslehre

"Schmoller-Menger-Kontroverse", "Werturteilsstreit" und "Keynesianismus-Monetarismus-Kontroverse" sind Kontroversen, die vermutlich jedem Ökonomen mehr oder weniger gut bekannt sind. Begonnen haben diese drei Kontroversen zu unterschiedlichen Zeitpunkten[1], so daß zunächst vermutet werden kann, daß es zwischen ihnen keinerlei Beziehungen gibt und daß

---

[1] "Schmoller-Menger-Kontroverse": 1883; "Werturteilsstreit": 1909; "Keynesinismus-Monetarismus-Kontroverse" ca. Ende der sechziger/ Anfang der siebziger Jahre.

mehr oder weniger jede Kontroverse ein Kapitel für sich darstellt. Dieser Vermutung soll hier widersprochen werden, indem die These entfaltet wird, daß diesen drei großen Kontroversen eine gemeinsame Problemstellung zugrunde liegt und daß ihre scheinbare Verschiedenheit auf die Behandlung unterschiedlicher Aspekte eines gemeinsamen Problems zurückgeführt werden kann: der Frage nach dem prinzipiellen Verhältnis zwischen Human- und Naturwissenschaften. Es ist u.a. die Frage, ob die Volkswirtschaftslehre ein >Zweig< der Naturwissenschaften darstellt, oder ob sie als eine gegenüber den Naturwissenschaften eigenständige >Humanwissenschaft<[2] aufzufassen ist; wobei hier genau anzugeben wäre, was unter "Naturwissenschaften" und "Humanwissenschaften" verstanden werden soll.[3] Dieses Problem kann auf zwei Ebenen thematisiert werden:

- Auf der *Theorie-Gegenstandsebene*[4] geht es um mögliche Unterschiede bei den Gegenstandsbereichen von Human- und Naturwissenschaften: Unterscheidet sich z.B. der Gegenstandsbereich der Volkswirtschaftslehre in seinen grundlegenden Strukturen und Merkmalen derart von naturwissenschaftlichen Gegenstandsbereichen, daß sich hieraus eine prinzipielle Verschiedenheit von volkswirtschaftlichen und naturwissenschaftlichen Theorien[5] ableiten läßt? Oder handelt es sich nur um graduelle Unterschiede?

- Auf der *Methodenebene*[6] geht es um mögliche Unterschiede in den methodischen Ansätzen (Verfahren) der Human- und Naturwissenschaften: Bestehen prinzipielle Unterschiede im methodischen Ansatz bei der Erforschung naturwissenschaftlicher Entitäten einerseits und der Erforschung der Entität "handelnder Mensch" andererseits? Oder bestehen auch hier nur graduelle Unterschiede?

---

[2] Wegen der bestehenden Abgrenzungsunsicherheit des Terminus "Sozialwissenschaften" ("Geistes- u. Sozialwissenschaften", "Wirtschafts- u. Sozialwissenschaften", "Geschichts- u. Sozialwissenschaften" etc.) wird im folgenden der Terminus "Humanwissenschaften" verwendet. In einer ersten und vorläufigen Bestimmung können diejenigen Wissenschaften zu den "Humanwissenschaften" gezählt werden, die das (menschliche) Handeln zum Gegenstand ihrer Betrachtungen machen; wobei "Handlungen" als Folge gedanklicher Prozesses erachtet werden. Entsprechend dieser Auffassung ist eine rein behavioristische Theorie eine naturwissenschaftlich orientierte Theorie, da durch die ausschließliche Beschränkung auf äußeres Verhalten Handlungen als Folge gedanklicher Prozesse nicht thematisiert werden.

[3] Zu dieser Problemlage vgl. Abschnitt 3.2.

[4] Die >Theorie-Gegenstandsebene< umfaßt die Darstellung grundlegender Merkmale und Strukturen des Gegenstandsbereiches (Erkenntnisobjekt) durch Theorien.

[5] Unter "Theorien" sollen hier Aussagen verstanden werden, die von spezifischen Orts- und Zeitangaben losgelöst sind.

[6] Die >Methodenebene< umfaßt Verfahren der Theorienbildung und -überprüfung, sowie Erklärungs- und Prognoseverfahren. Eine reflexive Betrachtung der Methoden kann als >methodologisch< bezeichnet werden (Methodologie = Lehre von den Methoden).

Diese Andeutungen zur Frage nach dem prinzipiellen Verhältnis zwischen Human- und Naturwissenschaften sollen zunächst als ein erstes Vorverständnis genügen. Eine detailliertere Betrachtung dieses Problems erfolgt im 3. Kapitel. Es geht im folgenden keineswegs darum, diese drei Kontroversen erneut kritisch zu beleuchten oder zu bewerten,[7] sondern es geht lediglich darum, herauszuarbeiten, ob und inwieweit die Frage nach dem prinzipiellen Verhältnis zwischen Human- und Naturwissenschaften für diese Kontroversen von Bedeutung ist und wie sich gegebenenfalls das entsprechende Problembewußtsein historisch entwickelt hat.

2.2 Eine problemgeschichtliche Betrachtung

2.2.1 Die "Schmoller-Menger-Kontroverse"

Die "Schmoller-Menger-Kontroverse" begann 1883 mit C. Mengers "Untersuchungen über die Methode der Socialwissenschaften und der Politischen Oekonomie insbesondere". Diese Kontroverse wurde von beiden Kontrahenten in einer sehr polemischen Art und Weise ausgetragen. Die Bedeutung dieser Kontroverse wird allerdings unterschiedlich beurteilt. Angesichts der Tatsache, daß diese Kontroverse als sogenannter "älterer Methodenstreit" in die Geschichte der Volkswirtschaftslehre eingegangen ist und daß seitdem eine unüberschaubare Anzahl von Darstellungen und Analysen dieses "Methodenstreites" geliefert wurden, erkennen ihr viele Ökonomen eine entsprechend große Bedeutung zu. Andere Ökonomen bestreiten diese Bedeutung: J. A. Schumpeter war z.B. davon überzeugt, daß "diese Kontroverse, wie auch alle ähnlichen, uns völlig sinnlos erscheinen"[8]; die Geschichte der ihr folgenden Literatur sei "im wesentlichen eine Geschichte vergeudeter Energie, die man besser hätte nützen können."[9] Es mag sein, daß Schumpeter recht hat; es mag auch sein, daß G. Schmoller "wegen seiner ausgesprochenen Neigung zur Mißdeutung fremder Meinungen"[10] zu verurteilen ist. Dies alles mag zutreffen oder auch nicht, ist aber für die hier beabsichtigte Analyse nicht von Bedeutung. Von Bedeutung ist dagegen herauszuarbeiten, welche Rolle die Frage nach dem prinzipiellen Verhältnis zwischen Human- und Naturwissenschaften in der "Schmoller-Menger-Kontroverse" gespielt hat.

---

[7] Bezüglich Darstellung und Analyse dieser drei Kontroversen kann hier auf die entsprechende Literatur verwiesen werden.

[8] Schumpeter, J. A. (Geschichte), S. 995.

[9] Ebenda, S. 994.

[10] Menger, C. (Irrthümer), S. 16.

Für Menger war der Gegensatz zwischen den theoretischen Naturwissenschaften und den theoretischen Sozialwissenschaften "lediglich ein solcher der Erscheinungen, welche dieselben unter dem theoretischen Gesichtspunkte erforschen, keineswegs aber ein Gegensatz der Methoden"[11]. Die für die Natur- und Sozialwissenschaften gemeinsamen Methoden theoretischer Forschung unterteilte Menger in eine "realistisch-empirische" und in eine "exacte" Richtung.[12] Die realistisch-empirische Richtung versuchte, die Gesamtheit realer Erscheinungen in "Realtypen" und "empirische Gesetze" zu ordenen.[13] Diese Erkenntnisse blieben für Menger jedoch "formal unvollkommen"[14], so daß er sie durch die "exacte" Forschung ergänzt hat. Ziel dieser Richtung "ist die Feststellung von strengen Gesetzen der Erscheinungen, von Regelmäßigkeiten in der Aufeinanderfolge der Phänomene, welche sich uns nicht nur als ausnahmslos darstellen, sondern mit Rücksicht auf die Erkenntniswege, auf welchen wir zu denselben gelangen, geradezu die Bürgschaft der Ausnahmslosigkeit in sich tragen, von Gesetzen der Erscheinungen, welche gemeiniglich "Naturgesetze" genannt werden, viel richtiger indess mit dem Ausdrucke: "*exacte Gesetze*" bezeichnet werden würden."[15]

Für Menger gab es Naturwissenschaften, die nicht "exact" waren, wie z.B. Physiologie, Meteorologie; sowie "exacte" Wissenschaften, die keine Naturwissenschaften waren, z.B. die "reine Nationalökonomie". Nach Mengers Auffassung war es daher "falsch", von naturwissenschaftlichen oder sozialwissenschaftlichen Methoden zu sprechen.[16] Die "exacte" Richtung der theoretischen Forschung sei daher in ihrer Verfahrensweise den "exacten Naturwissenschaften" analog.[17]

Eine Notwendigkeit für methodische Untersuchungen bestand für Menger allerdings nur dann, wenn "auf einem Wissensgebiete aus irgendwelchen Gründen die richtige Empfindung für die aus der Natur der Sache sich ergebenden Ziele der Forschung verloren gegangen ist, wenn nebensächlichen Aufgaben der Wissenschaft eine übertriebene oder gar die entscheidende Bedeutung beigelegt wird, wenn von mächtigen Schulen getragene irrthümliche methodische Grundsätze zur vorherrschenden Geltung gelangen und

---

[11] Menger, C. (Untersuchungen), S. 39, Fußnote.

[12] Ebenda, S. 35 f. u. 38.

[13] Ebenda, S. 35 f.

[14] Ebenda, S. 38.

[15] Ebenda, Hervorhebung im Original.

[16] Ebenda, S. 39.

[17] Menger, C. (Irrthümer), S. 28.

die Einseitigkeit über alle Bestrebungen auf einem Wissensgebiete zu Gerichte sitzt"[18]. Eine solche Notwendigkeit methodischer Untersuchungen war für Menger durch die Vorherrschaft der (jüngeren) historischen Schule, geführt von G. Schmoller, gegeben.

Nach Schmollers Ansicht ist "in den Gesellschafts- und Staatswissenschaften [...] häufig dadurch Unheil angerichtet worden, daß man einseitige naturwissenschaftliche Methoden auf sie anwendete."[19] Insbesondere Schmollers Berufung auf W. Dilthey zeigt, daß er im Gegensatz zu Menger zwischen Natur- und Geisteswissenschaften[20] einen prinzipiellen methodologischen Unterschied sah: "Ich kann Dilthey nur aus vollstem Herzen und in dankbarer Anerkennung von Seiten der Staatswissenschaften ein sympathisches Glück auf! zurufen. Möge er bald vollenden, wovon er hier uns den schönen Anfange gereicht".[21,22] Schmoller versuchte, Dilthey gegen Menger auszuspielen: "Dilthey ist, möchte ich sagen, in Allem der vollständige Antipode Mengers. [...] Er ist von ebenso weitem, als Menger von begrenztem Horizont."[23] Für Schmoller war Menger "ein Epigone, der, ausschließlich an Mills naturwissenschaftlicher Logik geschult und ausschließlich an die ältere abstrakte Dogmatik der Nationalökonomie angelehnt ein Eckchen des großen Gebäudes unserer Wissenschaft, das er allein genau kennt, in dem er sich mit Scharfsinn und Gelehrsamkeit eingesponnen hat".[24]

Die Frage nach dem prinzipiellen Verhältnis zwischen Natur- und Humanwissenschaften (bzw. Geisteswissenschaften) bildet gewissermaßen den Rahmen der "Schmoller-Menger-Kontroverse". Der Streit bezog sich nicht auf den Gegenstandsbereich der Volkswirtschaftslehre, sondern es war ein methodologischer Streit, bei dem die Frage nach dem prinzipiellen Verhältnis von naturwissenschaftlichen und geisteswissenschaftlichen (im Diltheyschen Sinne) Methoden im Mittelpunkt stand. Drei wesentliche Streitpunkte

---

[18] Menger, C. (Untersuchungen), S. XII.

[19] Schmoller, G. (Volkswirtschaft (1893)), S. 229.

[20] Der Begriff "Geisteswissenschaften" ist bei Dilthey sehr weit gefaßt. Er umfaßt die Wissenschaften "Geschichte, Nationalökonomie, Rechts- und Staatswissenschaften, Religionswissenschaft, das Studium von Literatur und Dichtung, von Raumkunst und Musik, von philosophischen Weltanschauungen und Systemen, endlich die Psychologie." Dilthey, W. (Aufbau), S. 79.

[21] Schmoller, G. (Methodologie), S. 396.

[22] Für Dilthey gehört eine Wissenschaft nur dann zu den Geisteswissenschaften, "wenn ihr Gegenstand uns durch das Verhalten zugänglich wird, das im Zusammenhang von Leben, Ausdruck und Verstehen fundiert ist." (Aufbau), S. 87.

[23] Schmoller, G. (Methodologie), S. 389.

[24] Ebenda.

der "Schmoller-Menger-Kontroverse" lassen sich in diesen Rahmen einordnen:

(1) Menger war ein vehementer Verteidiger des "Atomismus", d.h. des "Streben[s] nach Zurückführung der *volks*wirthschaftlichen Phänomene auf die Singularerscheinungen der menschlichen Wirthschaft".[25] Wer den "entgegengesetzten Weg einschlägt, verkennt das Wesen der "Volkswirthschaft", er bewegt sich auf der Grundlage einer Fiktion, er verkennt aber zugleich auch die wichtigste Aufgabe der exacten Richtung der theoretischen Forschung, die Aufgabe, die complicierten Phänomene auf ihre *Elemente* zurückzuführen."[26] Menger lehnte den "*Collectivismus* in der Betrachtung der Wirthschaftsphänomene" ab; er sei "der exacten Richtung der theoretischen Forschung schlechthin inadäquat".[27] Dagegen hielt Schmoller bereits die Fragestellung, "ob alle volkswirtschaftlichen Untersuchungen vom Individuum oder von den Kollektiverscheinungen auszugehen" habe, für "falsch, wenn sie ein entweder-oder behauptet. So wenig es eine allgemeine Regel darüber gibt, ob alle Untersuchung von der Ursache oder von der Wirkung auszugehen habe, so wenig darf in unserer Wissenschaft behauptet werden, es sei stets vom Inidividuum oder stets von den Kollektiverscheinungen auszugehen."[28]

(2) Die "Schmoller-Menger-Kontroverse" war des weiteren eine Auseinandersetzung um die Vorherrschaft der induktiven oder der deduktiven Methode. Für Menger konnte die Aufgabe der "exacten" Richtung der theoretischen Forschung "keine andere sein, als die Erforschung der ursprünglichsten, der elementarsten Factoren, der menschlichen Wirthschaft, die Feststellung des Masses der bezüglichen Phänomene und die Erforschung der Gesetze, nach welchen complicirte Erscheinungsformen der menschlichen Wirthschaft sich aus jenen einfachsten Elementen entwickeln."[29] Menger verband damit seine "atomistische" Sichtweise mit der deduktiven Methode, indem er die Aussagen der "exacten" Forschung aus den "elementarsten Factoren der menschlichen Wirthschaft" deduzierte. Der induktiven Methode stand Menger ablehnend gegenüber. Die Induktion sei "in ihrer vollen Strenge undurchführbar [...]. Die Phänomene in ihrer vollen empirischen Wirklichkeit wiederholen sich erfahrungsgemäß in gewissen Erscheinungsformen, jedoch keineswegs

[25] Menger, C. (Untersuchungen), S. 85 f.; Hervorhebung im Original.

[26] Ebenda, S. 87, Hervorhebung im Original.

[27] Ebenda, Hervorhebung im Original.

[28] Schmoller, G. (Volkswirtschaft (1893)), S. 283 f.

[29] Menger, C. (Untersuchungen), S. 44 f.

mit vollkommener Strenge, indem kaum jemals zwei concrete Phänomene, geschweige denn eine grössere Gruppe von solchen eine durchgängige Übereinstimmung aufweisen."[30,31] Schmoller bestritt dies: "Wir möchten das leugnen; sobald die Beobachtung quantitativ und qualitativ vollendet ist, so nöthigt uns unser Denkgesetz anzunehmen, daß die gleichen qualitativen und quantitativen Ursachen die auch nur einmal beobachtete Folge immer wieder erzeugen."[32] Im Gegensatz zu Menger erachtete Schmoller die induktive Mehtode als wichtig: "Soweit die Staatswissenschaften sich auf den Boden der exakten Detailforschung, der Untersuchung der Ursachen begeben und auf Grund genügenden Materials zu allgemeinen Schlüssen gekommen sind, so weit stehen ihre Resultate, wie die der Naturwissenschaften fest für alle Zeiten".[33] Allerdings sah Schmoller zwischen induktiver und deduktiver Methode keinen sich ausschließenden Gegensatz, sondern eher ein komplementäres Verhältnis: "Was wir erreicht haben, ist ebensosehr Folge deduktiver wie induktiver Schlüsse. Wer sich überhaupt über die zwei Arten des Schlußverfahrens, die man so nennt, ganz klar ist, wird nie behaupten, es gebe die Wirklichkeit erklärende Wissenschaften, die ausschließlich auf der einen Art ruhen. Nur zeitweise, nach dem jeweiligen Stande der Erkenntnis, kann das eine Verfahren etwas mehr in den Vordergrund der einzelnen Wissenschaft rücken."[34]

(3) Ein dritter Streitpunkt zwischen Schmoller und Menger bestand in ihren Auffassungen über das Verhältnis von "Theorie" und "Geschichte". Menger sah den Höhepunkt der damaligen Entwicklung darin, daß der Historismus eine "äusserliche Verbindung gediegenen *historischen* Wissens mit einem sorgfältigen aber führerlosen Eklekticismus auf dem Gebiete *unserer* Wissenschaft" darstelle.[35] Menger warf Schmoller "die Verwechslung von Theorie und Geschichtsschreibung, die einseitige Hingabe eines nicht geringen Theiles der deutschen Vertreter unserer Wissenschaft an die Bearbeitung einer Hilfswissenschaft dieser letzteren" vor.[36] Für Schmoller war dagegen die Hinwendung zu "Statistik und Geschichte" "keineswegs eine Vernachlässigung der Theorie, sondern

[30] Ebenda, S. 34 f.

[31] Menger berief sich hier auf Aristoteles; denn der habe "dies richtig erkannt, indem er den streng wissenschaftlichen Charakter der Induction läugnete". (Untersuchungen), S. 35.

[32] Schmoller, G. (Methodologie), S. 380.

[33] Schmoller, G. (Zweck), S. 161.

[34] Schmoller, G. (Grundriß), Teil 1,S. 110.

[35] Menger, C. (Irrthümer), S. IV, Hervorhebungen im Original.

[36] Ebenda, S. 44.

der nothwendige Unterbau für sie, wenn in einer Wissenschaft zeitweise überwiegend deskriptiv verfahren wird."[37] Schmoller "wollte die Volkswirtschaftslehre von falschen Abstraktionen durch exakte historische, statistische, volkswirtschaftliche Forschung befreien, aber doch stets zugleich generalisierender Staats- und Wirtschaftstheoretiker so weit bleiben, als wir nach meiner Meinung heute schon dazu festen Grund unter den Füßen haben."[38]

Die direkte Auseinandersetzung zwischen Schmoller und Menger endete damit, daß Schmoller das ihm von Menger zugesandte Rezensionsexemplar von "Die Irrthümer des Historismus in der deutschen Nationalökonomie" zurückschickte und statt einer Rezension einen Begleitbrief im "Jahrbuch für Gesetzgebung, Verwaltung und Volkswirtschaft im Deutschen Reich" veröffentlichte.[39]

2.2.2 Der "Werturteilsstreit"

Der "ältere Methodenstreit" blieb ungelöst oder wie Schumpeter es formulierte: "Die Kontroverse lief sich tot".[40] Einige Autoren sehen zwischen dem "älteren Methodenstreit" und dem späteren "Werturteilsstreit" ("jüngerer Methodenstreit") Zusammenhänge. Für C. Thiel endet der "ältere Methodenstreit" keineswegs mit Schmollers Begleitbrief im "Jahrbuch", sondern dort, "wo sich die Frage des Wertens im Namen des nationalökonomischen Wissenschaften als der "eigentliche" Streitpunkt dieser Kontroverse herausgestellt hatte".[41] Daß der "ältere Methodenstreit" im "jüngeren Methodenstreit" seine Fortsetzung gefunden habe, liege daran, daß Schmoller und Menger in ihrer Auseinandersetzung Wertungen nicht als ein methodisches Problem erkannt hätten.[42] W. Weber/E. Topitsch stellen fest: "Es ist nicht uninteressant, da für die Verschiedenheit der angewandten Methoden überhaupt bezeichnend, daß beide [G. Weippert u. J. A. Schumpeter; U. K.] auch in der Beurteilung des (älteren) "Methodenstreites" - übrigens an den-

[37] Schmoller, G. (Methodologie), S. 379 f.

[38] Schmoller, G. (Grundriß), Teil 2, S. VI.

[39] In diesem Begleitbrief heißt es u.a.: "Ich werfe alle solche persönlichen Angriffe, [...], ungelesen in den Ofen oder in den Papierkorb. [...] Ich will Ihnen gegenüber nicht unhöflich sein, ein so schön ausgestattetes Büchlein von Ihrer Hand zu vernichten; ich sende es Ihnen daher mit verbindlichem Dank [...] zurück." (Begleitbrief), S. 141.

[40] Schumpeter, J. A. (Geschichte), S. 996.

[41] Thiel, C. (Grundlagenkrise), S. 48.

[42] Ebenda, S. 45.

selben Stellen, wo sie sich zu sogenannten jüngeren festlegen (!) - auseinandergehen."[43]

Derartige Feststellungen über die Zusammenhänge zwischen der "Schmoller-Menger-Kontroverse" und dem "Werturteilsstreit" lassen die Vermutung zu, daß auch der "Werturteilsstreit" in engem Zusammenhang mit der Frage nach dem prinzipiellen Verhältnis zwischen Human- und Naturwissenschaften steht. Im folgenden geht es jedoch nicht um eine eingehendere Betrachtung dieser Zusammenhänge zwischen der "Schmoller-Menger-Kontroverse" und dem "Werturteilsstreit", die für sich genommen schon sehr aufschlußreich sein dürften, sondern es soll gezeigt werden, daß der Frage nach dem prinzipiellen Verhältnis zwischen Human- und Naturwissenschaften selbst bei ausschließlicher Betrachtung des "Werturteilsstreits" und seinen Ausläufern eine grundlegende Bedeutung zukommt.

Der "Werturteilssteit" entzündete sich auf der Wiener Tagung des Vereins für Sozialpolitik im Jahre 1909 im Anschluß an ein Referat von E. v. Philippovich. Der Streit ging um die Frage, "ob wir Nationalökonomen als einzige Aufgabe uns stellen, festzustellen, daß etwas ist, oder ob wir uns gleichzeitig zur Aufgabe stellen oder überhaupt nur als einzige Aufgabe ansehen, festzustellen das, was sein soll".[44] Die von Schmoller geführte (jüngere) historische Schule verstand sich als "ethische" Nationalökonomie. Schmoller plädierte nicht nur für die Einbeziehung von Werturteilen, sondern betrachtete das Zwecksetzen sogar als eine Hauptaufgabe der Nationalökonomie.[45] M. Weber warf jedoch seinem Lehrer Schmoller vor, die beiden "absolut" heterogenen Sphären, "einerseits die Geltung eines praktischen Imperativs als Norm und andrerseits die Wahrheitsgeltung einer empirischen Tatsachenfeststellung [...], zusammenzuzwingen".[46] Für Weber waren Werte, Normen etc. "*subjetiven* Ursprungs".[47] Er vertrat die Auffassung, "daß es niemals Aufgabe einer Erfahrungswissenschaft sein kann, bindende Normen und Ideale zu ermitteln, um daraus für die Praxis Rezepte ableiten zu können."[48] Weber betrachtete Werturteilsfreiheit als ein Kriterium für (empirische) Wissenschaftlichkeit: "Eine empirische Wissenschaftlichkeit

---

[43] Weber, W./Topitsch, E. (Wertfreiheitsproblem), S. 162. Ergänzt wird diese Aussage durch den Hinweis: "(Daran ändert der bekannte Schmoller-Aufsatz »Schumpeters« ebensowenig wie der Umstand, daß dieser Forscher sich später gerne mehrerer Verfahrensweisen bedient hat.)", S. 162, Hervorhebung im Original.

[44] (Verhandlungen), S. 565.

[45] Vgl. Schmoller, G. (Volkswirtschaft (1911)).

[46] Weber, M. ("Wertfreiheit"), S. 501.

[47] Weber, M. ("Objektivität"), S. 149, Hervorhebung im Original.

[48] Ebenda.

vermag niemanden zu lehren, was er soll, sondern nur, was er kann und - unter Umständen - was er will."[49] Was für Weber aber nicht bedeutete, daß damit Werturteile der wissenschaftlichen Diskussion überhaupt entzogen seien.

In welcher Beziehung steht nun M. Webers Wertfreiheitspostulat zu der Frage nach dem prinzipiellen Verhältnis zwischen Human- und Naturwissenschaften? Zwei Stellungnahmen zu M. Webers Position lassen eine deutliche Beziehung erkennen: H. Albert sieht Webers Bedeutung u.a. darin, "daß er zur Überwindung des methodologischen Dualismus von Natur- und Kulturwissenschaften [...] entscheidend beigetragen hat."[50] Dies beziehe sich vor allem auf Webers "Lösung der sozialwissenschaftlichen Wertproblematik".[51] Für K. O. Apel "bedeutet Max Webers Lehre von der Wertfreiheit gerade auch des wissenschaftlichen Verstehens von Werten und Normen gewissermaßen eine Bestätigung des Szientismus auf anderer methodologischer Ebene"[52]; wobei Apel mit "Szientismus" einen "naturwissenschaftlich orientierten Szientismus"[53] meint. Die Frage nach dem wissenschaftlichen Status von Werturteilen zeigt sich hier als ein Aspekt, der in der Frage nach dem prinzipiellen Verhältnis zwischen Human- und Naturwissenschaften eingebettet ist. Das von M. Weber und anderen (z.B. W. Sombart) im "Werturteilsstreit" verfochtene Postulat der Werturteilsfreiheit der Wissenschaft fand jedoch keine allgemeine Anerkennung und begleitet seitdem die Diskussion um die methodologischen Grundlagen der Humanwissenschaften.[54,55]

Der sogenannte "Positivismusstreit" wird von mehreren Autoren als eine Fortsetzung des "Werturteilsstreit" erachtet. Insbesondere die Fortführung dieses von K. R. Popper und T. W. Adorno initiierten "Streites" läßt sich als eine Wiederaufnahme des Werturteilsstreits verstehen.[56] Die Standpunkte

---

[49] Ebenda, S. 151.

[50] Albert, H. (Diskussionsbeitrag), S. 70.

[51] Ebenda.

[52] Apel, K. O. (Erklären:Verstehen-Kontroverse), S. 40.

[53] Ebenda. Unter "Szientismus" versteht Apel die Auffassung, die glaubt, "das menschliche Subjekt der Wissenschaft auf ein Objekt der Wissenschaft [...] reduzieren zu können". (Szientismus), S. 110.

[54] Von Ferber, C. (Werturteilsstreit), S. 21.

[55] M. Weber äußerte sich fast resignierend zum Werturteilsstreit: "[...] ich habe es absolut satt, stets erneut als Don Quixote eines angeblich undurchführbaren Prinzips aufzutreten und peinliche "Szenen" herbeizuführen." In: Weber, Marianne (Lebensbild), S. 430.

[56] Hartmann, H. (Sozialforschung), S. 195; Dahrendorf, R. (Anmerkungen), S. 150 f; Baier, H. (Technologie), S. 10 f.

bezüglich der Werturteilsfreiheit von H. Albert und J. Habermas, die gemeinsam für die Fortführung des Positivismusstreits verantwortlich sind, lassen eine enge Verflechtung des "Positivismusstreits" mit dem "Werturteilsstreit" erkennen.

Für H. Albert besteht ein großes methodologisches Problem darin, welche Rolle das normative Element in der sozialwissenschaftlichen Erkenntnis spielt. Hinsichtlich dieses Problems, "wurde mitunter ein mehr oder weniger radikaler Unterschied zwischen Natur- und Sozialwissenschaften behauptet."[57] Für Albert ist klar, daß der Geltungsbereich des Weberschen Wertfreiheitspostulats "der der sozialwissenschaftlichen Objekt-Sprache"[58] ist und nicht der der "Meta-Sprache"[59]. Auffassungen, die die Unmöglichkeit dieser Position behaupteten,[60] kämen "dem natürlichen Wertplatonismus des Alltagsdenkens entgegen" und übersähen "die Tatsache, daß im Laufe der Entwicklung der Wissenschaften eine Disziplin nach der anderen - beginnend mit den physikalischen und den mathematischen Disziplinen - aus dem Bereich der wertenden Betrachtung in den der wertfreien Analyse übergegangen ist."[61]

Für J. Habermas bedeutet Werturteilsfreiheit dagegen "epistemologisch die Abtrennung der Erkenntnis vom Interesse. Dem entspricht auf logischer Ebene die Unterscheidung zwischen deskriptiven und normativen Aussagen".[62] Das Postulat der Wertfreiheit ziele darauf ab, "die Sozialwissenschaften restriktiv auf die Erzeugung technisch verwertbaren Wissens festzulegen".[63] Dies ist für Habermas das "technische Erkenntnisinteresse"[64] der empirisch-analytischen Wissenschaften, insbesondere der Naturwissenschaften. Bereits M. Weber habe im Werturteilsstreit eine Position bezogen, "die den Sozialwissenschaften unmißverständlich die Aufgabe zuweist, technisch verwertbares Wissen zu erzeugen".[65] Weber habe allerdings "ein wei-

---

[57] Albert, H. (Nationalökonomie), S. 140.

[58] Albert, H. (Traktat), S. 63. (Sozialwissenschaftliche Objekt-Sprache = wissenschaftliche Aussagen über sozialwissenschaftliche Gegenstände.)

[59] Z.B. methodologische Aussagen.

[60] Z.B. durch Hinweis auf den Wertcharakter des Wertfreiheitsprinzips oder des Selektionscharakters der Erkenntnis.

[61] Albert, H. (Traktat), S. 64.

[62] Habermas, J. (Erkenntnis), S. 149.

[63] Habermas, J. (Diskussionsbemerkung), S. 83.

[64] Habermas unterscheidet "technisches", "praktisches" und "emanzipatorisches Erkenntnisinteresse"; in: (Erkenntnis), S. 155 ff.

[65] Habermas, J. (Diskussionsbemerkung), S. 77.

teres Erkenntnisinteresse im Sinn"[66] gehabt, dessen weitgehende Nicht-beachtung dazu führte, daß sich ein "positivistische[s] Selbstverständnis der Forschenden"[67] ausbreitete und vorherrschend wurde: "Die nomologischen Wissenschaften, [...], erstrecken sich schon weit über den Kreis der theoretischen Naturwissenschaften hinaus auf Bereiche der Psychologie und Ökonomie, der Soziologie und Politik."[68]

Das Werturteilsproblem war nicht nur ein wesentliches "Nebenmotiv"[69] im Positivismusstreit, sondern wurde auch Gegenstand des sogenannten "Szientismusstreits", der seine Vergangenheit in der traditionellen Wertfreiheitsdiskussion hat.[70] Im "Szientismusstreit" geht es um die Frage, ob naturwissenschaftliche Methoden in den Humanwissenschaften durchgängig anwendbar sind und zum Aufbau einer nomologischen Humanwissenschaft ausreichen oder nicht.[71] Kontrahenten dieses Streites sind u.a. der Kritische Rationalismus und der Konstruktivismus (Erlanger Schule). Die Position des Kritischen Rationalismus (vertreten durch H. Albert) dürfte in den bisherigen Ausführungen deutlich geworden sein, so daß lediglich die konstruktivistische Position kurz erwähnt werden braucht.

Für P. Lorenzen werden die Humanwissenschaften[72] "gegenwärtig weitgehend als Naturwissenschaften betrieben"[73], d.h. daß "gegenwärtig auch die praktischen Wissenschaften als theoretische, nämlich wertfreie Wissenschaften betrieben"[74] werden. Lorenzen bezeichnet solche Wissenschaftler als "Szientisten", die "Wissenschaft nur nach dem Vorbild der Naturwissenschaften treiben".[75] Dazu zählen für ihn auch die Kritischen Rationalisten, da auch sie Wissenschaft in "szientistischer Verkürzung"[76] betrieben. Die Möglichkeit, Werturteile wissenschaftlich zu begründen, ist für Konstruktivisten abhängig von dem "Nachweis, daß die theoretische Vernunft selber ein

[66] Ebenda.

[67] Habermas, J. (Literaturbericht), S. 89.

[68] Ebenda.

[69] Dahrendorf, R. (Anmerkungen), S. 150.

[70] Vgl. Lenk, H. (Philosophie), S. 57.

[71] Vgl. Lenk, H. (Szientismusproblem), S. 92 f.

[72] Lorenzen spricht von "Kulturwissenschaften".

[73] Lorenzen, P. (Wissenschaftstheorie), S. 94.

[74] Ebenda.

[75] Lorenzen, P. (Szientismus), S. 60.

[76] Ebenda, S. 61.

normatives Fundament hat."[77] Lorenzen ist überzeugt, diesen Nachweis geführt zu haben. Die Widerlegung der szientistischen Behauptung, daß es keine normative Vernunft gebe, erfolge bereits in den Naturwissenschaften: "Der Physiker, der sein eigenes Tun auf diese Weise begreift, daß er als erstes sich gewisse Normen des Redens (nämlich für das logische und mathematische Schließen) und gewisse Normen des Handelns (nämlich für das physikalische Messen) *kritisch* zu eigen machen muß, der hat damit in seiner Person schon den Szientismus widerlegt. Er hat durch sein Tun bewiesen, daß seine Vernunft praktisch ist, daß seine Vernunft normative Kraft besitzt."[78] - Soweit zum "Szientismusstreit".[79]

Das Werturteilsproblem ist bis heute erhalten geblieben. Die Einschätzung hinsichtlich der Durchsetzung des Wertfreiheitspostulats in den Wissenschaften sind allerdings bemerkenswert: Während Verfechter des Wertfreiheitsprinzips davon ausgehen, daß sich dieses Prinzip noch nicht durchgesetzt habe, sind die Wertfreiheitsgegner davon überzeugt, daß dies schon längst geschehen sei.[80] Viele Autoren, die sich mit dem Werturteilsproblem beschäftigt haben, erachten eine endgültige Beilegung des "Werturteilsstreits" als nicht möglich.[81] Für andere Autoren handelt es sich gar um ein Schein-Problem. So ist für H. Lenk der "Werturteilsstreit" ein "weitgehend terminologischer Streit", der aus ideologischen Gründen nur "hochgespielt" worden sei.[82] Lenk sieht daher auch die Möglichkeit für eine Beendigung dieses Streits in greifbarer Nähe, wenn man die jeweilige Bedeutung von Wissenschaft auseinander halten würde.[83]

Unabhängig davon, welche Position bezüglich des Wertfreiheitsprinzips auch immer eingenommen wird, so bleibt doch festzuhalten, daß die Probleme, die innerhalb des "Werturteilsstreits" und dessen Ausläufern ("Positivismusstreit" und "Szientismusstreit") thematisiert wurden, eingebettet sind in dem Problem des prinzipiellen Verhältnisses zwischen Human- und Naturwissenschaften.

---

[77] Ebenda, S. 60.

[78] Ebenda, S. 61, Hervorhebung im Original..

[79] Eine Auseinandersetzung bezüglich des Wertfreiheitsproblems zwischen Kritischen Rationalisten und Konstruktivisten findet sich in dem Sammelband: Raffée, H./Abel, B. (Grundfragen).

[80] Vgl. Beck, U. (Objektivität), S. 25.

[81] Aus ökonomischer Sicht: Jochimsen, R./Knobel, H. (Gegenstand), S. 32.

[82] Lenk, H. (Philosophie), S. 59.

[83] Vgl. ebenda.

2.2.3 *Die "Keynesianismus-Monetarismus-Kontroverse"*

Die "Keynesianismus-Monetarismus-Kontroverse"[84] ist das Resultat einer wissenschaftlichen Entwicklung auf dem Gebiet der Makroökonomik. M. Friedman umreißt diese Entwicklung mit der sogenannten "Quantitätstheorie des Geldes" (I. Fisher) als ihren Ausgangspunkt. Für die darauf folgende "Revolution" wird J. M. Keynes verantwortlich gemacht, während die "Gegenrevolution" durch den "Monetarismus" initiiert wurde.[85] Die monetaristische Makrotheorie wurde als Alternative zum Keynesianismus entwikkelt. Ein Großteil der monetaristischen Argumentation wird somit erst dann verständlich, wenn berücksichtigt wird, daß der Monetarismus angetreten ist, die "keynisianische Position zu unterhölen"[86]. Von daher ist es nicht verwunderlich, daß seit Bestehen des Monetarismus die Beziehungen zwischen Keynesianern und Monetaristen durch entsprechende Meinungsstreitigkeiten geprägt sind.

Ein grundsätzlicher Unterschied zwischen Keynesianismus und Monetarismus liegt in der gegensätzlichen Beurteilung der Stabilität marktwirtschaftlicher Systeme. Keynesianer sind von einer prinzipiellen Instabilität marktwirtschaftlicher Systeme überzeugt, so daß ohne eine staatliche Konjunkturpolitik die Abweichungen vom sogenannten "Gleichgewichtspfad" größer oder zumindest länger würden. Im Gegensatz dazu gehen Monetaristen von einer prinzipiellen Stabilität marktwirtschaftlicher Systeme aus, so daß nach ihrer Ansicht der Marktmechanismus konjunkturelle Schwankungen nicht nur dämpft, sondern er "formt sie in eine stabilisierende Bewegung um."[87] Diese gegensätzliche Beurteilung der Stabilität führte zu entsprechend konträren wirtschaftspolitischen Vorstellungen: Was der jeweils einen Richtung als Krisenursache erscheint, empfiehlt die andere als Mittel zu ihrer Behebung: Während Monetaristen die Hauptinstabilitäten des ökonomischen Prozesses (z.B. Arbeitslosigkeit) im Verhalten des Staates sehen (keynesianische Fiskalpolitik als Krisenursache), fordern Keynesianer eine verstärkte Fiskalpolitik als Stabilisierungsinstrument, um starke Schwankungen des ökonomischen Prozesses zu vermeiden (Krisenbehebung).

Dieser Streitpunkt hat Tradition. So reicht die Verteidigung der These von der prinzipiellen Stabilität marktwirtschaftlicher Systeme "von den Klas-

---

[84] Auch "Fiskalismus-Monetarismus-Kontroverse". A. Leijonhuvud beschreibt die beiden Positionen dieser Kontroverse als "Revolutionäre Orthodoxie" und "Neoklassische Wiedergeburt"; in: (Keynes), S. 208.

[85] Vgl. Friedmann, M. (Gegenrevolution), S. 47 f.

[86] Kalmbach, P. (Monetarismus), S. 10.

[87] Brunner, K. (Geldtheorie), S. 75.

sikern über die Grenznutzenschule und die Neoklassik bis zum Monetarismus und zur Angebotstheorie, während die Zweifel an dieser These schon von den Romantikern und den historischen Schulen angemeldet wurden und über die Stufentheoretiker und den Neomerkantilismus Keynesscher Prägung bis zur Nachfragetheorie immer fortbestanden haben"[88]. Auch vor dem Hintergrund, daß die bisher vorliegenden empirischen Überprüfungsversuche der Instabilitäts- bzw. Stabilitätsthese von keynesianischer und monetaristischer Seite zu gänzlich gegensätzlichen Resultaten geführt haben,[89] wird dieser Streitpunkt von einigen Ökonomen als ein "kaum entscheidbares Problem"[90] angesehen.

Ein weiterer Streitpunkt zwischen Keynesianern und Monetaristen besteht in ihrer unterschiedlichen Auffassung, makroökonomische Größen zu interpretieren. Die Frage nach der Reduzierbarkeit makroökonomischer Vorgänge auf mikroökonomische Beziehungen steht hier im Mittelpunkt. Die unterschiedlichen Auffassungen zeigen sich bei der Interpretation der ökonomischen Größen "Preisniveau", "Beschäftigung" und "Output". Während Monetaristen das "Preisniveau" als eine eigenständige, makroökonomisch determinierte Größe betrachten, interpretieren Keynesianer dies als ein Aggregat mikroökonomisch determinierter Einzelpreise. Bei "Beschäftigung" und "Output" zeigen sich umgekehrte Auffassungen, d.h. Keynesianer betrachten beides als eigenständige, makroökonomisch determinierte Größen, während Monetaristen diesbezüglich mikroökonomisch orientiert sind, also davon überzeugt sind, diese Makrogrößen auf mikroökonomische Beziehungen reduzieren zu können.[91]

Die jeweils spezifischen ökonomischen Hintergründe und Zusammenhänge dieser Interpretationen makroökonomischer Größen sind für die Problemstellung dieses Abschnitts weniger von Bedeutung. Wesentlich erscheint dagegen das Vorliegen einer Reduktionismus- bzw. Aggregationsproblematik innerhalb der "Keynesianismus-Monetarismus-Kontroverse" und damit die Frage, ob zwischen mikro- und makroökonomischen Größen eine qualitative Differenz (Emergenz) besteht oder nicht. Diese Reduktionismus- bzw. Aggregationsproblematik, die spätestens seit der Keynesschen

---

[88] Ehrlicher, W. (Methodenstreit), S. 122.

[89] Vgl. hierzu Robert, D. (Meinungsstreit), S. 42 f. Dies hat eine Situation hervorgerufen, in der sich zwei gegensätzliche (vermutlich sogar sich ausschließende) Positionen gegenüberstehen und in der beide Positionen auf eine empirische Bestätigung ihrer Thesen verweisen können. Zum methodologischen Hintergrund derartiger Situationen : Vgl. Kazmierski, U. (Theorienpluralismus).

[90] Nutzinger, H. G. (Sozialethik), S. 44. Die gleiche Auffassung vertritt W. Ehrlicher in (Methodenstreit), S. 124.

[91] Vgl. hierzu Mayer, T. (Monetarismus), S. 27 ff. und Ehrlicher, W. (Monetarismus-Diskussion), S. 236 ff.

"Revolution" in der Volkswirtschaftslehre wieder thematisiert wird, stellt auch gegenwärtig noch ein ungelöstes Problem dar.[92]

In welchem Zusammenhang steht nun die "Keynesianismus-Monetarismus-Kontroverse" mit der Frage nach dem prinzipiellen Verhältnis zwischen Human- und Naturwissenschaften? Zunächst einmal handelt es sich bei der "Keynesianismus-Monetarismus-Kontroverse" um eine gegenstandsbezogene Kontroverse, d.h. daß hier (vermutlich) alternative Auffassungen von grundlegenden Strukturen und Merkmalen des Gegenstandsbereiches (Stabilität vs. Instabilität marktwirtschaftlicher Systeme; qualitative Unterschiede zwischen mikro- und makroökonomischen Größen) vertreten werden. Hierin unterscheidet sich die "Keynesianismus-Monetarismus-Kontroverse" von der "Schmoller-Menger-Kontroverse" und dem "Werturteilsstreit", die methodenbezogene bzw. methodologische Kontroversen darstellen.[93] Ist nun die "Keynesianismus-Monetarismus-Kontroverse" eine gegenstandsbezogene Auseinandersetzung zwischen einer humanwissenschaftlichen Orientierung einerseits und einer naturwissenschaftlichen Orientierung andererseits?

Für K. R. Popper hat der Erfolg der mathematischen Ökonomie gezeigt, "daß zumindest eine Sozialwissenschaft ihre Newtonsche Revolution durchgemacht hat."[94] Akzeptiert man die Feststellung, "daß das Walras' Modell der Newtonschen Mechanik nachgebildet wurde"[95] und versteht sich auch der Monetarismus als "Neoklassische Wiedergeburt" (Leijonhuvud), dann dürfte nicht nur deutlich werden, daß der Monetarismus eine naturwissenschaftliche Orientierung besitzt, sondern auch, daß diese Orientierung eine längere Tradition besitzt. Gilt dies auch gleichermaßen für den Keynesianismus?

Die Ausbreitung keynesianischen Denkens hat nach Ansicht von R. Jochimsen und H. Knobel der "»Begriffsnationalökonomie« und der »verstehenden Nationalökonomie« anscheinend den Todesstoß versetzt und der »mathematischen Ökonomie« wertvolle Impulse verliehen."[96] So erscheint es nicht verwunderlich, daß dem Keynesianismus eine mechanistische Betrach-

---

[92] Vgl. Jochimsen, R./Knobel, H. (Gegenstand), S.36.

[93] Allerdings dürften gegenstandsbezogene und methodenbezogene (methodologische) Kontroversen nicht unabhängig voneinander zu sehen seien. So sind trotz übereinstimmender Auffassungen bezüglich des Gegenstandsbereiches methodologische Kontroversen denkbar, wie auch umgekehrt, methodologische Kontroversen durch unterschiedliche Gegenstandsauffassungen motiviert werden können.

[94] Popper, K. R. (Elend), S. 48 (Fußnote 12).

[95] Leijonhuvud, A. (Keynes), S. 217.

[96] Jochimsen, R./Knobel, H. (Gegenstand), S. 42.

tungsweise vorgeworfen wird: "Die Keynesianer behandeln das ökonomische System außerhalb seines sozialen Zusammenhangs, als ob es eine Maschine wäre, die in eine Reparaturwerkstatt geschickt wird, um dort von einem Stab von Ingenieuren überholt zu werden."[97] Ein weiterer Hinweis für eine naturwissenschaftliche Orientierung des Keynesianismus ist die Feststellung, daß sich die Auseinandersetzung zwischen Keynesianern und Monetaristen auf einer Ebene abgespielt hat, "die den immer mehr zu quasi naturwissenschaftlichen Verfahrensweisen drängenden Ökonomen sehr viel mehr Eindruck macht. Die neue Sprache der Auseinandersetzung ist die der Regressionskoeffizienten und Parameterwerte."[98] Da sowohl der Monetarismus als auch der Keynesianismus naturwissenschaftlich orientiert zu sein schienen, dürfte aufgrund dieser Gemeinsamkeit die Frage nach dem prinzipiellen Verhältnis zwischen Human- und Naturwissenschaften als Problem kaum eine Rolle gespielt haben. Bestenfalls vielleicht die Frage, welche naturwissenschaftliche Orientierung von beiden die tragfähigere gewesen sei.

Soweit sich die Keynesianer allerdings als intellektuelle Erben J. M. Keynes' verstehen, läßt sich zeigen, daß der Keynesianismus Keynessche Gedanken einseitig, in Richtung einer naturwissenschaftlichen Orientierung, verkürzt hat. Die Weiterentwicklung der Keynesschen zur keynesianischen Theorie[99] dürfte vor allem darin bestanden haben, >humanwissenschaftliche< Aspekte aus der Theorie von Keynes zu eliminieren. Da insbesondere diese Weiterentwicklung ein Beispiel für die Degenerierung des Problembewußtseins bezüglich der Frage nach dem prinzipiellen Verhältnis zwischen Human- und Naturwissenschafen bietet, soll kurz darauf eingegangen werden.

In Keynes' Überlegungen spielten die Unwägbarkeiten der Zukunft eine bedeutende Rolle. Damit wandte er sich gegen die "orthodoxe" Theorie, nach der alle ökonomischen Faktoren und deren Einflüsse für mehr oder weniger kalkulierbar gehalten wurden. Die langfristigen Erwartungen ("state of long-term expectation"), mitbestimmend für Investitionsentscheidungen, waren für Keynes ein "state of psychological expectation".[100] Die Gebrechlichkeit ("precariousness") führender Investitionsmärkte wurde u.a. mit "waves of optimistic and pessimistic sentiment" begründet.[101] Um die Erfolgsaussichten von Investitionen einschätzen zu können, wären nach Ansicht Keynes' Nerven ("nerves"), Hysterien ("hysteria"), Verdauung ("digestions")

[97] Sweezy, P. M. (Theorie), S. 276.

[98] Kalmbach, P. (Monetarismus), S. 14.

[99] Insbes. durch J. R. Hicks.

[100] Keynes, J. M. (General Theory), S. 147 f.

[101] Ebenda, S. 154.

und Wetterabhängigkeit ("reaction of the wheather") zu berücksichtigen, "upon whose spontaneous activity it largely depends."[102]

Neben den Unbeständigkeiten ("instabilities"), die sich aus Spekulationen ergeben, kannte Keynes noch die Unbeständigkeiten, die aus der Eigenart der menschlichen Natur resultieren: "[...], that a large proportion of our position activities depend on spontaneour optimism rather than on a mathematical expectation, whether moral or hedonistic or economic."[103] Die meisten Entschlüsse zu handeln, "can only be taken as a result of animal spirits - of a spontaneous urge to action rather than inaction, and not as the outcome of weighted average of quantitative benefits multiplied by quantitative probabilities."[104] Nun waren für Keynes die langfristigen Erwartungen nicht ausschließlich abhängig von den "waves of irrational psychology"[105], sondern waren oft beständig. Das sie das waren, lag für Keynes neben den wahrscheinlichen Voraussagen ("probable forecast") vor allem am Vetrauen: "The *state of confidence*, [...], is a matter to which practical men always pay the closest and most anxious attention. But economists have not analysed it carefully and have been content, as a rule, to discuss it in general terms."[106]

All diese psychologischen und sozialpsychologischen Einflußfaktoren dienten Keynes zur Begründung der Instabilität privatwirtschaftlicher Systeme. Aufgrund dieser eher nicht-naturwissenschaftlichen Einflußfaktoren sah Keynes zwischen dem Gegenstandsbereich der Ökonomie und dem der Naturwissenschaften einen grundlegenden Unterschied: "Economics is a science of thinking in terms of models joined to the art of choosing models which are relevant to the contemporary world. It is compelled to be this, because, unlike the typical nature science, the material to which it is applied is, in too many respects, not homogeneous through time."[107]

Die Weiterentwicklung der Keynesschen zur keynesianischen Theorie stellt sich demnach als eine Formalisierung Keynesscher Gedanken (Hickssche "IS-LM-Diagramm")[108] dar, unter gleichzeitigem Verlust >human-

---

[102] Ebenda, S. 162.

[103] Ebenda, S. 161.

[104] Ebenda.

[105] Ebenda, S. 162.

[106] Ebenda, S. 148 f., Hervorhebung im Original.

[107] Keynes, J. M. (Defence), S. 296.

[108] Auf dieses "IS-LM-Diagramm" beziehen sich Keynesianer und Monetaristen gleichermaßen. Für Nicht-Ökonomen: IS-Kurve = Investitions-Spar-Kurve, die alle Zins- und Einkommenskombinationen ausdrückt, bei denen freiwillig so viel gespart wie investiert wird; LM-Kurve = Liquidity-Money-Kurve, die alle Zins- und Einkommenskombinationen ausdrückt, bei denen jeweils auf dem Geldmarkt Gleichgewicht herrscht.

wissenschaftlicher< Einflußfaktoren. Im IS-LM-Modell verschwinden nicht nur die psychologischen und sozialpsychologischen Einflußfaktoren der langfristigen Erwartungen, sondern auch die Unwägbarkeiten, die mit fluktuierenden Erwartungen verbunden sind. Als Bestimmungsgrund für Investitionen erscheint im IS-LM-Modell nur noch der Zinssatz "i" als abstrakte Größe, während Keynes vom Zinssatz behauptete: "It is evident, then, that the rate of interest is a highly psychological phenomenon."[109]

Sofern sich also Keynesianer als intellektuelle Erben von J. M. Keynes betrachten, hätten sie zu berücksichtigen, daß es für Keynes wichtig war, psychologische und sozialpsychologische Einflußfaktoren in die ökonomische Betrachtung einzubringen. Dies ist in der Weiterentwicklung der Keyneschen zur keynesianischen Theorie nicht erfolgt. Im Gegensatz zum Monetarismus besitzt die naturwissenschaftliche Orientierung also keine Tradition. Der >Ausflug< zu Keynes sollte deutlich machen, daß sich besonders die intellektuellen Erben Keynes' die Frage nach dem prinzipiellen Verhältnis zwischen Human- und Naturwissenschaften hätten stellen müssen. Stattdessen ist eine >humanwissenschaftliche Amputation< Keynesscher Gedanken und damit eine Verdrängung des Problembewußtseins für die Frage nach dem prinzipiellen Verhältnis zwischen Human- und Naturwissenschaften feststellbar.

2.3 Die historische Entwicklung des Problembewußtseins für die Frage nach dem prinzipiellen Verhältnis zwischen Human- und Naturwissenschaften

Im Abschnitt 2.2 sollte gezeigt werden, daß die Frage nach dem prinzipiellen Verhältnis zwischen Human- und Naturwissenschaften für die "Schmoller-Menger-Kontroverse", den "Werturteilsstreit" und die "Keynesianismus-Monetarismus-Kontroverse" grundlegend ist. Grundlegend bedeutet, daß sich die jeweiligen Gegenstände dieser Kontroversen durch die Frage nach dem prinzipiellen Verhältnis zwischen Human- und Naturwissenschaften einfangen lassen, so daß letztlich den scheinbar unterschiedlichen Kontroversen eine gemeinsame Problemstellung zugrunde liegt.

Alle drei Kontroversen sind bis auf den heutigen Tag ungelöst geblieben und werden es auch vermutlich auf absehbare Zeit noch bleiben. Die Erkenntnis, daß diese drei Kontroversen durch eine gemeinsame Problemstellung miteinander verbunden sind, dürfte nicht nur ein besseres Verständnis für die Grundprobleme der Volkswirtschaftslehre liefern, sondern

---

[109] Keynes, J. M. (General Theory), S. 202.

auch die Voraussetzung dafür schaffen, die Krise der herrschenden Volkswirtschaftslehre adäquater erklären zu können. Geht man davon aus, daß ein Bewußtsein für ein bestimmtes Problem stets dann vermutet werden kann, wenn dieses Problem in irgendeiner Form thematisiert wird (wobei die Frage nach einem *adäquaten* Problembewußtsein noch gar nicht gestellt werden braucht), dann erhebt sich die Frage, was sich aus der Sicht der Volkswirtschaftslehre zur historischen Entwicklung des Problembewußtseins für die Frage nach dem prinzipiellen Verhältnis zwischen Human- und Naturwissenschaften sagen läßt.

In der "Schmoller-Menger-Kontroverse" wurde die Frage nach dem prinzipiellen Verhältnis zwischen Human- und Naturwissenschaften explizit behandelt. Ein entsprechendes Problembewußtsein dürfte hier also vorgelegen haben. Schmoller war (i.S. Diltheys) geisteswissenschaftlich, Menger eher naturwissenschaftlich orientiert. Die Auseinandersetzungen über einzelne Aspekte (individualistische/kollektivistische Betrachtungsweise, induktive/deduktive Vorgehensweise, Verhältnis zwischen "Theorie" und "Geschichte") lassen sich hier m.E. problemlos zuordnen. Die Chance für eine sachliche Auseinandersetzung und damit die Bewahrung des vorhandenen Problembewußtseins dürfte durch die überspitzt polemische Art, mit der diese Kontroverse von Schmoller und Menger geführt wurde, vertan worden sein; denn gerade diese Form der Auseinandersetzung führte zu ihrer abrupten Beendigung.

Die von verschiedenen Autoren festgestellten Zusammenhänge zwischen der "Schmoller-Menger-Kontroverse" und dem späteren "Werturteilsstreit"[110] sind vermutlich auf das Vorliegen einer gemeinsamen Problemstellung (Frage nach dem prinzipiellen Verhältnis zwischen Human- und Naturwissenschaften) zurückzuführen. Aber selbst bei einer ausschließlichen Betrachtung des "Werturteilsstreits" und seiner historischen Entwicklung wird deutlich, daß hier eine Einbettung in die Frage nach dem prinzipiellen Verhältnis zwischen Human- und Naturwissenschaften vorliegt. Insbesondere die historische Entwicklung des "Werturteilsstreits" zeigt, daß sich die Diskussion um die Werturteilsfreiheit aus dem Bereich der Volkswirtschaftslehre in andere Bereiche (insb. Soziologie und Wissenschaftstheorie) verlagert hat. Damit dürfte sich auch das entsprechende Bewußtsein für das Problem "Werturteilsfreiheit" als ein Aspekt der Frage nach dem prinzipiellen Verhältnis zwischen Human- und Naturwissenschaften in andere wissenschaftliche Disziplinen verlagert haben. Diese Problembewußtseinsverlagerung in andere Disziplinen läßt sich auch daran ablesen, wie derzeitig innerhalb der herrschenden Volkswirtschaftslehre mit dem Problem "Werturteilsfreiheit" umgegangen wird. So ist mittlerweile das

[110] Vgl. Abschnitt 2.2.

Werturteilsproblem nicht mehr Gegenstand irgendeiner volkswirtschaftlichen Auseinandersetzung. Entweder wird der "Werturteilsstreit" als eine dogmenhistorische Episode angesehen oder aufgrund der Berufung auf eine bestimmte wissenschaftstheoretische Konzeption ist man fest davon überzeugt, damit das Werturteilsproblem hinreichend "gelöst" zu haben. So fühlen sich sehr viele Ökonomen, zumindest verbal, dem Kritischen Rationalismus verpflichtet.[111] In diesem Fall glaubt man, das Werturteilsproblem insofern "gelöst" zu haben, als daß Werturteile auf eine metasprachliche Ebene ausgelagert und dort nicht weiter berücksichtigt werden. Autoren, die sich anderen wissenschaftstheoretischen Konzeptionen verpflichtet fühlen, betrachten gerade dies als eine Eliminierung des lästigen Werturteilsproblems.[112]

In der "Keynesianismus-Monetarismus-Kontroverse" ist ein Problembewußtsein für die Frage nach dem prinzipiellen Verhältnis zwischen Human- und Naturwissenschaften so gut wie gar nicht mehr vorhanden. Die Kontroverse ist mittlerweile versandet; A. Leijonhuvud spricht von einem "Waffenstillstand"[113]. Aufgrund des mangelnden Problembewußtseins erscheint es kaum verwunderlich, daß die Differenzen zwischen Keynesianern und Monetaristen nicht als sachliche Differenzen, sondern als ideologische Differenzen oder als Differenzen in den Werturteilen angesehen werden.[114] In ähnlicher Weise argumentiert auch W. Ehrlicher. Denn für ihn ist diese Kontroverse ein "Konflikt zwischen Glaubensbekenntnissen, die letztlich stets auf mehr oder weniger einseitig verzerrten gesellschaftlichen Leitbildern basieren"[115] - und schließlich sei es "sehr selten, daß jemand - um in der Diktion von Glaubenslehren zu bleiben - »konvertiert«".[116] Das Problembewußtsein für die Frage nach dem prinzipiellen Verhältnis zwischen Human- und Naturwissenschaften scheint hier verschüttet und nur noch latent vorhanden zu sein. Besonders die Weiterentwicklung der Keynesschen zur keynesianischen Theorie ist ein Beispiel dafür, wie ein Problembewußtsein in der Versenkung verschwinden kann. Diese Versenkung des Problembewußtseins wäre vermutlich nicht erfolgt, wenn sich die Keynesianer mehr um die Bewahrung Keynesscher Gedanken bemüht hätten.

---

[111] Eine >kleine< Aufzählung findet sich in: Hartwig, K.-H. (Methodologie) S. 157, Anmerkung 1.

[112] Vgl. u.a. Schneider, P. K. (Soziologie), S. 94 f. und Fromm, E. (Science of man), S. 3.

[113] Leijonhuvud, A. (Keynes), S. 208.

[114] Vgl. Neldner, M. (Aspekte), S. 52.

[115] Borner, S. (Grundlagen), S. 31.

[116] Ehrlicher, W. (Methodenstreit), S. 122.

Insgesamt betrachtet, läßt sich die historische Entwicklung des Problembewußtseins für die Frage nach dem prinzipiellen Verhältnis zwischen Human- und Naturwissenschaften aus der Sicht der Volkswirtschaftslehre als eine zunehmende >Bewußtseinslosigkeit< beschreiben. Das Problembewußtsein scheint nur noch latent vorhanden zu sein. Aussagen über das tatsächliche Ausmaß der >Bewußtseinslosigkeit< sind m.E. erst dann möglich, wenn die Frage nach dem prinzipiellen Verhältnis zwischen Human- und Naturwissenschaften als Problem einer eingehenderen Betrachtung unterzogen worden ist, d.h. wenn hinreichend deutlich geworden ist, was sich hinter diesem Problem verbirgt. Diese eingehendere Betrachtung ist Gegenstand des nun folgenden Kapitels.

3. Die metawissenschaftliche Entscheidung

Ziel dieses Kapitels ist es, die für die Volkswirtschaftslehre grundlegende Problemstellung (Frage nach dem prinzipiellen Verhältnis zwischen Human- und Naturwissenschaften) einer näheren Betrachtung zu unterziehen. Die weitere Entfaltung dieser Problemstellung soll neben ihrer Darstellung vor allem dazu dienen, ihre Dimensionen und ihre Relevanz aufzuzeigen, d.h. es soll der Bereich abgesteckt werden, auf den sich ein *adäquates Problembewußtsein* für die Frage nach dem prinzipiellen Verhältnis zwischen Human- und Naturwissenschaften zu erstrecken hat. Nur durch Angabe dieses Bereiches dürfte sich das tatsächliche Ausmaß des unterentwickelten bzw. degenerierten Problembewußtseins der herrschenden Volkswirtschaftslehre ablesen lassen.

3.1 Die Frage nach dem prinzipiellen Verhältnis zwischen Human- und Naturwissenschaften als metawissenschaftliche Entscheidungssituation

Die Frage nach dem prinzipiellen Verhältnis zwischen Human- und Naturwissenschaften wird einerseits als "eine alte philosophische Streitfrage"[1], andererseits als "eines der umstrittensten intellektuellen Probleme der Gegenwart"[2] erachtet. Bei Wissenschaftlern, die dieses Problem als obsolet oder erledigt einschätzen, wird eher eine Verdrängung als eine Lösung vermutet: Das "aus dem Umkreis wissenschaftlich diskussionsfähiger Punkte Verdrängte kehrt immer wieder, zumeist in modifizierter Form [...], in das wissenschaftliche Problembewußtsein zurück."[3] Wie dem auch sei, die Frage nach dem prinzipiellen Verhältnis zwischen Human- und Naturwissenschaften wird kontrovers diskutiert. In der wissenschaftlichen Literatur finden sich die unterschiedlichsten Positionen.

H. Albert lehnt eine Autonomie der Humanwissenschaften gegenüber den Naturwissenschaften ab: "Die theoretischen Wissenschaften vom Men-

---

[1] Stegmüller, W. (Gegenwartsphilosophie II), S. 103.

[2] Searle, J. R. (Geist), S. 71.

[3] Clemenz, M. (Reflexion), S. 236.

schen brauchen nicht nur keine *methodologische* Autonomie zu beanspruchen, sie schließen auch *inhaltlich* an die nomologischen Realwissenschaften an, die man üblicherweise zu den Naturwissenschaften zählt."[4] Die von K. R. Popper vertretene Methode ist "die Methode aller Wissenschaften, die sich auf Erfahrung stützen"[5]; Popper vertritt die "Einheit der Methoden der Natur- und Sozialwissenschaften"[6].

J. R. Searle versucht darzulegen, "daß es zwischen menschlichem Verhalten und den in den Naturwissenschaften untersuchten Phänomenen radikale Unterschiede gibt, und daß sich die Fehlschläge und auch die Erfolge, die es in den Sozialwissenschaften gab, aus diesen Unterschieden erklären."[7] O. Morgenstern sieht in der Bildung von Interessengruppen im Bereich des Sozialen einen grundsätzlichen Unterschied zwischen Sozial- und Naturwissenschaften: "Klarerweise ereignet sich nichts Derartiges in irgendeinem Bereich der Naturwissenschaft: Partikel, Atome, Moleküle, Planeten und Sterne mögen zusammenstoßen, explodieren oder verschmelzen, aber soweit uns bekannt ist, sind sie keine bewußten Antagonisten noch arbeiten sie von Zeit zu Zeit zusammen, um gemeinsame Ziele zu erreichen."[8] H. Marcuse hält "die Identifizierung von Wissen-schaftlichkeit und naturwissenschaftlichem Modell für eine einseitige Arroganz oder einfach für falsch. Es gibt eine Wissenschaftlichkeit, die auf der kritischen Analyse der Tatsachen beruht und die Bereiche einschließt, die der naturwissenschaftlichen Methode und ihrer Quantifizierung völlig unzugänglich sind."[9]

Evolutionäre Erkenntnistheoretiker sehen das Dilemma im abendländischen Denken "in der unglücklichen Trennung des "Geistigen" vom "Natürlichen", der Kultur von der Natur, des Subjekts vom Objekt, welche dazu geführt hat, daß sich die sog. *Geisteswissenschaften* von den sog. *Naturwissenschaften* zunehmend enfernen, als ob diese "geistlos", jene aber "unnatürlich" wären."[10] Die evolutionäre Erkenntnistheorie versucht, das dichotome Denken durch eine Synthese des "gespaltenen Weltbildes"[11] zu überwinden. Anhand von Ergebnissen der Quantenmechanik, der nichtlinearen Thermodynamik und der relativistischen Gravitationstheorie versucht W. D'Avis zu

---

[4] Albert, H. (Hermeneutik), S. 156 f., Hervorhebungen im Original.

[5] Popper, K. R. (Elend), S. 105.

[6] Ebenda, S. 107.

[7] Searle, J. R. (Geist), S. 71.

[8] Morgenstern, O. (Spieltheorie), S. 146.

[9] Marcuse, H. (Revolution), S. 30.

[10] Wuketits, F. M. (Biologie), S. 12, Hervorhebung im Original.

[11] Riedl, R. (Spaltung).

zeigen, daß zwischen Natur- und Sozialwissenschaften methodologische Konvergenzen bestehen, ohne daß man "weder die Naturwissenschaften zum Vorbild für die Sozialwissenschaften machen noch eine inhaltliche Übereinstimmung oder Gleichstellung in den genannten Bereichen behaupten" braucht.[12]

H. Kimmerle kommt zu der Überzeugung, "daß die Naturwissenschaften ebenfalls in ihrem Charakter als Humanwissenschaften begriffen werden müssen."[13] K. M. Meyer-Abich schlägt vor, "die Naturwissenschaften von den Sozialwissenschaften her zu verstehen, also Naturgesetze aus Sozialstrukturen der Natur abzuleiten."[14]

Eine erste Systematisierung dieser unterschiedlichen Positionen könnte darin bestehen, daß nach möglichen Abhängigkeitsbeziehungen zwischen Human- und Naturwissenschaften unterteilt wird. Versteht man unter >abhängig<, daß z.B. die Humanwissenschaften auf Aussagensysteme und/oder Methoden der Naturwissenschaften angewiesen sind und unter >unabhängig<, daß dies nicht der Fall ist, dann lassen sich (kombinatorisch) vier grundsätzliche Abhängigkeitsbeziehungen (= prinzipielle Verhältnisse) unterscheiden:[15]

Tabelle 1

Prinzipielle Bezeihungsmöglichkeiten zwischen Human- und Naturwissenschaften

Humanwissenschaften	Naturwissenschaften	Abhängigkeitsbeziehungen
abhängig von Naturwissenschaften	abhängig von Humanwissenschaften	>Interdependismus<
abhängig von Naturwissenschaften	unabhängig von Humanwissenschaften	>Naturalismus<
unabhängig von Naturwissenschaften	abhängig von Humanwissenschaften	>humanwissenschaftlicher Zentrismus<
unabhängig von Naturwissenschaften	unabhängig von Humanwissenschaften	>Dualismus<

---

12 D'Avis, W. (Einheit), S. 194.

13 Kimmerle, H. (Philosophie), S. 29.

14 Meyer-Abich, K. M. (Integration), S. 35.

15 Zur kombinatorischen Alternativenerwägung bzw. zu der Verwendung von kombinatorischen Tabellen vgl. Kapitel 8.

Eine gegenseitige Abhängigkeit von Human- und Naturwissenschaften (>Interdependismus<) ergibt sich aus der Überzeugung, daß eine Trennung des gesamtwissenschaftlichen Gegenstandsbereiches in einen humanwissenschaftlichen und einen naturwissenschaftlichen Gegenstandsbereich unzulässig ist und daß von daher zwischen human- und naturwissenschaftlichen Konzepten (Theorien und/oder Methoden) eine gegenseitige Durchlässigkeit besteht. Wie weit im Einzelfall die gegenseitige Durchlässigkeit geht, ist unterschiedlich. Das Spektrum reicht von der Akzeptanz zunächst partieller Abhängigkeiten (D'Avis) bis hin zu einer vollständigen Synthese beider Wissenschaftsgruppen (Riedl, Wuketits).

Eine einseitige Abhängigkeit im Sinne eines >Naturalismus< ergibt sich aus der Überzeugung, daß einerseits zwischen grundlegenden Merkmalen und Strukturen der Gegenstandsbereiche beider Wissenschaftsgruppen und damit zwischen ihren Konzepten keine prinzipiellen Unterschiede bestehen,[16] daß andererseits naturwissenschaftliche Konzepte gegenüber alternativen (z.B. eigenständig humanwissenschaftlichen) Konzepten deutlich überlegen sind. Humanwissenschaftliche Ereignisse, Vorgänge etc. lassen sich hinreichend nur mit naturwissenschaftlichen Aussagensystemen und/oder Methoden erfassen. Diese Überzeugung führt zu einem >Naturalismus<, wie er auf methodologischer Ebene vom Kritischen Rationalismus (Popper, Albert) vertreten wird.

Eine einseitige Abhängigkeit im Sinne eines >humanwissenschaftlichen Zentrismus< ergibt sich gleichfalls aus der Überzeugung, daß zwischen den Gegenstandsbereichen beider Wissenschaftsgruppen prinzipiell nicht unterschieden werden kann. Dieser "gemeinsame" Gegenstandsbereich wäre allerdings nur mit humanwissenschaftlichen Konzepten hinreichend erfaßbar. Äußerungen, die in diese Richtung gehen, werden von H. Kimmerle und K. M. Meyer-Abich gemacht (s.o.). Auch die Anregung O. Neuraths, daß sich die Physik die Soziologie zum Vorbild nehmen sollte, läßt sich vermutlich hier zuordenen: "Die "Gesetze" der Physik würden dann im Sinne dieser Auffassung nur ein bestimmtes, wenn auch ungeheueres Gebiet bestreichen, dessen Grenzen im ganzen unbestimmt gelassen, aber von vornherein vermutet werden. Dem Wiener Kreis liegt eine solche Relativierung und Historisierung nahe, hat doch schon Ernst M a c h vor allen Überschwenglichkeiten physikalischer Prognosen gewarnt und z.B. die Frage aufgeworfen, was denn das Trägheitsgesetz für einen Sinn haben sollte, wenn einmal alle Sterne durcheinanderliefen."[17] Inwiefern diese Autoren einen konsequenten >humanwissenschaftlichen Zentrismus< anstreben bzw. angestrebt

---

[16] Vertreter dieser Position sehen ebenfalls graduelle Unterschiede zwischen Human- und Naturwissenschaften, jedoch keine grundsätzlichen. Vgl. Popper, K. R. (Elend), S. 102 f.

[17] Neurath, O. (Prognosen), S. 399.

haben, kann hier nicht abschließend geklärt werden. Ein komplementärer Standpunkt kann nicht ausgeschlossen werden. Abgesehen davon, stellt die Position >humanwissenschaftliche Zentrismus< eine grundsätzliche Alternative zu den anderen Positionen dar.

Eine vollständige Unabhängigkeit beider Wissenschaftsgruppen (>Dualismus<) ergibt sich dagegen aus der Überzeugung, daß hinsichtlich beider Gegenstandsbereiche und damit auch ihrer Konzepte grundlegende Unterschiede bestehen. Diese Überzeugung führt zur gegenseitigen Abschottung und damit zu einer dualistischen Aufspaltung in eine von den Naturwissenschaften unabhängige Humanwissenschaft und umgekehrt. Humanwissenschaftliche Ereignisse, Vorgänge etc. lassen sich ausschließlich mit humanwissenschaftlichen (i.S. von nicht-naturwissenschaftlichen), naturwissenschaftliche Ereignisse, Vorgänge etc. nur ausschießlich mit naturwissenschaftlichen (i.S. von nicht-humanwissenschaftlichen) Konzepten hinreichend erfassen. In diesem Sinne sind Marcuse, Morgenstern und Searle Vertreter einer dualistischen Position.

Diese vier prinzipiellen (Abhängigkeits-) Verhältnisse zwischen Human- und Naturwissenschaften lassen sich als eine >*metatheoretische Entscheidungssituation*< beschreiben. Eine >*Entscheidungssituation*< soll stets dann vorliegen, wenn mindestens zwei alternative Positionen (z.B. Theorien) vorhanden sind. *Alternativität* soll dann gegeben sein, wenn zu dem gleichen Gegenstandsbereich und zu der gleichen Problemstellung ungleiche Positionen vorliegen. Mit dem Vorliegen einer >Entscheidungssituation< soll des weiteren das Bestreben verbunden sein, diese Entscheidungssituation auch aufzulösen, d.h. eine Auswahl bzw. eine Entscheidung zwischen den vorliegenden Alternativen zu treffen.[18,19] Die >metatheoretische Entscheidungssituation< läßt sich nun folgendermaßen darstellen:

---

[18] Wird zum gleichen Gegenstandsbereich und zur gleichen Problemstellung nur eine Theorie thematisiert, d.h. wurden bisher alternative Theorien nicht erwogen, wären aber solche denkbar, dann handelt es sich um eine latente >metawissenschaftliche Entscheidungssituation<.

[19] >Metatheoretische Entscheidungssituationen< sind von alltäglichen >Entscheidungssituationen<, wie z.B. Wein oder Bier als momentane Alternativen, den Durst zu "löschen", zu unterscheiden. Die Anregung, wissenschaftliche Probleme allgemein als Entscheidungsprobleme (Entscheidungssituationen) zu betrachten, erhielt ich von der sog. "Entscheidungstheorie", wie sie insb. in den Wirtschaftswissenschaften entwickelt wurde. Der >metatheoretischen Entscheidungsituation< entspricht dabei der "Entscheidungsmatrix", die Auflösungsmöglichkeiten einer Entscheidungssituation (vgl. Abschnitt 5.1) entsprechen in der "Entscheidungstheorie" den "Auswahlprinzipien", die die jeweils "besten" Handlungen aussondern. Diese Art der Formulierung von wissenschaftlichen Problemen und ihrer Lösungsansätze soll in erster Linie einer höheren Transparenz bei der Betrachtung solcher Probleme dienen, sowie auf die Subjektgebundenheit der Erkenntnis hinweisen (vgl. ebenfalls Abschnitt 5.1).

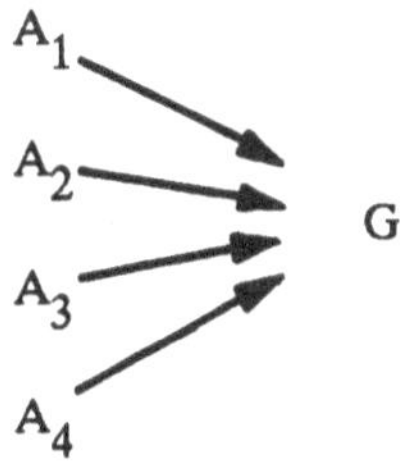

(G = Gegenstandsbereich)

A_1 - A_4 stellen die vier prinzipiellen (Abhängigkeits-) Verhältnisse zwischen Human- und Naturwissenschaften dar (A_1 = >Interdependismus<, A_2 = >Naturalismus<, A_3 = >humanwissenschaftlicher Zentrismus<, A_4 = >Dualismus<) dar. Sie sind Alternativen, weil sie sich als ungleiche Positionen auf den gleichen Gegenstandsbereich (= Konzepte der Human- und Naturwissenschaften) beziehen und weil die gleiche Problemstellung (= adäquate Erfassung des humanwissenschaftlichen Gegenstandsbereiches) vorliegt.

Da die als >metatheoretische Entscheidungssituation< formulierte Frage bezüglich des prinzipiellen Verhältnisses zwischen Human- und Naturwissenschaften nicht nur auf der Theorie-Gegenstandsebene, sondern auch auf der Methodenebene thematisiert werden kann (und auch wird), erscheint es sinnvoll, die >metatheoretische Entscheidungssituation< als >*metawissenschaftliche Entscheidungssituation*< zu bezeichnen. Entsprechend der Differenzierung nach Theorie-Gegenstandsebene und Methodenebene läßt sich die >metawissenschaftliche Entscheidungssituation<[20] derart formulieren, daß insgesamt zwölf mögliche Positionen unterschieden werden können:

---

[20] Im folgenden werden die Anführungszeichen weggelassen.

Tabelle 2

Formulierung der metawissenschaftlichen Entscheidungssituation

	>Interdependismus<	>Naturalismus<	>humanwissenschaftl. Zentrismus	>Dualismus<
Theorie-Gegenstandsebene (TGE)				
Methodenebene (ME)				
TGE/ME				

3.2 Die metawissenschaftliche Entscheidungssituation als heterogenes Problem

Die im Abschnitt 3.1 formulierte metawissenschaftliche Entscheidungssituation (vgl. Tabelle 1) scheint zunächst eindeutig und vollständig zu sein. Ist damit das Problem hinreichend formuliert? Wie tragfähig ist diese Problemformulierung überhaupt?

Zunächst ist festzustellen, daß die bisherige Formulierung der metawissenschaftlichen Entscheidungssituation ziemlich abstrakt ist, d.h. daß sich die bisherige Formulierung nur auf wenige Merkmale stützt: Neben einer ersten und vorläufigen Bestimmung von "Humanwissenschaften"[21] wurde lediglich nach prinzipiellen Abhängigkeitsbeziehungen zwischen Human- und Naturwissenschaften unterschieden, sowie nach Theorie-Gegenstandsebene und Methodenebene differenziert. Darüberhinaus wurden keine weiteren

[21] Vgl. Abschnitt 2.1.

Merkmale berücksichtigt. Die Tragfähigkeit dieser abstrakten Problemformulierung dürfte sich jedoch erst durch ihre Konkretisierung nachweisen lassen. Konkretisierung ist hierbei der Versuch offenzulegen, was sich bei der bisherigen Diskussion der metawissenschaftlichen Entscheidungssituation hinter den Begriffen "Humanwissenschaften" und "Naturwissenschaften" verbirgt bzw. welche weiteren Merkmale berücksichtigt werden. Insbesondere geht es um Fragen wie: Gibt es bei den an der metawissenschaftlichen Entscheidungssituation beteiligten Positionen ein einheitliches Verständnis von Human- und Naturwissenschaften? Besitzen die Gegner des >Naturalismus< eine übereinstimmende Auffassung darüber, was für die Naturwissenschaften charakteristisch ist? Welches sind die Charakterisierungskriterien? Etc. Die Antworten auf diese Fragen sollen eine Einschätzung darüber erlauben , wie tragfähig die bisherige Formulierung der metawissenschaftlichen Entscheidungssituation überhaupt ist. Sie dürfte sich dann als umso tragfähiger erweisen, je einheitlicher das Verständnis von "Humanwissenschaften" und "Naturwissenschaften" ausfällt. Das Resultat der vom Verfasser bisher versuchten Konkretisierung wird vermutlich kaum überraschen: Eine auch nur annähernd einheitliche Charakterisierung der "Humanwissenschaften" und "Naturwissenschaften" gibt es nicht. Wie verwickelt die gesamte Problemlage tatsächlich ist, soll im folgenden kurz angedeutet werden.

Die Naturwissenschaften werden mitunter mit Physik gleichgesetzt. So sind für K. R. Popper wissenschaftliche Methoden "»pronaturalistisch« oder »positiv«, wenn sie die Anwendung physikalischer Methoden in den Sozialwissenschaften befürworten, und [...] »antinaturalistisch« oder »negativ«, wenn sie sich gegen die Verwendung dieser Methoden wendet."[22] Eine derartige Gleichsetzung kann einen "Physikalismus" implizieren, d.h. die Überzeugung, "alle chemischen, biologischen und psychologischen Phänomene könnten [...] mit einer physikalistischen Naturbeschreibung charakterisiert werden."[23] Ein derartiger "Physikalismus" ist sehr umstritten. M. Bunge hält ihn für unhaltbar: "In Wirklichkeit berücksichtigt er nicht einmal die emergenten Eigenschaften von Biosystemen."[24] Sind die Naturwissenschaften also mehr als nur Physik? Ist die Chemie ein unselbständiger Teil der Physik? Überspringt eine naturwissenschaftliche Einheitskonzeption im Sinne des Physikalismus die Schichten des Chemischen und Biologischen? Nach P. Oppenheim/H. Putnam ist diese physikalistische Position "in mehr oder

---

[22] Popper, K. R. (Elend), S. 2.

[23] Berger, G. (Physikalismus), S. 480.

[24] Bunge, M. (Leib-Seele-Problem), S. 17.

minder unbestimmter Art und Weise und ohne sehr tiefgehende Begründung ausgesprochen worden."[25]

Eine andere weit verbreitete Auffassung besteht darin, daß die Naturwissenschaften "objektiv" seien. "Objektive Erkenntnis" ist für K. R. Popper "*Erkenntnis ohne einen Erkennenden:* Es ist *Erkenntnis ohne erkennendes Subjekt.*"[26] In der Erkenntnistheorie meint Objektivität auch Unparteilichkeit, welche auch "mit *Objektivität* im Sinne überzeitlicher Wahrheiten gleichgesetzt" wurde.[27] Die Mehrdeutigkeit des Terminus "objektiv" bzw. "Objektivität" erscheint fast hoffnungslos: "Dasselbe Wort *Objektivität* und *objektiv* kann im Kontext von zwei philosophischen Schulen - z.B. der Philosophie Kants und des Marxismus - nicht nur einen verschiedenen, sondern einen entgegengesetzten Sinn haben."[28]

Wird "Objektivität" ausschließlich erkenntnistheoretisch betrachtet, dann liegt der Betrachtung stets eine Subjekt-Objekt-Relation zugrunde. Welche Subjekt-Objekt-Relation ist für die Naturwissenschaften charakteristisch? Nach Ansicht K. O. Apels halten die Naturwissenschaften "an einem *theoretischen Objektivitätsideal* fest, das nur aufgrund einer [...] reinen Subjekt-Objekt-Differenz gewährleistet ist."[29] Namhafte Ökonomen, wie z.B. H. Giersch, teilen diese Auffassung.[30] Für W. Heisenberg ist dagegen eine solche Subjekt-Objekt-Trennung nicht mehr haltbar. In der "modernen Naturwissenschaft" habe sich herausgestellt, "daß wir die Bausteine der Materie, [...], überhaupt nicht mehr *an sich* betrachten können, daß sie sich irgendeiner objektiven Feststellung in Raum und Zeit entziehen [...]. Das Ziel der Forschung ist also nicht mehr die Erkenntnis [eines Gegenstandes, U. K.] *an sich*, d.h. abgelöst von unserer experimentellen Fragestellung; vielmehr stehen wir von Anfang an in der Mitte der Auseinandersetzung zwischen Natur und Mensch".[31]

Ein weiteres und oft verwendetes Charakteristikum ist der Begriff "Kausalität". Die Auffassung, daß "Kausalität" für die Naturwissenschaften eine konstitutive Bedeutung besitzt, wird von vielen Wissenschaftlern geteilt. Das Problem ist nur, daß darüber, was unter Kausalität zu verstehen ist, keine Einigkeit besteht: Ist Kausalität eine Realrelation oder eine "typische Philo-

---

[25] Oppenheim, P./Putnam, H. (Einheit), S. 361.

[26] Popper, K. R. (Erkenntnis), S. 112, Hervorhebungen im Original.

[27] Toulmin, S. (Kritik), S. 59, Hervorhebung im Original.

[28] Schaff, A. (Objektivität), S. 460, Hervorhebungen im Original.

[29] Apel, K. O. (Erklären:Verstehen-Kontroverse), S. 64, Hervorhebung im Original.

[30] Vgl. Giersch, H. (Wirtschaftspolitik), S. 32.

[31] Heisenberg, W. (Naturbild), S. 18, Hervorhebungen im Original.

sophenkonstruktion"[32]? Ist Kausalität stets mit Gesetzmäßigkeit verbunden, oder gibt es eine individuelle Kausalität? Ist Gleichzeitigkeit mit Kausalität verträglich oder gibt es gar eine rückwirkende Verursachung? Etc. G. Posch stellt fest: "Gäbe es auf die einfache Frage "Was ist Kausalität?" eine einfache Antwort, dann könnte man viel Mühe und Schweiß sparen. Es gibt jedoch keine *einfache* Frage nach der Kausalität und ebensowenig eine *einfache* Antwort."[33] B. Russell hielt das Kausalitätsprinzip für die Naturwissenschaften als ein Relikt vergangener Zeiten; Kausalität ließe sich unter umfassendere, funktionale Relationen subsumieren.[34]

Auch bei der Konkretisierung des Terminus' "Humanwissenschaften" zeigen sich ähnliche Schwierigkeiten. Die Kriterien zur Charakterisierung der Humanwissenschaften werden oft gleichzeitig als Abgrenzungskriterien gegenüber den Naturwissenschaften angesehen. Das "Komplexitätsargument" ist hierfür ein Beispiel: Die "Komplexität" des humanwissenschaftlichen Gegenstandsbereiches dient häufig als Begründung für eine nomologische Unterentwicklung der Humanwissenschaften im Vergleich zu den Naturwissenschaften.[35] Der Nationalökonom habe es mit "äußerst komplexen Beziehungen"[36] zu tun; die "Interpretation des empirischen Materials [ist] angesichts der komplexen Realität alles andere als eindeutig".[37] Während für H. Arndt das Erkenntnisobjekt Politische Ökonomie "weitaus komplizierter ist als irgendein Erkenntnisobjekt der Naturwissenschaft"[38], ist dies für K. R. Popper ein "weitverbreitete[s] Vorurteil".[39] Unklar bleibt oft, was mit "Komplexität" überhaupt gemeint ist. Einige Autoren setzen "Komplexität" mit "Kompliziertheit" gleich,[40] andere fordern deren strikte Trennung.[41] Auch N. Luhmann beklagt den Zustand, daß der "Begriff <K.> [Komplexität, U. K.] [...] in den *Fachwissenschaften* gegenwärtig zumeist undefiniert und jedenfalls in sehr verschiedenartigen Bedeutungen gebraucht"

---

[32] Von Wright, G. H. (Erklären), S. 43.

[33] Posch, G. (Kausaliätsproblem), S. 9, Hervorhebungen im Original.

[34] Vgl. Russell, B. (Mystik), S. 208.

[35] Vgl. H. Alberts "Quasi-Theorien".

[36] Woll, A. (Volkswirtschaftslehre), S. 14.

[37] Ebenda.

[38] Arndt, H. (Irrwege), S. 213.

[39] Popper, K. R. (Elend), S. 109. "In Wirklichkeit gibt es aber gute Gründe, nicht nur anzunehmen, daß die Sozialwissenschaft weniger kompliziert ist als die Physik, sondern auch, daß die konkreten sozialen Situationen im allgemeinen weniger kompliziert sind als die konkreten Situationen in der Natur" (ebenda), S. 110.

[40] Z.B. Popper, K. R. (Elend), S. 110.

[41] Z.B. Lorenz, Kuno (komplex), S. 427 f.

wird.[42] Wenn dem so ist, dann kann bezüglich der Frage, ob der humanwissenschaftliche Gegenstandsbereich überhaupt eine höhere "Komplexität" aufweist als der naturwissenschaftliche Gegenstandsbereich, zunächst noch gar keine >echte< Auseinandersetzung geführt werden; denn dies setzt eine hinreichende Klärung des Begriffs "Komplexität" voraus.

Bei anderen Abgrenzungskriterien wie "Historizität", "Einzigartigkeit" oder "Emergenz", die oft als Argumente für eine Eigenständigkeit der Humanwissenschaften (gegenüber den Naturwissenschaften) herangezogen werden, bestehen ähnliche Schwierigkeiten. Diese Schwierigkeiten bestehen nicht nur aufgrund eines >Begriffswirrwarrs<, sondern bestehen auch darin, daß diese Kriterien als Abgrenzungsargumente von naturwissenschaftlicher Seite aus nicht unwidersprochen geblieben sind. So versucht z.B. M. Bunge zu zeigen, daß "Historizität", "Einzigartigkeit" und "Emergenz" Eigenschaften sind, die auch die meisten physikalischen, chemischen und biologischen Objekte kennzeichnen.[43]

Solche Betrachtungen weiterer human- und naturwissenschaftlicher Charakteristika (Exaktheit, Gesetzmäßigkeit, Intentionalität, Erklären, Verstehen etc.) ließen sich nahezu beliebig fortsetzen. Vermutlich mit ähnlichen Resultaten. Die bisherigen Ausführungen reichen m.E. aus, um deutlich zu machen, daß die Tragfähigkeit der abstrakten Formulierung der metawissenschaftlichen Entscheidungssituation in Frage gestellt werden muß. Auf konkreterer Ebene erweist sie sich weder als vollständig noch als eindeutig, sondern eher als unvollständig und äußerst verwickelt. Die metawissenschaftliche Entscheidungssituation ist daher selbst noch als ein undurchsichtiges Problem zu betrachten, das sich, zusammengefaßt, durch zweierlei auszeichnet:

- Eine einheitliche Auffassung darüber, was für die Human- und Naturwissenschaften charakteristisch ist, gibt es nicht. Es werden unterschiedliche Charkteristika verwendet. Dies bedeutet, daß es nicht *die* metawissenschaftliche Entscheidungssituation gibt, sondern eine Vielzahl davon. Sie lassen sich danach unterscheiden, welche Charakteristika jeweils zugrunde gelegt werden.
- Neben dieser Charakterisierungsvielfalt unterscheiden sich die einzelne Charakteristika (Objektivität, Kausalität etc.) in ihrer inhaltlichen Bedeutung zum Teil erheblich voneinander. Die o.g. Vielzahl metawissenschaftlicher Entscheidungssituationen dürfte sich je nach Bedeutungsvielfalt noch weiter erheblich erhöhen.

---

[42] Luhmann, K. (Komplexität), Sp. 939, Hervorhebung im Original.

[43] Bunge, M. (Method), S. 160 ff.

Diese Ausführungen zum Thema >metawissenschaftliche Entscheidungssituation als heterogenes Problem< weisen auf eine Subjektgebundenheit der Erkenntnis hin und auf eine damit verbundene Entscheidungstätigkeit des Erkenntnissubjekts.[44] Aufgrund der bestehenden Meinungsvielfalt (-chaos?) scheint ein intersubjektives Wissen (i.S. eines umfassenden Konsenses) bezüglich der metawissenschaftlichen Entscheidungssituation (noch) nicht möglich; von einem "objektiven" Wissen (i.S. von Poppers "Erkenntnis ohne erkennendes Subjekt") ganz zu schweigen. Für eine problemadäquate Behandlung der metawissenschaftlichen Entscheidungssituation[45] sind daher gewisse Anforderungen zu stellen, wenn das Wissen von der metawissenschaftlichen Entscheidungssituation nicht beliebig, spekulativ oder unhinterfragbar bleiben soll.

Die unter dem zweiten Spiegelstrich aufgeführten Probleme sind Gegenstand einer "Begriffsanalyse"[46]. Die Streitfrage, ob humanwissenschaftliche Ereignisse komplexer sind als naturwissenschaftliche Ereignisse, läßt sich nur dann sinnvoll behandeln, wenn der gleiche Komplexitätsbegriff (i.S. einer gleichen intensionalen Bedeutung) verwendet wird. Nicht wenige Kontroversen, Streitigkeiten etc. dürften möglicherweise darauf zurückzuführen sein, daß zwar die gleichen Termini, nicht aber die gleichen Begriffe verwendet werden. Derartige Schein-Kontroversen ließen sich durch eine hinreichende intensionale und extensionale Begriffsexplikation beenden; wobei mit extensional gemeint ist, "daß jeder Begriff einen gewissen Bedeutungsbereich abdeckt, der annähernd bestimmt und festgestellt werden kann".[47]

Vor diesem Hintergrund erscheint es angebracht, die im Abschnitt 2.2 behandelten Kontroversen der Volkswirtschaftslehre daraufhin zu durchleuchten. Es wäre dann keineswegs auszuschließen, daß es sich bei der einen oder anderen Kontroverse um eine Schein-Kontroverse handelt bzw. gehandelt hat; d.h. daß eine Alternativität bei den an der Kontroverse beteiligten Positionen *nicht* vorliegt bzw. vorgelegen hat. Hinweise hierfür sind durchaus vorhanden:

- Eine oft behauptete Annäherung der Positionen von Schmoller und Menger bezüglich des Themas "Theorie und Geschichte"[48] wäre nur dann plausibel, wenn sowohl Schmoller als auch Menger annähernd die gleichen Begriffe von "Theorie" und "Geschichte" verwendet hätten. Die

---

[44] Vgl. hierzu auch Abschnitt 5.1.1.

[45] Im folgenden soll der Begriff >metawissenschaftliche Entscheidungssituation< sowohl deren abstrakte Formulierung, als auch dessen Heterogenität umfassen.

[46] Vgl. Wilson, J. (Begriffsanalyse).

[47] Ebenda, S. 29 f.

[48] Diese Auffassung vertrat z.B. Schumpeter; in: (Geschichte), S. 994 f.

Bestätigung der gegensätzlichen Auffassung, daß beide ein unterschiedliches Theorieverständnis besaßen,[49] würde die "Schmoller-Menger-Kontroverse" in diesem Punkt als eine Schein-Kontroverse entlarven.

- Auch hinsichtlich des "Werturteilsstreits" wird vermutet, daß Wertfreiheitsgegner einen anderen Wertfreiheitsbegriff verwenden als die Wertfreiheitsverfechter.[50]

- Die "Keynesianismus-Monetarismus-Kontroverse" würde sich bezüglich der Frage nach der Instabilität bzw. Stabilität marktwirtschaftlicher Systeme dann als eine Schein-Kontroverse herausstellen, wenn sich zwischen Keynesianern und Monetaristen eine fehlende Übereinstimmung beim Stabilitätsbegriff feststellen ließe. Diese Möglichkeit ist deswegen in Erwägung zu ziehen, weil von einigen Autoren bereits darauf hingewiesen wurde, daß der Begriff "Stabilität" bisher nur vage und keineswegs eindeutig definiert wurde.[51]

Eine hinreichende Begriffsarbeit sollte andererseits in ihrer Bedeutung auch nicht überschätzt werden. Sie ist keineswegs in der Lage, >echte< Entscheidungssituationen aufzulösen, sondern vermag lediglich zu zeigen, ob es sich um eine >echte< oder um eine >unechte< Entscheidungssituation (Schein-Problem) handelt. Eine hinreichende Begriffsklärung ist daher eine unverzichtbare Voraussetzung für eine >echte< Problemformulierung und -lösung. Dies umso mehr, da sich die "Tendenz allen Wissens, wie aller Ignoranz, in opportunistischer Richtung von der Wahrheit abzuweichen, [...] in der Verdrehung von Begriffen" widerzuspiegeln scheint.[52]

3.3 Die Relevanz der metawissenschaftlichen Entscheidungssituation

Wenn die metawissenschaftliche Entscheidungssituation selbst noch ein undurchsichtiges Problem darstellt, so daß auf konkreterer Ebene ein einheitlicher Problemzugang schon fast aussichtslos erscheint, dann stellt sich die Frage nach ihrer Relevanz: Warum überhaupt eine Auseinandersetzung mit der metawissenschaftlichen Entscheidungssituation? Lohnt es überhaupt, an einer Vereinheitlichung ihrer Problemformulierung zu arbeiten? Besitzt die metawissenschaftliche Entscheidungssituation möglicherweise

---

[49] Diese Auffassung wird z.B. von Jochimsen/Knobel vertreten; in: (Gegenstand), S. 24.

[50] Vgl. Beck, U. (Objektivität), S. 25.

[51] Vgl. Robert, D. (Meinungsstreit), S. 39 u. Kromphardt, J. (Konzeptionen), S. 193.

[52] Myrdal, G. (Memoiren), S. 165.

nur eine akademische Bedeutung? Etc. Diese Fragen zielen ab auf eine hinreichende Begründung für eine intensivere und ernsthafte Auseinandersetzung mit der metawissenschaftlichen Entscheidungssituation, die sich nicht nur aus ihrer akademischen, sondern m.E. vor allem aus ihrer praktischen Relevanz ergeben sollte. Was ist nun von einer intensiveren und ernsthaften Beschäftigung mit der metawissenschaftlichen Entscheidungssituation zu erwarten?

Werden die Humanwissenschaften in erster Annäherung als "Wissenschaft vom handelnden Menschen" bestimmt, dann kann dies wohl nur für die gesamten Humanwissenschaften gelten, denn es ist schon "bemerkenswert, daß es eine Wissenschaft des in dieser Definition implizierten Umfangs nicht gibt".[53] Die metawissenschaftliche Entscheidungssituation versucht daher, auf dieser umfassenden Ebene anzusetzen; nicht im Sinne der Etablierung einer derart umfassenden Humanwissenschaft, sondern eher um deutlich zu machen, daß es sich hier um ein Grundproblem handelt, das vermutlich alle Humanwissenschaften betrifft und nicht nur die Volkswirtschaftslehre. Ein kurzer Streifzug durch einige Humanwissenschaften soll dies zeigen:

- In der Philosophie gehört das "Leib-Seele-Problem" (auch als "Gehirn-Bewußtseinsproblem" oder "psychophysisches Problem" bezeichnet) zu den fundamentalen Fragestellungen.[54] Es ist "ein Geflecht uralter Fragen über die Natur des Geistigen und seinen Beziehungen zum Körperlichen."[55] Die unterschiedlichen Lösungsvorschläge zu diesem Problem befinden sich im Spannungsfeld zwischen psychophysischem Monismus, der davon ausgeht, daß geistige (seelische) Phänomene vom materiellen Körper erzeugt werden, und psychophysischem Dualismus, der dem Geistigen eine vom Körper unabhängige Existenz zuspricht.[56]

- Die Beziehungen zwischen "Leib" und "Seele" spielen in der heutigen Medizin und Psychologie eine zentrale Rolle. In der Medizin stehen sich somatische und psychosomatische Auffassungen konkurrierend gegenüber. "Somatiker" betrachten den Menschen als Zellenstaat; die Krankheit als organisch bedingt: R. Virchow begründete die Ansicht, daß "die Zelle das letzte Formelement aller lebendigen Erscheinungen

[53] Rudolph, W./Tschohl, P. (Anthropologie), S. 19. Dies gilt nach Ansicht beider Autoren auch für die Humanwissenschaft "Anthropologie" (vgl. ebenda).

[54] A. Schopenhauer beschrieb das Leib-Seele-Problem als "Weltknoten", der "unerklärlich" sei: (Wurzel), S. 171.

[55] Bunge, M. (Leib-Seele-Problem), S. 1.

[56] Bunge diskutiert von beiden Grundpositionen jeweils fünf verschiedene Ansätze: (Leib-Seele-Problem), S. 8 ff.

sowohl im Gesunden wie im Kranken ist"[57]. Gesucht wird nicht mehr nach Krankheiten, sondern nur nach entarteten Zellen. Die "Psychosomatiker" legen dagegen "besonderen Wert auf die Bedeutung seelischer Vorgänge (Psyche) für Entstehung und Ablauf körperlicher (somatischer) Krankheiten"[58]. Das heute noch überwiegende Selbstbild der Medizin scheint das der somatischen Medizin zu sein, d.h. daß die Medizin "eine Naturwissenschaft sei und in der Natur fest Vorgegebenes zu erforschen habe, weil sie etwa mit Hilfe von Physik und Chemie Physiologie betreibe, mit Hilfe dieser drei Disziplinen Pathophysiologie betreibe usw., und die klinische Medizin als das eigentliche Feld der Heilkunde in nichts anderem bestehe als in der Anwendung der Erkenntnisse dieser naturwissenschaftlich fundierten, reine Erkenntnisinteressen verfolgenden theoretischen Disziplinen."[59]

- Für S. Freud, dem Vater der Psychoanalyse, waren Geisteskrankheiten (psychische Leiden) keine Gehirnkrankheiten im neuropathologischen Sinne mehr, sondern er erkannte ihre seelischen Ursachen. Freud gilt als "Entdecker des neuen Seelen-Kontinents"[60]. Während neben anderen tiefenpsychologischen Richtungen (C. G. Jung, A. Adler) auch "Kognitivisten" (z.B. W. Wundt) und "Humanisten" (z.B. A. H. Maslow) von seelischen, geistigen oder kognitiven Prozessen ausgehen, leugnen radikale Behavioristen eine eigenständige Existenz von Motiven, Bewußtsein u.ä.; "innere Zustände" seien bestenfalls bloße Nebenprodukte des äußeren Verhaltens. B. F. Skinner ist daher überzeugt, daß alle Wissenschaftler, "die über das Bewußtsein als eine Form der Selbsterkenntnis spekuliert haben, [...], ihre Zeit verschwendet haben"[61]. Für J. B. Watson, dem Begründer des Behaviorismus, ist die Psychologie "ein vollkommen objektiver, experimenteller Zweig der Naturwissenschaft."[62] Angesichts des Siegeszuges behavioristischer Lerntheorien ist daher G. Aschenbach zuzustimmen, wenn er feststellt: "Die Krise der Psychologie läßt sich [...] mit gutem Grund verstehen als Auseinandersetzung um deren Naturwissenschaftlichkeit und das ihr zugrundeliegende Wissenschaftsverständnis"[63].

---

[57] Zitiert aus: Pöhlmann; H. G. (Krankheit), S. 70.

[58] Schaldach, H. (Medizin), S. 870.

[59] Sadegh-zadeh, K. (Medizin), S. 408 f.

[60] Rattner, J. (Jung), S. 63.

[61] Skinner, B. F. (Behaviorismus), S. 248.

[62] Watson, J. B. (Behaviorismus), S. 13.

[63] Aschenbach, G. (Erklären), S. 44.

- In der Soziologie streiten "Individualismus" und "Kollektivismus" miteinander:[64] Hat soziologisches Denken vom "homo sociologicus" oder vom "homines sociologiae" auszugehen? Ist gesellschaftliches (kollektives) Verhalten restlos in individuelles Verhalten auflösbar oder spielen kollektive Entitäten wie "Volksseele", "Gruppengeist" etc. eine bedeutende Rolle? Während der "methodologische Kollektivismus" von der Überzeugung getragen wird, "daß die Gesellschaft in irgendeinem Sinne nicht nur mehr, sondern etwas wesentlich anderes ist als die Summe der in ihr lebenden Einzelnen"[65], versteht sich der "methodologische Individualismus" als methodische Auffassung, "alle sozialen Erscheinungen und Sachverhalte seien unter Bezug auf individuelle, personale Merkmale zu beschreiben und zu erklären"[66]. Dieses sogenannte "Reduktionismusproblem" ist für die Soziologie von zentraler Bedeutung. Der Versuch, die Soziologie als "soziale Physik" zu konzipieren, ist "unter dem Zeichen des Reduktionismus (vor allem im Sinne der klassischen Mechanik) entstanden, und der Reduktionismus hat, wenn nun meist auch in anderen Formen, seine Faszination bis heute behalten."[67] Einen >psychologischen< Reduktionismus vertreten H. J. Hummel und K. D. Opp, die versuchen, soziologische Erklärungen nach dem Muster "naturwissenschaftlicher" Gesetzeserklärungen auf psychologische (insb. behavioristische) zurückzuführen.[68]

Dieser Streifzug unterstreicht nicht nur die gegenwärtige Zersplitterung der Humanwissenschaften,[69] sondern macht auch deutlich, daß innerhalb dieser einzelnen Humanwissenschaften Kontroversen ausgetragen werden, deren Beteiligten sich danach unterscheiden lassen, ob sie eher naturwissenschaftlich oder eher humanwissenschaftlich (allerdings im jeweiligen Verständnis) orientiert sind. Wenn es aber zutrifft, daß die gegenwärtigen Humanwissenschaften "vom Erfolg und Prestige der Naturwissenschaften" beeindruckt sind, so daß sie nicht einmal mehr fragen, "ob eine Methode, welche auf Dinge anwendbar ist, auch auf die Erforschung des Menschen übertragen werden kann"[70], dann dürften neben der herrschenden Volks-

[64] Vgl. Vanberg, V. (Soziologien).

[65] Dahrendorf, R. (Homo Sociologicus), S. 43.

[66] Giesen, B./Schmid, M. (Soziologie), S. 149 f.

[67] Bühl; W. L. (Reduktionismus), S. 9.

[68] Hummel, H. J./Opp, K. D. (Reduzierbarkeit).

[69] Ob angesichts dieser Zersplitterung der Humanwissenschaften die Anthropologie als ein brauchbarer Integrationsversuch erachtet werden kann, wird von einigen Anthropologen bezweifelt (vgl. Kamper, D. (Anthropologie), S. 34 u. Rudolf, W./Tschol, P. (Anthropologie), S. 19 f.).

[70] Fromm, E. (Science of Man), S. 2.

wirtschaftslehre zweifellos auch andere >herrschende< Humanwissenschaften unter der Krankheit >unzureichendes Problembewußtsein für die metawissenschaftliche Entscheidungssituation< leiden. Die metawissenschaftliche Entscheidungssituation ist damit nicht nur ein (latentes) Grundproblem der Volkswirtschaftslehre, sondern ist vermutlich ein Grundproblem aller Humanwissenschaften.

Die bisherigen Ausführungen dürften gezeigt haben, daß die metawissenschaftlichen Entscheidungssituation zweifellos eine akademische Relevanz besitzt. Wie relevant ist die metawissenschaftliche Entscheidungssituation aber für die "Praxis"? Diese Frage ist eingebettet in die Frage nach der praktischen Relevanz der Wissenschaft, insbesondere ihrer >Produkte<, also ihrer Aussagen, Hypothesen, Theorien etc.

Die Feststellung, daß wohl sehr viele Humanwissenschaftler ihren >Produkten< eine praktische Relevanz zuerkennen, ist sicherlich keine Übertreibung: "Die reine Wissenschaft gibt uns also in Anwendung auf praktische Probleme Mittel an die Hand, praktische Möglichkeiten zu untersuchen und damit herauszubekommen, wie wir die vorliegende Situation bewältigen können"[71]. Eine Möglichkeit, wissenschaftliche Theorien in die Praxis umzusetzen, besteht darin, daß Ökonomen als wirtschaftspolitische Ratgeber fungieren. Der "Sachverständigenrat zur Begutachtung der gesamtwirtschaftlichen Entwicklung" als wichtigstes Gremium der wissenschaftlichen Politikberatung ist hierfür ein Beispiel. Der "Sachverständigenrat" begutachtet regelmäßig die gesamtwirtschaftliche Entwicklung der Bundesrepublik, "zur Erleichterung der Urteilsbildung bei allen wirtschaftspolitischen Instanzen sowie in der Öffentlichkeit."[72] Seine Leistungsfähigkeit wird allerdings recht unterschiedlich beurteilt.[73,74]

Wenn man also davon ausgeht, daß wissenschaftliche >Produkte< eine praktische Relevanz besitzen, in welcher Form auch immer, dann gilt dies auch für die metawissenschaftliche Entscheidungssituation. Sollte nun eine problemadäquate Auseinandersetzung mit der metawissenschaftlichen Entscheidungssituation zu leistungsfähigeren Theorien in der Volkswirtschaftslehre führen, dann dürfte sich damit eine Chance eröffnen, die Qualität der bisher praktizierten Wirtschaftspolitik zu verbessern; entweder dadurch, daß

---

[71] Albert, H. (Traktat), S. 66.

[72] § 1 des Gesetzes über die Bildung eines Sachverständigenrates zur Begutachtung der gesamtwirtschaftlichen Entwicklung, vgl. (Jahresgutachten 1987/88), S. 204.

[73] Ein sehr kritische Einschätzung vertreten: Meißner, W. (Konzept) und Härtel, H.-H. (Leistungsfähigkeit).

[74] Zu Problemen wissenschaftlicher Problemberatung: Vgl. Stachowiak, H. (Bedürfnisse), S. 366 ff.

die leistungsfähigeren volkswirtschaftlichen Theorien zu einer >neuen< Bewußtseinsbildung bei den Wirtschaftspolitikern führen und/oder dadurch, daß aufgrund von entsprechend verbesserten wissenschaftlichen Gutachten eine Verbesserung der wissenschaftlichen Fundierung und Legitimierung der in Zukunft eingesetzten wirtschaftspolitischen Strategien ermöglicht wird.

Die praktische Relevanz der metawissenschaftlichen Entscheidungssituation wird m.E. bei den Problemen deutlich, die aufgrund einer einseitigen Orientierung bezüglich der metawissenschaftlichen Entscheidungssituation entstanden sind. Diese Probleme haben mittlerweile eine existielle Dimension erreicht. In der Volkswirtschaftslehre kommt dies dadurch zum Ausdruck, daß "der Zwiespalt zwischen den wirtschaftswissenschaftlichen Theoremen und den in der Realität zu lösenden Problemen von Jahr zu Jahr immer deutlicher hervortritt."[75] Lebenswichtige Zusammenhänge werden "heute nicht hinreichend wahrgenommen"[76]. Letztlich droht die Selbstzerstörung, denn "wenn der Mensch nicht mehr über sich selbst weiß und dieses Wissen nicht für eine bessere Gestaltung seines Lebens einsetzt, dann wird er durch die eigenen wissenschaftlichen Errungenschaften zerstört werden."[77] Die atomare Bedrohung, eine zunehmende Umweltzerstörung, die Gefahren der Genmanipulation u.a.m. unterstreichen nachdrücklich die existentielle Bedeutung der metawissenschaftlichen Entscheidungssituation bzw. die Notwendigkeit einer problemadäquaten Auseinandersetzung mit ihr. Die Selbstgefährdung des Menschen durch seine eigenen kulturellen Leistungen macht es erforderlich, daß "eine Neuorientierung der Sozialwissenschaften auf die Tagesordnung gestellt wird."[78]

Die praktische Relevanz der metawissenschaftlichen Entscheidungssituation zeigt sich des weiteren darin, daß sich eine einseitige Orientierung im wissenschaftlichen Denken auch in gesellschaftlichen Wertvorstellungen niederschlägt. So wird z.B. in der etablierten mikroökonomischen Theorie der Mensch als Person auf eine bestimmte funktionale Bedeutung reduziert, d.h. daß der Mensch entweder als Nutzen- oder Gewinnmaximierer agiert und zwar nur im ausschließlichen Rahmen von Marktbeziehungen und monetären Transaktionen. Diese "Maximierungs-Funktion" impliziert die Annahme, daß stets die Kosten-Nutzen-Regel Anwendung findet. Andere Funktionen werden entweder als irrational erachtet oder erst gar nicht erwogen. Nutzen- und Gewinnmaximierung als "Lebensstrategie" hat Eingang

[75] Arndt, H. (Irrwege), S. 6.

[76] Meyer-Abich, K. M. (Integration), S. 10.

[77] Fromm, E. (Science of Man), S. 1.

[78] Kapp, K. W. (Nationalökonomie), S. 111.

in gesellschaftliche Wertvorstellungen gefunden: "Wer innerhalb der Gesellschaft weniger hochgeschätzte Funktionen ausübt, wird insgesamt entsprechend niedriger eingeschätzt. Persönliche Anerkennung ohne entsprechende registrierbare Leistung und gesellschaftliche Stellung ist selten geworden. Hieraus ist eine permanente Situation des Stresses entstanden. Jeder ist immer und überall jedem anderen Konkurrent und muß sich immer und überall mit den anderen vergleichen. Schon im Vorschulalter werden die ersten Weichen zum künftigen Auf- oder Abstieg gestellt. Das gesamte Bildungssystem ist zu einem an der Gerechtigkeit des Computers orientierten Punkteverteilungsmechanismus entartet."[79] In der heutigen Zeit kommt es weniger auf die menschlichen Qualitäten insgesamt an, als vielmehr darauf, wie und wo der Mensch seine Funktion als Nutzen- oder Gewinnmaximierer innerhalb der Gesellschaft erfüllt: "Man fragt weniger: »Wer ist das?«, als: »Wer ist der?«, »Was macht er?«. Man meint damit seinen Beruf, seine Arbeit, seine Leistungen, seine Position und sein Ansehen in der Gesellschaft. Darauf kommt es an."[80]

Betrachtet man zusammenfassend die akademische und praktische Relevanz der metawissenschaftlichen Entscheidungssituation dann erweist sich eine problemadäquate Beschäftigung mit ihr nicht nur als wichtig, sondern sogar als existentiell notwendig. Die Forderung, sich überhaupt mit diesem Problem auseinanderzusetzen, ist allerdings nicht unumstritten. So bezweifelt z.B. P. F. Lazarsfeld mit einer ironischen Bemerkung die Bedeutung eines Vergleichs der Verfahrensweisen von Natur- und Sozialwissenschaften.[81] Stattdessen fordert Lazarsfeld: "Denn was wir wirklich brauchen, ist eine *eigentliche* Analyse der sozialwissenschaftlichen Verfahren."[82] Warum soll aber "eine *eigentliche* Analyse der sozialwissenschaftlichen Verfahren" nicht auch durch den Vergleich bzw. durch eine Auseinandersetzung mit "naturwissenschaftlichen" Verfahren möglich sein?

---

[79] Staudinger, H. (Geschichte), S. 41.

[80] Küng, H. (Christ sein), S. 575.

[81] "Wer den Vergleich dieser Verfahren mit denen der Naturwissenschaften zu seinem Hauptinteresse macht, wird eine oder beide der folgenden Wirkungen erzielen: Entweder wird er uns sagen, daß unsere Errungenschaften hinter denen der Naturwissenschaften zurückstehen, was wir nur zu gut wissen, oder er wird eine dogmatische Behauptung über die Einheit der Wissenschaft aufstellen, die meiner Meinung nach ebenso nützlich ist wie die Ermahnung meines Arztes, ich müsse abnehmen, ohne daßer mir bei der Erzielung dieses äußerst wünschenwerten Zieles behilflich ist." (Wissenschaftslogik), S. 39.

[82] Ebenda, Hervorhebung im Original.

4. Bewußtseinsdefizite

"Schmoller-Menger-Kontroverse", "Werturteilsstreit" und "Keynesianismus-Monetarismus-Kontroverse" waren bedeutende Kontroversen innerhalb der Volkswirtschaftslehre. Anhand dieser drei Kontroversen konnte gezeigt werden, daß sich die historische Entwicklung des Problembewußtseins der herrschenden Volkswirtschaftslehre für die metawissenschaftliche Entscheidungssituation als ein Prozeß zunehmender >Bewußtseinslosigkeit< beschreiben läßt. Wenn auch die letzte dieser drei Kontroversen mittlerweile >versandet< ist, so finden die aktuellen ökonomischen Streitfragen in der Auseinandersetzung zwischen Angebots- und Nachfrageökonomie ihre Fortsetzung. W. Ehrlicher fragt deshalb, "ob hier ein neuer Methodenstreit anhängig ist"[1]; denn schließlich sind Angebots- und Nachfragetheorie "die aktuellen Ausprägungen kontroverser theoretisch-politischer Konzepte, die in der bisherigen Geschichte der Nationalökonomie immer wieder diskutiert wurden."[2] Insbesondere die Traditionsgebundenheit dieser aktuellen Konzepte läßt vermuten, daß sich seit der "Keynesianismus-Monetarismus-Kontroverse" das Problembewußtsein bezüglich der metawissenschaftlichen Entscheidungssituation kaum geändert haben dürfte.

Eine Gemeinsamkeit der im 1. Kapitel aufgeführten Krisenerklärungen besteht darin, daß sie sich auf verschiedene Aspekte der metawissenschaftlichen Entscheidungssituation beziehen. Eine einseitige Orientierung der herrschenden Volkswirtschaftslehre am Vorbild der mechanistischen Naturwissenschaften wird von nicht wenigen Kritikern als eine wesentliche Krisenursache angesehen (Kapp, Georgescu-Roegen, Blaas, Arndt u.a.). Diese Orientierung wird dabei fast ausschließlich als Ergebnis einer einseitigen Übertragung von Theorien und Methoden der klassischen Physik Newtons auf die Volkswirtschaftslehre betrachtet. Eine derartige Übertragung wurde deshalb möglich, weil zum einen das Konzept der klassischen Physik in den Naturwissenschaften sehr erfolgreich war, zum anderen, weil eine Bereitwilligkeit der Ökonomen vorhanden war, in Analogien zu denken.[3] Diese Bereitwilligkeit erstreckte sich offensichtlich so weit, daß "das Individuum eine

---

[1] Ehrlicher, W. (Methodenstreit), S. 123.

[2] Ebenda, S. 125.

[3] Vgl. Kapp, K. W. (Erneuerung), S. 39.

genau analoge Rolle wie das Atom in der Mechanik Newtons" spielte.[4] Obwohl die klassische Physik Newtons durch die moderne Physik längst abgelöst wurde, scheint die herrschende Volkswirtschaftslehre davon kaum Kenntnis genommen zu haben. Mag sein, daß dieses einseitige und überholte Denken der herrschenden Volkswirtschaftslehre für die "monumentale Fehlallokation intellektueller Ressourcen" (Boulding) verantwortlich ist; in jedem Fall offenbart sich dieses Denken in der "Enthumanisierung der nationalökonomischen Theorie" (Kapp), am "institutionellen Vakuum" (Blaas), am Verlust der Menschlichkeit (Arndt) etc.

In mehr oder weniger engem Zusammenhang mit dem >Mechanismusvorwurf< stehen die Krisenerklärungen, die sich auf eine fehlende Interdisziplinarität stützen, d.h. die fehlende Fähigkeit der herrschenden Volkswirtschaftslehre, fächerübergreifende Zusammenhänge in ihren Betrachtungen zu berücksichtigen (Wulff, Kapp, Henderson, Rothschild, Brown). Insbesondere die zunehmende Spezialisierung und Arbeitsteilung zwischen den einzelnen Humanwissenschaften ließ in der Volkswirtschaftslehre das Konzept des "homo oeconomicus" entstehen. Die Kritik am "homo oeconomicus" blieb nicht aus. Es wurde auf den Status des "homo oeconomicus'" als methodische Fiktion hingewiesen und vor einer unmittelbaren Übertragung der damit gewonnenen Ergebnisse gewarnt. Dennoch ist eine realitätsnähere Ausarbeitung dieses Modellmenschen durch Integration mit anderen humanwissenschaftlichen Erkenntnissen aus Psychologie, Soziologie, Politologie etc. durch die herrschende Volkswirtschaftslehre bis heute versäumt worden. Im Gegenteil. Der Trend verlief in Richtung einer Ausweitung dieses Denkschemas auf Bereiche, die traditionellerweise nicht zur Ökonomie gezählt werden. Beispiele hierfür sind die "Ökonomische Theorie der Demokratie"[5] oder die "Ökonomische Theorie der Bürokratie"[6].

Die (latente) Gemeinsamkeit der bisher herangezogenen Kritiker der herrschenden Volkswirtschaftslehre kann also darin gesehen werden, daß auch sie ein mehr oder weniger unzureichendes Problembewußtsein hinsichtlich der metawissenschaftlichen Entscheidungssituation kritisieren, wobei ihren Krisenerklärungen unterschiedliche Aspekte der metawissenschaftlichen Entscheidungssituation zum Tragen kommen. Wenn dem so ist, dann stellt sich die Frage, ob diese Kritiker ein adäquates Problembewußtsein hinsichtlich der metawissenschaftlichen Entscheidungssituation besitzen. Reicht dieses Problembewußtsein der Kritiker aus, um eine problem-

---

[4] Rowthorne, B. (Volkswirtschaftslehre), S. 237.

[5] Vgl. hierzu die Arbeiten von A. Downs.

[6] Vgl. hierzu die Arbeiten von W. A. Niskannen und A. Downs.

adäquate Auseinandersetzung mit der metawissenschaftlichen Entscheidungssituation realisieren zu können?

Eine Anzahl von Kritikern der herrschenden Volkswirtschaftslehre wendet sich vehement gegen eine Orientierung der Volkswirtschaftslehre in Richtung klassischer Physik. So berechtigt diese Kritik auch sein mag, sie stellt allerdings keinen Beweis dafür dar, daß naturwissenschaftliche Methoden und Aussagensysteme, insbesondere die der modernen Physik, für die Volkswirtschaftslehre inadäquat wären. In diesem Zusammenhang ist die Feststellung von W. D'Avis interessant, daß die naturwissenschaftlich geführte Kritik am Hempel-Oppenheim-Schema methodische Merkmale der Naturwissenschaften zum Vorschein gebracht hätte, die von der Kritik der >Dualisten< bisher nicht berücksichtigt wurden.[7] Demnach besteht die Gefahr, daß auch einige Kritiker der herrschenden Volkswirtschaftslehre von einem Zerrbild der Naturwissenschaften ausgehen, d.h. daß sie Abgrenzungen zu den Naturwissenschaften vornehmen, die die modernen Naturwissenschaften entweder gar nicht (mehr) betreffen oder die keineswegs als gesichert angesehen werden können. Zwei Beispiele sollen diese Vermutung illustrieren:

(1) Für K. W. Rothschild unterscheidet sich die "enorme und wachsende Komplexität der ökonomischen Realität" von dem Gegenstandsbereich der Naturwissenschaften: "Sowohl in ihrer Verflechtung in einem bestimmten Zeitpunkt wie in ihrer Dynamik über längere Zeit hinweg stellt sie ein weit komplizierteres und weniger durchschaubares System dar als irgend etwas, was man in den Naturwissenschaften antrifft."[8,9] Dieser Überzeugung steht die Auffassung Poppers gegenüber, daß der sozialwissenschaftliche Gegenstandsbereich eine geringere Komplexität besitzt als der Gegenstandsbereich der Physik.[10]

(2) Für E. Grunberg bildet der Gegenstand der Wirtschaftswissenschaft ein "nichtgeschlossenes System"[11], d.h. daß der Wirtschaftswissenschaftler so viel Variable in das Explanans einschließen kann wie er will, "eine bestimmt große Anzahl potentiell relevanter Variablen bleibt wissentlich ausgeschlossen"[12]. Naturwissenschaften hätten es nach Ansicht Grun-

---

7 Vgl. D'Avis, W. (Einheit), S. 8.

8 Rothschild, K. W. (Ökonomische Theorie), S. 18.

9 Eine sehr ähnliche Position vertritt H. Arndt: Vgl. Abschnitt 3.2.

10 Vgl. Abschnitt 3.2. Sowohl Rothschild als auch Popper verstehen Komplexität u.a. als Kompliziertheit, so daß möglicherweise beide einen annähernd gleichen Komplexitätsbegriff verwenden.

11 Grunberg, E. (Gegenstand), S. 70 f.

12 Ebenda, S. 70.

bergs mit "geschlossenen Systemen" zu tun; selbst der Astronom fände ein hinreichend geschlossenes System vor.[13] Angesichts der in den Naturwissenschaften thematisierten "offenen Systeme", die in den theoretischen Konzepten der "nichtlinearen Thermodynamik" (Thermodynamik offener Systeme) oder der "Kinetik offener Systeme" im Mittelpunkt stehen,[14] kann Grunbergs Auffassung nicht von vornherein als überzeugend gelten.

Es ist keineswegs das Ziel dieser Ausführungen nachzuweisen, daß die Auffassungen von Rothschild oder Grunberg falsch sind, sondern lediglich, daß die von ihnen verwendeten Abgrenzungskriterien mit einer zu großen Selbstverständlichkeit benutzt werden. Nimmt man Poppers Auffassung ernst, daß der naturwissenschaftliche Gegenstandsbereich im Vergleich zum humanwissenschaftlichen Gegenstandsbereich eine größere Komplexität aufweist, dann ist Rothschilds Auffassung bezüglich dieser Komplexitätsfrage keine Selbstverständlichkeit, sondern eher noch ein offenes Problem, das zu klären wäre. Auch der Hinweis auf die nichtlineare Thermodynamik oder die Kinetik offener Systeme gibt Anlaß zu der Vermutung, daß Grunberg nicht von einem adäquaten Bild der modernen Naturwissenschaften ausgeht. Beide Beispiele zeigen m.E., daß auch bei den Kritikern Rothschild und Grunberg ein adäquates Problembewußtsein hinsichtlich der metawissenschaftlichen Entscheidungssituation (noch) nicht vorhanden ist. Allerdings betrachten beide Ökonomen vermeintliche Unterschiede zwischen Human- und Naturwissenschaften als Gründe für die bisherige Erfolgslosigkeit (Krise) der Volkswirtschaftslehre, so daß hier Aspekte der metawissenschaftlichen Entscheidungssituation von beiden als Grundprobleme erachtet werden.

Der Vorwurf der fehlenden Interdisziplinarität, welcher in vielen Krisenerklärungen im Mittelpunkt steht, ist eng mit der Frage der Abgrenzung von Gegenstandsbereichen verbunden. Während doch vielen Kritikern der herrschenden Volkswirtschaftslehre eine Abgrenzung des humanwissenschaftlichen bzw. volkswirtschaftlichen zum naturwissenschaftlichen Gegenstandsbereich kaum Schwierigkeiten bereitet, bestehen andererseits erhebliche Schwierigkeiten, wenn es um die Abgrenzung eines spezifisch "ökonomischen" Gegenstandsbereiches gegenüber anderen humanwissenschaftlichen Gegenstandsbereichen geht. Angesichts der Vielschichtigkeit der "praktischen Probleme"[15] scheint es nahezu aussichtslos, einzelne Problembereiche

---

[13] Ebenda.

[14] Vgl. hierzu die Arbeiten von J. Prigogine und L. v. Bertalanffy.

[15] Vgl. 1. Kapitel.

>sauber< unterscheiden zu können.[16] Wo lassen sich ökonomische Fragestellungen von politischen, ökologischen, sozialpsychologischen, ethischen etc. Fragestellungen strikt voneinander trennen? Als ein Resultat der bisher vergeblichen Bemühungen, den "ökonomischen" Gegenstandsbereich gegenüber anderen humanwissenschaftlichen Gegenstandsbereichen überzeugend einzugrenzen, wird von mehreren Ökonomen auf den J. Viner zugesprochenen Ausspruch "Economics is what economists do" verwiesen - eine ebenso inhaltsleere wie auch resignierende Gegenstandsbestimmung. Die Auffassung, daß sich die Frage nach einem spezifisch "ökonomischen" Gegenstands- und Problembereich als nicht abschließend bestimmbar betrachtet wird, scheint sich zusehends in der ökonomischen Literatur durchzusetzen.[17] Die Existenz von "rein" ökonomischen Gegenständen und Problemen wird zunehmend geleugnet, da zwischen der Volkswirtschaftslehre und anderen Humanwissenschaften keine legitimen Grenzen bestehen.[18] Sogenannte "ökonomische" Probleme sind demnach interdisziplinäre Probleme, die von Wissenschaftlern, die sich als Ökonomen bezeichnen, in einer bestimmten Art und Weise behandelt werden und die damit stets nur eine Perspektive dieser Probleme aufgreifen.

Konzepte, die einer fehlenden Interdisziplinarität dadurch begegnen wollen, daß sie bestimmte psychologische Ansätze integrieren, sind mittlerweile entwickelt worden. In erster Linie handelt es sich um die Integration behavioristischer bzw. neobehavioristischer Ansätze (meist in lerntheoretischer Gestalt), die es ermöglichen, die Wirtschaftswissenschaften als Verhaltenstheorie zu konzipieren. Bei diesen Konzepten handelt es sich ansatzweise um Weiterentwicklungen von Theorien der herrschenden Volkswirtschaftslehre. Beispiele hierfür sind die "Neue Mikroökonomie"[19] oder die Versuche von B. S. Frey, die Verhaltenstheorie im "wirtschaftlichen Bereich", in der "Umweltökonomie" und in die "ökonomische Theorie der Politik" zu integrieren:[20]

- Die "Neue Mikroökonomie" betrachtet die Integrierung des Behaviorismus' unter Berufung auf B. F. Skinner als eine "Fortent-

[16] Man denke nur an die Folgeprobleme langfristiger Arbeitslosigkeit: Reduzierung der finanziellen Absicherung, psychosoziale Prozesse (gesellschaftliche Degradierung, Depressionen, Abhängigkeiten von Alkohol und anderen Drogen) usw.

[17] Vgl. u.a. Jochimsen, R./Knobel, H. (Gegenstand), S. 15 f. u. 43.

[18] Vgl. Kapp, K. W. (Erneuerung), S. 209 f. u. Boulding, K. E. (Ökonomie), S. 144.

[19] Z.B. Weise, P., et. al. (Neue Mikroökonomie).

[20] Frey, B. S. (Ökonomie), S. 24 ff.

wicklung der Ökonomik"[21], die die o.g. Nachteile der traditionellen mikroökonomischen Theorie überwindet: "Die hier vertretene prinzipiell behavioristisch orientierte Mikroökonomik geht von beobachteten und beobachtbaren Handlungen von Individuen aus und versucht, die durch Rückgriff auf die Handlungsumgebung wissenschaftliche zu erklären."[22]

- Ausgangspunkt für die Entwicklung eines ökonomischen Verhaltensmodells ist für B. S. Frey/W. Stroebe die Frage, ob das Modell des "homo oeconomicus" "unpsychologisch" ist. Beide fordern eine psychologische Erweiterung dieses Modells durch "eine Theorie des Erlernens von Verhaltenskonsequenzen"[23]. "Klassische" und "instrumentale Konditionierung" sind die Stützen dieser psychologischen Erweiterung.[24] Diese behavioristisch untermauerte "ökonomische Verhaltenstheorie" stellt für Frey "einen großen Fortschritt gegenüber einer mechanistischen Wirtschaftstheorie dar"[25]. Die von Frey/Stoebe gestellte Ausgangsfrage, ob das Modell des "homo oeconomicus" "unpsychologisch" sei, wird entschieden verneint: "Der homo oeconomicus, dessen Verhalten systematisch durch Anreize bestimmt und voraussagbar ist, steht nicht im Widerspruch zur psychologischen Betrachtung. Im Gegenteil: Das psychologische Verhaltensmodell ist durchaus mit der Interpretation des homo oeconomicus vereinbar."[26]

In behavioristischen Verhaltensmodellen werden Handlungen "wie Naturereignisse gesehen, die unterschiedslos einer kausalen Gesetzeserklärung zugänglich sind"[27]. Es geht auch hier nicht darum, die Integrierung behavioristischer Ansätze in Theorien der herrschenden Volkswirtschaftslehre als solches zu kritisieren,[28] sondern lediglich deren Einseitigkeiten aufzuzeigen. So sind in der "ökonomischen Verhaltensforschung" Fragen eines nichtkausalen Verhaltens- bzw. Handlungsbegriffs bisher nicht diskutiert und reflektiert worden.[29] Der Grund dafür dürfte auch zum großen Teil in der

---

[21] Weise, P., et. al. (Neue Mikroökonomie), S. 21; sowie die Berufung auf die Skinnersche Position, S. 50.

[22] Ebenda, S. 51.

[23] Frey, B. S./Stoebe, W. (Homo Oeconomicus), S. 89.

[24] Ebenda, S. 90.

[25] Frey, B. S. (Ökonomie), S. 35.

[26] Frey, B. S./Stroebe, W. (Homo Oeconomicus), S. 93.

[27] Niessen, H.-J./Rippe, W. (Grundlagen), S. 199.

[28] Zur Kritik vgl. u.a. Wurm, W. (Abschaffung).

[29] Vgl. Niessen, H.-J./Rippe, W. (Grundlagen), S. 200.

oft feststellbaren Gleichsetzung von Behaviorismus bzw. Verhaltenstheorie mit Psychologie schlechthin liegen. Eine derart rigorose Gleichsetzung verwischt fast völlig den Blick dafür, daß es auch innerhalb der Humanwissenschaft "Psychologie" mindestens drei miteinander konkurrierende Richtungen gibt: "Behaviorismus" bzw. "Neo-Behaviorismus", "Tiefenpsychologie" (begründet durch die Pioniere S. Freud, C. G. Jung u. A. Adler) und "Humanistische Psychologie" (u.a. A. H. Maslow, E. Fromm, C. R. Rogers). Eine unreflektierte Integrierung behavioristischer Ansätze mit volkswirtschaftlichen Aussagensystemen bedeutet aber, daß das existierende Problembewußtsein innerhalb der Psychologie, ausgelöst und getragen durch die Auseinandersetzungen dieser drei Richtungen untereinander, einfach ignoriert wird. Genau dieser Punkt ist m.E. deshalb von Bedeutung, weil Diskussionen innerhalb der philosophischen Handlungstheorie das Ergebnis andeuten, daß rein behavioristische Ansätze keineswegs genügen, um menschliches Verhalten adäquat erfassen und erklären zu können.[30] Derartige behavioristische Weiterentwicklungen der herrschenden Volkswirtschaftslehre weisen zwar im Vergleich zu früher ein größeres Problembewußtsein für die metawissenschaftliche Entscheidungssituation auf, verbleiben aber doch in einem "naturwissenschaftlichen Paradigma". Es ist J. Bökenkamp deshalb zuzustimmen, wenn er feststellt, "daß es Ansätze vor allem im Bereich der Psychologie gibt, welche in der Nationalökonomie bisher weitgehend unberücksichtigt geblieben sind, mit deren Hilfe das ökonomische Verhalten der Individuen [...] aber umfassender als bisher erklärt werden kann."[31]

Die bisherigen Ausführungen dürften deutlich machen, daß bei den Kritikern der herrschenden Volkswirtschaftslehre das Problembewußtsein für die metawissenschaftliche Entscheidungssituation zwar in unterschiedlichem Maße ausgeprägt ist, aber nicht als adäquat bezeichnet werden kann. Ein adäquates Problembewußtsein setzt nicht nur eine hinreichende Berücksichtigung der abstrakten Formulierung der metawissenschaftlichen Entscheidungssituation voraus, sondern auch eine entsprechende Auseinandersetzung im Rahmen ihrer Konkretisierung, d.h. daß die metawissenschaftliche Entscheidungssituation auch als heterogenes Problem begriffen wird. Dies bedeutet für die herrschende Volkswirtschaftslehre einerseits, für die Kritiker der herrschenden Volkswirtschaftslehre (in unterschiedlichem Maße) andererseits, daß sie sich nicht nur mit alternativen Positionen bezüglich der metawissenschaftlichen Entscheidungssituation auseinanderzusetzen haben, sondern auch, daß sie in dieser Beziehung ihre eigenen Positionen ernsthafter hinterfragen und hinterfragen lassen.

---

[30] Vgl. Lenk, H. (Handlungsinterpretationskonstrukte), S. 207.

[31] Bökenkamp, J. (Methodologische Betrachtungen), S. 5.

Das defizitäre Problembewußtsein der herrschenden Volkswirtschaftslehre für die metawissenschaftliche Entscheidungssituation kann somit als *eine* grundlegende Krisenursache betrachtet werden. Grundlegend deshalb, weil sich die in diesem Abschnitt betrachteten Krisenerklärungen darauf zurückführen lassen. Die metawissenschaftliche Entscheidungssituation stellt ein Problem dar, das diesen Krisenerklärungen gemeinsam ist.

5. Vorurteile

Die herrschende Volkswirtschaftslehre leidet an einem degenerierten Problembewußtsein bezüglich der metawissenschaftlichen Entscheidungssituation. Der überwiegende Teil derjenigen Krisenerklärungen, die im 1. Kapitel aufgeführt wurden, lassen sich auf diese eher latent vorhandene Krisenursache zurückführen. Ihre Gemeinsamkeit besteht darin, daß sie unterschiedliche Aspekte des (latenten) Grundproblems >metawissenschaftliche Entscheidungssituation< als Krisenursachen behandeln. Bei den übrigen Krisenerklärungen des 1. Kapitels, die sich auf wissenschaftstheoretische (insb. erkenntnistheoretische und methodologische) und ideologische Faktoren als Krisenursachen stützen, ist eine direkte Verbindung zum degenerierten Problembewußtsein der herrschenden Volkswirtschaftslehre zunächst nicht erkennbar. Bei dem Vorhaben, eine einheitlichere Krisenerklärung auch nur ansatzweise vorzulegen, müssen diese Krisenerklärungen ebenfalls Berücksichtigung finden. In den folgenden Abschnitten dieses Kapitels sollen daher diese "wissenschaftstheoretischen" und "ideologischen" Krisenerklärungen eingehender betrachtet werden, in der Hoffnung, auch hier mögliche Zusammenhänge aufdecken zu können.

5.1 Entscheidungssituationen und thematisch-reflexives Denken

5.1.1 Wissenschaftstheorie und die prinzipiellen Möglichkeiten, die metawissenschaftliche Entscheidungssituation aufzulösen

Daß in den Wissenschaften "gedacht" wird, läßt sich kaum bestreiten. Auch wenn es sich beim "Denken" um einen "multidimensionalen Begriff"[1] handelt, lassen sich unabhängig davon zwei Arten des Denkens unterscheiden, die in der Scholastik als "intentio recta" und "intentio obliqua" bezeichnet wurden. Denn geht man davon aus, daß sich eine Einzelwissenschaft wie die Volkswirtschaftslehre durch ihren Gegenstandsbereich, ihre Methoden

[1] Hussy, W. (Denkpsychologie), S. 14. So sind an Denkprozessen "Wahrnehmungs-, Gedächtnis-, Lern- und Problemlösevorgänge" beteiligt, die sich wiederum aus weiteren Teilvorgängen zusammensetzen (S. 15).

und ihre Aussagen(-systeme) (z.B. Theorien) kennzeichnen läßt, dann vollzieht sich die "intentio recta" darin, daß ein Volkswirtschaftler mit Hilfe bestimmter Methoden (M) und Theorien (T) einen bestimmten Gegenstandsbereich (G) erfaßt, d.h. identifiziert und darstellt:

$$M/T \longrightarrow G$$

Diese Art des Denkens soll im folgenden als >thematisch-direktes Denken< bezeichnet werden. Thematisch-direktes Denken wird oft als charakteristisch dafür erachtet, wie Ökonomen Ökonomie betreiben bzw. betreiben sollten.[2]

Die "intentio obliqua" besteht darin, daß sie das thematisch-direkte Denken zum Gegenstand ihres Denkens macht:

$$\underbrace{M/T \longrightarrow G_1}_{G_2}$$

(G_1 = Gegenstandsbereich d. thematisch-direkten Erfassens;
G_2 = Gegenstandsbereich d. thematisch-reflexiven Erfassens)

Diese Art des Denkens wird im folgenden als >thematisch-reflexives Denken< bezeichnet. Thematisch-reflexives Denken zeichnet sich dadurch aus, daß "nachdem es verschiedene Gegenstände, Zustände, Ereignisse, Verhältnisse zur Kenntnis genommen hat, von alledem gleichsam einen Schritt zurücktritt"[3] und das bisher zur Kenntnis genommene zum Gegenstand der Betrachtung (G_2) macht.[4] Durch thematisch-reflexives Denken sollen grundsätzlich Positionen problematisiert und damit hinterfragt werden; scheinbar Selbstverständliches soll zum Problem erhoben werden. Thematisch-reflexives Denken bildet somit eine notwendige Voraussetzung für Kritik schlechthin.[5]

---

[2] Vgl. hierzu Abschnitt 5.2.

[3] Wagner, H. (Reflexion), S. 57.

[4] Insofern ließe sich thematisch-reflexives Denken auch als >thematisch-indirektes Denken< bezeichnen.

[5] E. Fromm beschreibt einige Konsequenzen, die sich aus einem Fehlen thematisch-reflexiven Denkens ergeben: "Als hervorragend gilt jener Schüler, der am genauesten wiederholen kann, was jeder einzelne Philosoph gesagt hat. Er gleicht einem beschlagenen Museumsführer. Was er nicht lernt, ist das, was über diesen Wissensbesitz hinausgeht. Er lernt nicht, die Philosophen in Frage zu stellen, mit ihnen zu reden, gewahr zu werden, daß sie sich selbst widersprechen, daß sie bestimmte Probleme ausklammern und manche Themen meiden. Er lernt nicht unterscheiden zwischen Meinungen, die sich dem Verfasser aufdrängten, weil sie zu seiner Zeit als "vernünftig" galten, und dem Neuen, das er beitrug. Er spürt nicht, wann der Autor nur seinen Verstand sprechen läßt und wann Herz und Kopf beteiligt sind, er merkt nicht, ob der Autor authentisch oder ein Schaumschläger ist" (Haben), S. 44 f.

Welche Beziehungen lassen sich nun zwischen thematisch-reflexivem Denken und wissenschaftlichen Entscheidungssituationen (und damit der metawissenschaftlichen Entscheidungssituation) ausmachen? Gegenstand des thematisch-reflexivem Denkens ist das thematisch-direkte Denken (s.o.). Liegen nun bezüglich G_1 (Gegenstandsbereich des thematisch-direkten Erfassens) alternative Ansätze (M_i/T_i) vor, dann handelt es sich um eine (metamethodische bzw. metatheoretische) Entscheidungssituation:

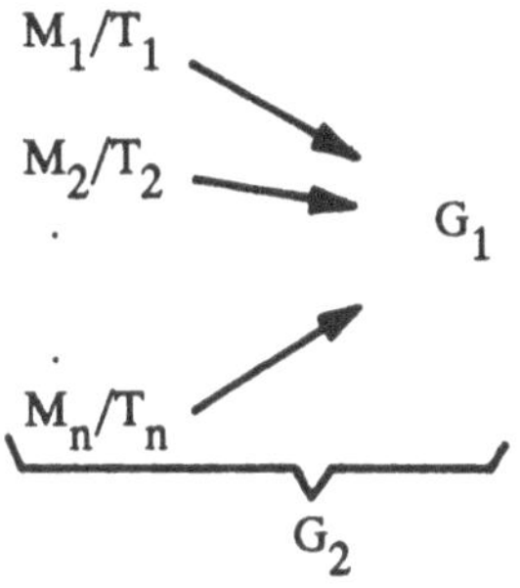

Dies bedeutet, daß thematisch-reflexives Denken eine Identifizierung und Darstellung von Entscheidungssituationen überhaupt erst möglich macht. Dies bedeutet weiter, daß die metawissenschaftliche Entscheidungssituation auf dieser *1. reflexiven Erfassungsstufe* überhaupt erst identifiziert und dargestellt werden kann:

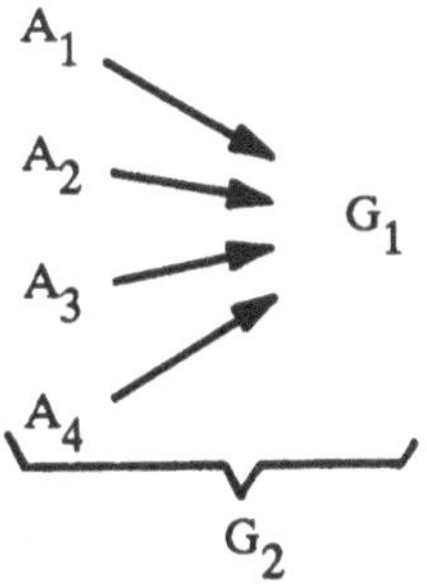

(A_i = Alternativen d. metawissenschaftlichen Entscheidungssituation;
G_1 = handelndes Individuum/Gesellschaft;
G_2 = Gegenstandsbereich d. thematisch-reflexiven Erfassens 1. Stufe)

Thematisch-reflexives Denken bleibt nicht nur auf dieser 1. reflexiven Erfassungsstufe (Identifizierung und Darstellung von Entscheidungssituationen) beschränkt, sondern erstreckt sich mindestens auch auf eine *2. reflexive Erfassungsstufe*, auf der die Auflösung von Entscheidungssituationen (Lösung wissenschaftlicher Probleme) thematisiert wird:

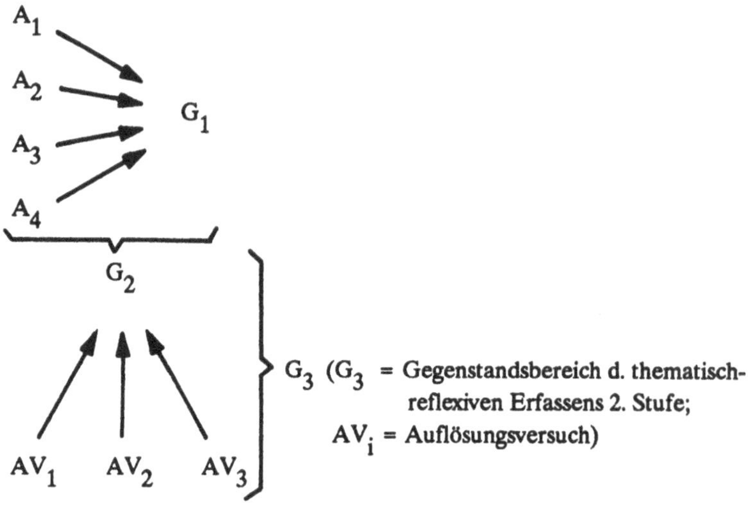

"Wissenschaftstheorie" soll im folgenden als Metawissenschaft verstanden werden, d.h. als Wissenschaft der Wissenschaft. Die Anwendung thematisch-reflexiven Denkens auf einzelne Wissenschaften oder Wissenschaftsgruppen (Human- und Naturwissenschaften), die ihrerseits durch thematisch-direktes Denken gekennzeichnet sind, ist somit wissenschaftstheoretisches Denken. In diesem Sinn ist thematisch-reflexives Denken konstitutiv für die Wissenschaftstheorie. Gegenstand ihrer Betrachtungen sind Erkenntnissubjekt, Methoden (Methodologie), wissenschaftliche Aussagen(-systeme), sowie die Beziehungen zwischen diesen Bereichen. Ein Ziel der Wissenschaftstheorie besteht darin, den Gegenstand "Wissenschaft" zu thematisieren, d.h. deren Voraussetzungen und Grenzen zu erfassen.

Wissenschaftstheoretische Resultate werden oft als normative Standards für "Wissenschaftlichkeit" genutzt. Wissenschaftstheoretische Konzeptionen lassen sich nun danach unterscheiden, welche normative Standards sie den Wissenschaften anbieten. So verwendet der Logische Positivismus das "Sinnkriterium", der Kritische Rationalismus das "Popper-Kriterium" (Falsifizierbarkeit) als Standard für Wissenschaftlichkeit. Finden diese normativen Standards Anwendung, dann entscheiden sie darüber, was jeweils als "wissenschaftlich" und was als "nicht-wissenschaftlich" angesehen wird, d.h. welche Aussagen(-systeme) als Alternativen in eine entsprechende Entscheidungssituation kommen und welche Entscheidungskriterien für die Auflösung von Entscheidungssituationen anerkannt werden.[6,7]

Wissenschaftstheoretische Konzeptionen identifizieren nicht nur Entscheidungssituationen und stellen sie dar (1. reflexive Erfassungsstufe), sondern thematisieren auch deren Auflösung (2. reflexive Erfassungsstufe). Es stellt sich daher die Frage, welche prinzipiellen Möglichkeiten es gibt, wissenschaftliche Entscheidungssituationen aufzulösen.

Allgemein betrachtet ist eine Auflösung von Entscheidungssituationen (und damit auch der metawissenschaftlichen Entscheidungssituation) auf zweierlei Weise möglich: durch >begründete Entscheidungen< und durch >unbegründbare Entscheidungen<:

- Eine *begründete Entscheidbarkeit von Entscheidungssituationen* ist dann gegeben, wenn Entscheidungssituationen mit Hilfe bestimmter Entscheidungskriterien aufgelöst werden können. Die dabei verwendeten Entscheidungskriterien dienen dann als ein Instrument, das die eine Entscheidungssituation konstituierenden Alternativen soweit selektiert, daß nur eine oder nur noch wenige Alternativen als "wahre" Alternativen übrigbleiben. Die Auflösung der Entscheidungssituation erfolgt somit durch eine >begründete Entscheidung<. So dient z.B. die "Erfahrung" vielen wissenschaftstheoretischen Konzeptionen, wenn auch in unterschiedlicher Bedeutung, als Entscheidungskriterium für eine begründete Auflösung von Entscheidungssituationen.
- Eine *unbegründbare Entscheidbarkeit von Entscheidungssituationen* ist dann gegeben, wenn keine Entscheidungskriterien vorliegen bzw. wenn die bereits vorhandenen Entscheidungskriterien als unzulänglich erachtet werden. Die Auflösung einer Entscheidungssituation erfolgt hier also dadurch, daß zwischen konkurrierenden Alternativen nicht entschieden werden kann, d.h. daß eine >begründete Entscheidung< nicht möglich ist.

Das Thema >nicht-revidierbare Auflösung von Entscheidungssituationen< im Sinne einer "absoluten", endgültigen Rechtfertigung bestimmter wissenschaftlicher Alternativen hat die Geschichte der Wissenschaftstheorie bis in unsere Tage hinein bestimmt. Unterteilt man nun die Auflösungsmöglichkeiten von Entscheidungssituationen danach, ob sie durch begrün-

---

[6] So läßt z.B. der Kritische Rationalismus nur nomologische Aussagen als wissenschaftliche Aussagen gelten. Da nomologische Theorien in den Humanwissenschaften (noch) nicht vorliegen, behilft sich der Kritische Rationalismus mit den sog. "Quasi-Theorien" (H. Albert); wobei auf eine Nomologisierung dieser Quasi-Theorien gehofft wird (Vgl. Albert, H. (Probleme), S. 60).

[7] Beispiele für derartige Entscheidungskriterien sind "Erfahrung", "Konsistenz", "Theorienpluralität" usw.

dete oder unbegründbare Entscheidungen herbeigeführt werden sowie danach, ob diese Entscheidungen als revidierbar oder nicht-revidierbar erachtet werden, dann lassen sich insgesamt drei erkenntnistheoretische Grundpositionen unterscheiden:

Tabelle 3

Prinzipielle Auflösungsmöglichkeiten von Entscheidungssituationen

<table>
<tr><th></th><th>revidierbar</th><th>nicht-revidierbar</th></tr>
<tr><td>begründete Entscheidung</td><td rowspan="2">>Pragmatismus<</td><td>>Fundamentalismus<</td></tr>
<tr><td>unbegründbare Entscheidung</td><td>>Dezisionismus<</td></tr>
</table>

Die als >Fundamentalismus< bezeichnete Grundposition hält eine "absolute" Rechtfertigung und Grundlegung von Wissen (Letztbegründung) für möglich, d.h. daß Entscheidungssituationen durch nicht-revidierbar begründete Entscheidungen aufgelöst werden können. M. Schlick scheint diese Grundposition vertreten zu haben: "Die Aufgabe der Wissenschaft als Mittel, die Wahrheit über die Welt auszusagen, [...], ist mit der tatsächlichen Beobachtung, die man macht, erledigt, und das ist das absolut Sichere, worauf sich die Frage nach dem nicht mehr Bezweifelbarem richten kann. Es spielt also die Beobachtung [...], wenn sie durch die Wissenschaft erreicht wird, die Rolle des absolut sicheren Wissens."[8]

Die Grundposition >Dezisionismus< wird dagegen von der Überzeugung getragen, daß eine nicht-revidierbare Entscheidung zwischen (wissenschaftlichen) Alternativen nicht nur heute unbegründbar ist, sondern auch in Zukunft unbegründbar bleiben wird. Der >Dezisionismus< vertritt bezüglich der Auflösung von Entscheidungssituationen die Position einer >nicht-revidierbaren Nicht-Entscheidbarkeit<. Eine unumstößliche Letztbegründung wird als eine "utopische Forderung"[9] angesehen. Die von T. S. Kuhn und P. K. Feyerabend vertretenen Inkommensurabilitäts- bzw. Unvereinbarkeitsthese kann als Ausdruck dieser >dezisionistischen< Grundposition

---

[8] Schlick, M. (Probleme der Philosophie), S. 126.

[9] Lenk, H. (Wissenschaftstheorie), S. 34.

betrachtet werden: "Wenn die Wissenschaftler zwischen konkurrierenden Theorien zu entscheiden haben, können zwei Leute, die sich ganz und gar an den gleichen Kriterien orientieren, trotzdem zu verschiedenen Ergebnissen gelangen."[10,11]

Die als >Pragmatismus< bezeichnete Grundposition geht davon aus, daß nach bisheriger Erkenntnis weder eine >fundamentalistische<, noch eine >dezisionistische< Auflösung von Entscheidungssituationen möglich ist. Ob die eine oder die andere Auflösungsmöglichkeit in Zukunft einmal realisiert werden kann, ist vollkommen offen. Gemäß dieser Grundposition ist zunächst grundsätzlich von einer revidierbaren Auflösung von Entscheidungssituationen auszugehen, wobei die Möglichkeit einer nicht-revidierbaren Auflösung i.S. des >Fundamentalismus< und des >Dezisionismus< nicht aus den Augen verloren werden darf.[12] Diese erkenntnistheoretische Grundposition steht "*außerhalb* der Autorität philosophischer, methodologischer usw. Prinzipien und »Gewißheiten«"[13]; wobei sich diese "Gewißheiten" sowohl auf Wissen als auch auf Nicht-Wissen beziehen. Der >Pragmatismus< geht davon aus, "daß niemand in der Lage ist, hier und jetzt abzustecken, was eine Wissenschaft der Zukunft leisten kann und was nicht. Kein identifizierbares Problem kann mit Gewißheit außerhalb der Grenzen der Wissenschaft plaziert werden."[14] Eine recht zutreffende Charakterisierung dieser >pragmatischen< Erkenntnissituation gibt W. Stegmüller: "Der auf sein Spezialgebiet konzentrierte wissenschaftliche Fachmann (Mathematiker, Historiker, Naturwissenschaftler) hört nicht gern, *daß fundamentale Voraussetzungen seiner Denktätigkeit metaphysischer Natur sind;* der Metaphysiker hört nicht gern, *daß seine geistige Tätigkeit auf einer vorrationalen Urentscheidung beruht;* Philosophen aller Varianten, außer Skeptikern, hören nicht gern, *daß die ernst zu nehmenden Arten der Skepsis unwiderleglich sind;* schließlich nehmen Skeptiker aller Schattierungen nicht gern zur Kenntnis, *daß sie ihren Standpunkt nicht beweisen können*"[15]. Dem-

---

10 Zitat aus: Kuhn, T. S. (Objektivität), S. 425.

11 Feyerabend diskutiert das Inkommensurabilitätsproblem ausführlich in: Ders. (Realismus), S. 178 ff.

12 Das Nichtberücksichtigen der Möglichkeit einer >fundamentalistischen< Auflösung von Entscheidungssituationen, also ein striktes Festhalten an der >Gewißheit der Nicht-Gewißheit< (>Dezisionismus<), dürfte zu einer Selbststabilisierung und damit zu einer Immunisierung des >Dezisionismus' führen: Jeder Versuch, eine >fundamentalistische< Entscheidung herbeizuführen, ist für den >Dezisionisten< unsinnig, weil von vorherein zum Scheitern verurteilt.

13 Stachowiak, H. (Erkenntnis), S. 111.

14 Rescher, N. (Grenzen), S. 228.

15 Stegmüller, W. (Metaphysik), S. 1 f., Hervorhebungen im Original.

nach kann auch der >Dezisionist< ("Skeptiker") seine Grundposition nicht beweisen.

Als eine >allgemeine< Überzeugung innerhalb der Wissenschaftstheorie kann heute erachtet werden, daß ein "absolutes" Erkenntnisfundament, wie es der >Fundamentalismus< voraussetzt, (noch) nicht existiert, d.h. daß es keine allgemein anerkannte >richterliche< Instanz gibt, die in nicht-revidierbarer Weise zwischen den Alternativen, die eine Entscheidungssituation konstituieren, entscheidet.[16] Allerdings beruht diese >allgemeine< Überzeugung auf den bisher vergeblichen Versuchen, eine >fundamentalistische< Auflösung von Entscheidungssituationen zu realisieren und basiert nicht etwa auf einem Nachweis, daß eine >fundamentalistische< Auflösung prinzipiell unmöglich ist. Dies hat auch der >Dezisionismus< zu berücksichtigen. Denn bei aller Plausibilität, die diese Grundposition auch besitzen mag, konnte ein Beweis i.S. einer endgültigen Widerlegung des >Fundamentalismus< bisher noch nicht erbracht werden. Der >Pragmatismus< wird dieser Erkenntnissituation dadurch gerecht, daß weder der >Fundamentalismus< noch der >Dezisionismus< als grundsätzliche Auflösungsmöglichkeiten abgelehnt werden, sondern als prinzipielle Auflösungsmöglichkeiten auch weiterhin ernst nimmt.

Das Spektrum >pragmatischer< Auflösungsmöglichkeiten umfaßt demnach die revidierbaren Auflösungsmöglichkeiten (revidierbare Entscheidung/Nicht-Entscheidung), ohne die Möglichkeiten einer nicht-revidierbaren Auflösung von Entscheidungssituationen aus den Augen zu verlieren. Ob bei einer revidierbaren Auflösung im Einzelfall nun eine begründete oder unbegründbare Entscheidung möglich ist, dürfte z.B. davon abhängen, wie komplex eine bestimmte Entscheidungssituation zu einem bestimmten Zeitpunkt ist und/oder ob Zeitrestriktionen für die Auflösung dieser bestimmten Entscheidungssituation vorgegeben sind.

Die >pragmatische< Grundposition geht von einer Subjektgebundenheit der Erkenntnis aus und einer damit verbundenen Entscheidungstätigkeit des Erkenntnissubjekts. Gegenstandsbereiche (z.B. Dinge, Ereignisse, aber auch gedankliche >Produkte<) werden wissenschaftlich gewöhnlich dadurch erfaßt, daß sie in Theorien, Modellen etc. abgebildet werden. Eine problemadäquate Behandlung von Entscheidungssituationen im Sinne des >Pragmatismus< erfordert daher neben einer hinreichenden Begriffsexplikation[17] eine entsprechende Berücksichtigung weiterer subjektgebundener

[16] Diese Auffassung kann insofern als >allgemein< betrachtet werden, als daß sich der überwiegende Teil der derzeit vorhandenen wissenschaftstheoretischen Positionen, die miteinander konkurrieren, darin einig sind: Kritischer Rationalismus, Konstruktivismus, Kritische Theorie (Frankfurter Schule), Neopragmatismus, Strukturalismus ("non-statement-view").

[17] Vgl. Abschnitt 3.2.

Parameter. So sind "Modelle" der metawissenschaftlichen Entscheidungssituation "nicht nur Modelle *wovon*, sondern auch Modelle *für wen, wann* und *wozu*"[17], d.h. diese Modelle "ersetzen das Original immer nur *für bestimmte Subjekte innerhalb besimmter Zeitspannen und zu bestimmten Zwecken.*"[18] Demnach kann es nicht nur ein "Modell"[19] der metawissenschaftlichen Entscheidungssituation geben, sondern eine Vielzahl. Eine problemadäquate Beschäftigung mit der metawissenschaftlichen Entscheidungssituation (Darstellung und Auflösung) im Sinne des >Pragmatismus'< erfordert daher eine Offenlegung dieser erkenntnispragmatischen Parameter.

5.1.2 Die Gefahr von Vorurteilen bei der Auflösung von Entscheidungssituationen

Das Fehlen eines "absoluten" Erkenntnisfundaments i.S. des >Fundamentalismus'< bleibt nicht ohne Konsequenzen. So dürfte es in der Volkswirtschaftslehre (und nicht nur dort) wohl kaum ein Problem geben, das von den an seiner Lösung arbeitenden Wissenschaftlern einheitlich analysiert und beurteilt wird. D.h. Entscheidungssituationen werden unterschiedlich formuliert, oft als Folge davon, daß Alternativen einfach ignoriert werden, oder die Auswahl der Alternativen "beschränkt sich auf die Betrachtung eines anderen Ansatzes aus der Sicht der eigenen Theorie, die sich bei einem solchen Vorgehen stets als überlegen herausstellt bzw. herausstellen muß."[20] Die Auswahl von Entscheidungskriterien für die Auflösung von Entscheidungssituationen wird ebenfalls nicht von einer "objektiven" Instanz getroffen, so daß die Gefahr besteht, daß Entscheidungskriterien mehr oder weniger beliebig gewählt, abgelehnt oder gewechselt werden können.[21] Das Fehlen eines "absoluten" Erkenntnisfundaments begründet daher die Gefahr, daß sich in den Wissenschaften >*Vorurteile*< bilden können.

---

[17] Stachowiak, H. (Erkenntnis), S. 110, Hervorhebungen im Original.

[18] Ebenda, Hervorhebung im Original.

[19] Unter "Modell" wird dabei "ebenso die "elementarste Wahrnehmungs"gegebenheit"" wie die komplizierteste, umfassenste Theorie" verstanden (vgl. Stachowiak, H. (Modelltheorie), S. 56).

[20] Müller-Godeffroy, H. (Wissenschaftslogik), S. 142.

[21] Nach Ansicht von K. D. Knorr-Cetina kann es "nicht überraschen, wenn wissenschaftliches Räsonieren in Entscheidungsprozessen durch häufigen Wechsel der benutzten Kriterien geprägt ist, durch ein »Oszillieren« zwischen Kriterien, die in direktem Gegensatz zueinander stehen" (Methode), S. 295.

"Vorurteil" ist ein Begriff aus der Psychologie, insbesondere aus der Sozialpsychologie und Psychopathologie. Auch wenn es im Alltagsverständnis nur wenige Zweifel darüber zu geben scheint, was ein "Vorurteil" ist,[23] so ist doch die Vielzahl wissenschaftlicher Definitionsversuche nicht zu übersehen. Ein gemeinsames Merkmal vieler Vorurteilsbegriffe ist offensichtlich, daß Vorurteile sich nicht dadurch auszeichnen, daß sie "falsch" sind, "sondern durch die Art, wie sie aufrechterhalten werden."[24] Die Art, wie ein Vorurteil aufrechterhalten wird, unterscheidet es nach Ansicht G. W. Allports von Voreingenommenheiten und Mißverständnissen: "*Voreingenommenheiten sind nur dann Vorurteile, wenn sie angesichts neuer Informationen nicht geändert werden können.* Anders als ein einfaches Mißverständnis widersteht ein Vorurteil hartnäckig allem Beweismaterial, das es widerlegen kann."[25]

Voreingenommenheiten, Mißverständnisse, Illusionen, Selbsttäuschungen etc. entstehen in erster Linie aufgrund mangelnder Informationen, insbesondere aufgrund einer unzulänglichen oder einseitigen Berücksichtung von Alternativen. Diese unzulängliche oder einseitige Berücksichtigung von Alternativen kann unterschiedliche Gründe besitzen: So findet das "Intersubjektivitätsargument expertokratisch" Anwendung,[26] oder es liegt ein "zwanghafte[s] Bedürfnis nach Sicherheit" vor[27], oder es besteht "die Unfähigkeit, eine andere Meinung zu äußern".[28] Die aus einer unzureichenden Berücksichtigung von Alternativen entstehenden Voreingenommenheiten, Mißverständnisse etc. stellen an sich noch keine Vorurteile dar, sondern sie werden erst dann zu Vorurteilen, wenn sie trotz >unbequemer< Informationen in Form von anderen Alternativen aufrechterhalten werden. In einer Situation, in der ein Vorurteil herrscht, "wird die Auffassung der Tatbestände befangen. Man sieht die Befunde immer schon im Schema der Theorie. Was für sie gilt und sie bestätigt, das interessiert. Was keinen Bezug hat, wird verschleiert und umgedeutet. Die Wirklichkeit wird durch die Brille der Theorie gesehen."[29] Im folgenden wird unter einem >*Vorurteil*< das hartnäckige Festhalten an *einer* Alternative verstanden, wobei bereits vorhandene Alternativen entweder völlig ignoriert oder vorsätzlich derart verzerrt

---

[23] Körner, J. (Vorurteilsbereitschaft), S. 7.

[24] Toulmin, S. (Kritik), S. 301.

[25] Allport, G. W. (Natur des Vorurteils), S. 23, Hervorhebungen im Original.

[26] Vgl. Stachowiak, H. (Modelltheorie), S. 60.

[27] Maslow, A. H. (Psychologie der Wissenschaft), S. 49.

[28] Ebenda, S. 50. Maslow diskutiert weitere derartige Faktoren unter dem Thema "Die Pathologie der Erkenntis". Er erstellt eine Liste mit insgesamt 21 Pathologien als "klinisch beobachtbare Ausdrucksformen unseres Bedürfnisses zu wissen und zu verstehen (bei Wissenschaftlern und bei Laien)"(S. 49).

[29] Jaspers, K. (Psychopathologie), S. 15.

berücksichtigt werden, daß eine ernsthafte Gefahr für die eigene Position nicht besteht. Eine Vorstufe zum Vorurteil ist die >Vorurteilsdisposition<. Eine >*Vorurteilsdisposition*< liegt bereits dann vor, wenn Alternativen unzureichend berücksichtigt werden.

Die Gefahr einer Vorurteilsbildung ist also permanent dadurch gegeben, daß eine hinreichende Erwägung von problemadäquaten Alternativen zur eigenen Position entfällt. Je mehr problemadäquate Alternativen bei der Auflösung von Entscheidungssituationen ignoriert oder nur unzureichend berücksichtigt werden, desto ausgepägter ist die entsprechende Vorurteilsdisposition und umgekehrt. Vorurteilsdispositionen unterliegen stets der Gefahr, sich zu Vorurteilen zu entwickeln. Sie lassen sich je nach ihrer Ausgeprägtheit (Grad der Vorurteilsbildung) innerhalb des Kontinuums >Vorurteilsfreiheit - Vorurteil< einordnen.[30]

5.2 Die Vorurteilsbeladenheit der herrschenden Volkswirtschaftslehre im Umgang mit der Wissenschaftstheorie

Vorurteile ergeben sich (a) aus der Ablehnung, sich überhaupt ernsthaft mit Alternativen auseinanderzusetzen und (b) aus dem hartnäckigen Festhalten an der eigenen Alternative. Untersucht man die herrschende Volkswirtschaftslehre daraufhin, wie sie mit der Wissenschaftstheorie bzw. mit wissenschaftstheoretischen Reflexionen umgeht, dann wird eine Vorurteilsstruktur deutlich.

Feststellungen, daß Ökonomen zu einer Redeweise von Modellen und Annahmen übergegangen sind, ohne sich um die wissenschaftstheoretische Problematik zu kümmern,[31] oder daß den meisten Ökonomen die Beziehung zwischen Methodenverständnis und Theorienbildung ziemlich "dunkel" ist,[32] deuten bereits eine Vorurteilsbeladenheit der herrschenden Volkswirtschaftslehre gegenüber wissenschaftstheoretischen Reflexionen an. Bei näherer Betrachtung zeigt sich allerdings, daß innerhalb der herrschenden Volkswirtschaftslehre eine deutliche Tendenz besteht, Wissenschaftstheorie bzw. wissenschaftstheoretische Reflexionen insgesamt abzulehnen. Dabei lassen sich zwei Formen der Ablehnung unterscheiden: die >*offene*< und die >*versteckte Ablehnung*<.

---

[30] Eine vollkommene Vorurteilsfreiheit wäre durch eine hinreichende Berücksichtigung »aller« denkbar-möglichen, problemadäquaten Alternativen charakterisiert.

[31] Vgl. Lenk, H. (Philosophie), S. 233.

[32] Vgl. Kötter, R. (Problemen), S. 434.

Die >*offene Ablehnung*<, sich mit Wissenschaftstheorie auseinanderzusetzen, kommt in folgenden Einstellungen zum Ausdruck: "Stop talking and get on with the job; apply your method, and if it is productive, you will be able to display your results"[33]; "Emporwuchern methodologischer Reflexionen ist ein Krankheitszeichen für jede Wissenschaft".[34] Beide Einstellungen stellen Warnungen dar, sich auf wissenschaftstheoretische, insbesondere methodologische Reflexionen einzulassen und führen in ihrer Konsequenz zu einer kategorischen Ablehnung, wissenschaftstheoretische, insbesondere methodologische Problemstellungen zu thematisieren. Derartige Ablehnungen von Vertretern der herrschenden Volkswirtschaftslehre sind keineswegs selten. Diese Einstellung zeigt sich bei vielen international angesehenen Ökonomen an einem "außerordentlichen Maß an Naivität gegenüber wichtigen methodologischen Problemen"[35]. So überrascht es nicht, daß diese >offenen Ablehnungen< häufig den Charakter von "statements" tragen, denen hinreichende und tiefergehende Begründungen fehlen. Stattdessen wird von ihnen darauf hingewiesen, daß sich die Volkswirtschaftslehre "auf die sachlichen Probleme zu besinnen"[36] habe. Auffallend ist in diesem Zusammenhang, daß die eher versteckten Agrumente für eine >offene Ablehnung< zum überwiegenden Teil von wissenschaftstheoretisch interessierten Ökonomen thematisiert werden, also von der Gegenseite.

Ein anderes weit verbreitetes Argument für die offene Ablehnung scheint das "*Tausendfüßler-Argument*" zu sein: "Der Tausendfüßler kann sich bewegen, ohne daß er sich bewußt ist, was er genau tut. Die genaue Kenntnis seiner Bewegung würde dazu führen, daß er unfähig wird, sich so fortzubewegen wie vorher."[37] Statt wissenschaftstheoretischer Reflexionen möchte man "unbeschwert von methodologischen Skrupeln"[38] wieder "richtige" Wissenschaft betreiben, sich den drängenden Sachproblemen zuwenden. Die Auseinandersetzung mit Wissenschaftstheorie verhindere eine effektivere Arbeit, d.h. sie hemme den Fortschritt der Volkswirtschaftslehre.[39] Andererseits wird den wissenschaftstheoretisch orientierten Ökonomen "Perfektionismus-Wahn" vorgeworfen.[40] Andere Begründungen für eine >offene Ablehnung< sind mitunter diffamierend. So gelten wissenschaftstheoretische

[33] Harrod, R. T. (Scope and Method), S. 385.

[34] Eucken, W. (Grundlagen), S. IX.

[35] Myrdal, G. (Objektivität), S. 10 f.

[36] Eucken, W. (Grundlagen), S. IX.

[37] Opp, K.-D. (Methodologie), S. 17.

[38] Schwemmer, O. (Erklärung), S. 9.

[39] Vgl. Porstmann, R. (Grundfragen), S. 10.

[40] Vgl. Opp, K.-D. (Methodologie), S. 21.

Studien "in günstigen Fällen als Zeitverschwendung, bei weniger geneigter Betrachtung als Ausweichunterhaltung für jene, die mit den Anforderungen der eigentlichen Disziplin nicht zurande kommen."[41]

Die >*versteckte Ablehnung*<, sich mit Wissenschaftstheorie auseinanderzusetzen, zeigt sich insbesondere darin, daß in Anfangskapiteln von Monographien und Zeitschriftenaufsätzen eine meist aktuelle wissenschaftstheoretische Position eingenommen wird, ohne daß ein Zusammenhang zu den im Anschluß behandelten "sachlichen" Problemen überhaupt sichtbar wird. Widersprüche zwischen der behaupteten wissenschaftstheoretischen Position und der eigentlichen Problembehandlung sind somit vorprogrammiert. Daß auf diese Weise wissenschaftstheoretische >Vorspanne< als Scheinlegitimation für ein fortschrittlich-wissenschaftliches Problembewußtsein dienen, kommt in Feststellungen zum Ausdruck, daß die "rate of return" (J. Frank) methodologischer Kritik ungefähr bei Null liege,[42] oder daß in der Nationalökonomie "die Regeln der als vorherrschend behaupteten Methodologie wenig beachtet zu werden" scheinen.[43] Insofern die >versteckte Ablehnung< nicht durch Widersprüche zwischen behaupteter wissenschaftstheoretischer Position und praktizierter Problembehandlung >auffliegt<, stellt sie eine geradezu geschickte Strategie dar: Eine Begründung für die ablehndene Haltung, sich mit Wissenschaftstheorie näher auseinanderzusetzen, erübrigt sich, da man sich verbal auf eine gängige wissenschaftstheoretische Position beruft.

Unabhängig davon, welche Form der >Ablehnung< vertreten wird, ist eine Eliminierung der Wissenschaftstheorie aus dem Bereich der Volkswirtschaftslehre (bzw. jeder anderen Humanwissenschaft) gar nicht möglich. Thematisch-reflexives Denken ist für die Wissenschaftstheorie konstitutiv. Identifizierung, Darstellung und Auflösung der metawissenschaftlichen Entscheidungssituation vollziehen sich im thematisch-reflexiven Erfassen. Sollten sich also Vertreter der herrschenden Volkswirtschaftslehre in irgendeiner Form zur metawissenschaftlichen Entscheidungssituation äußern bzw. geäußert haben, sei es, um den eigenen Standpunkt oder den Standpunkt anderer in irgendeiner Form zu beurteilen, dann greifen sie damit automatisch auf bestimmte wissenschaftstheoretische Konzeptionen zurück - ob nun bewußt oder unbewußt. Dies bedeutet, daß selbst eine extrem ablehnende Haltung gegenüber der Wissenschaftstheorie keineswegs zu ihrer Eliminierung führt, da jeder Ökonom eine wissenschaftstheoretische Position einnehmen *muß*, will er überhaupt "wissenschaftlich" arbeiten. Neben

---

[41] Brunner, J. K. (Kausalität), S. I.

[42] Vgl. 1. Kapitel.

[43] Müller-Godeffroy, H. (Wissenschaftslogik), S. 128.

anderen Wissenschaften ist die Volkswirtschaftslehre daher eine zutiefst wissenschaftstheoriegeprägte Disziplin.

Wenn eine ablehnende Haltung der herrschenden Volkswirtschaftslehre gegenüber der Wissenschaftstheorie nicht zu einer Eliminierung der Wissenschaftstheorie aus der Volkswirtschaftslehre führt, dann stellt sich die Frage, welche wissenschaftstheoretische Position von der herrschenden Volkswirtschaftslehre (bewußt oder unbewußt) eingenommen wird. Viele Kritiker der herrschenden Volkswirtschaftslehre sind sich in dieser Frage offensichtlich einig: Sie betrachten den "Positivismus" als die vorherrschende wissenschaftstheoretische Konzeption innerhalb der herrschenden Volkswirtschaftslehre. Für B. Ward liegt die "positivistische Methodologie [...] tief in den Wirtschaftswissenschaften verankert"[44]; sie sei "in der formalistischen Revolution der Nachkriegszeit" zum Tragen gekommen.[45] K. W. Kapp sieht die Nationalökonomie durch das "positivistische Wissenschaftsideal" geprägt;[46] dieses Ideal "sieht in der Sprache, der Logik, der Präzision der Mathematik und der mathematischen Gleichung den Prototyp wissenschaftlicher Aussagen."[47] M. Blaug formuliert es indirekt: "For the most part, the battle for falsification has been won in modern economics [...]. The problem now is to persuade economists to take falsificationism seriously."[48]

Dieser >Positivismusvorwurf<, der auch von vielen anderen Kritikern der herrschenden Volkswirtschaftslehre erhoben wird, ist möglicherweise nicht so einheitlich, wie es auf dem ersten Blick scheinen mag. Denn es kann ja sein, daß den jeweiligen Positivismusvorwürfen unterschiedliche Positivismusvorstellungen zugrunde liegen, weil der Ausdruck "Positivismus" als Etikett für verschiedene wissenschaftstheoretische Konzeptionen verwendet wird.[49] Ungeachtet dieser möglichen Unterschiede zwischen den einzelnen Kritikern besteht eine Gemeinsamkeit dieser Positivismusvorwürfe darin, daß der "Positivismus" als eine längst überholte wissenschaftstheoretische Konzeption angesehen wird.[50] Andere wissenschaftstheoretische Positionen,

---

[44] Ward, B. (Wirtschaftswissenschaften), S. 74.

[45] Ebenda.

[46] Kapp, K. W. (Enthumanisierung), S. 73.

[47] Ebenda, S. 73 f.

[48] Blaug, M. (Methodology), S. 260.

[49] Die Verwendungsweise geht sogar so weit, daß die Bezeichnung "Positivist" mitunter als Schimpfwort gebraucht wird.

[50] So fällt z.B. die methodologische Auffassung von P. A. Samuelson nach Ansicht von J. Frank "hinter einen Stand der methodologischen Diskussion zurück, der durch die Arbeiten von Carnap, Popper u.v.a. längst erreicht war. Der Deskriptivismus [von Samuelson; U. K.] entpuppt sich in letzter Konsequenz als Positivismus." (Kritische Ökonomie), S. 24.

die von Vertretern der herrschenden Volkswirtschaftslehre bisher propagiert wurden, konnten sich nicht durchsetzen.[51]

Die herrschende Volkswirtschaftslehre zeichnet sich dadurch aus, daß sie eine Auseinandersetzung mit der Wissenschaftstheorie ablehnt, entweder in >offener< oder >versteckter< Form. Nun führt die kategorische Ablehnung, sich mit Wissenschaftstheorie zu beschäftigen, keineswegs zur Eliminierung der Wissenschaftstheorie aus dem Bereich der eigenen Wissenschaft, sondern zu einer Selbststabilisierung der eigenen (oft nicht bewußten) wissenschaftstheoretischen Position - also insbesondere des "Positivismus'". Geht man mit H. Lenk davon aus, daß der Positivismus, bzw. Neo-Positivismus "tot" ist - "außer in der Phantasie seiner streitbaren Gegner und vieler methodologisch naiver Fachwissenschaftler"[52], dann führt eine kategorische Ablehnung der herrschenden Volkswirtschaftslehre, sich mit Wissenschaftstheorie ernsthaft zu beschäftigen, zu einem hartnäckigen Festhalten an einer "toten" und damit inadäquaten wissenschaftstheoretischen Konzeption. Damit weist die Beziehung der herrschenden Volkswirtschaftslehre zur Wissenschaftstheorie eine Vorurteilsstruktur auf. Die Ablehnung der herrschenden Volkswirtschaftslehre, sich mit Wissenschaftstheorie auseinanderzusetzen, schließt von vornherein alternative wissenschaftstheoretische Konzeptionen aus, so daß es zu einer Immunisierung der eigenen wissenschaftstheoretischen Position kommt. Die Ablehnung verhindert somit "unbequeme Informationen", die die eigene Position gefährden könnten. Ist die eigene, oft unbewußt vertretene, wissenschaftstheoretische Konzeption erst einmal immunisiert, erscheint es den Vertretern der herrschenden Volkswirtschaftslehre geradezu als selbstverständlich, ihre Fachkollegen zur ausschließlichen Betrachtung "sachlicher Probleme" anzuhalten - ohne daß ihnen dabei ihre Vorurteilsbeladenheit im Umgang mit der Wissenschaftstheorie bewußt wird.

Diese Vorurteilshaftigkeit im Umgang mit der Wissenschaftstheorie führt innerhalb der herrschenden Volkswirtschaftslehre zu bestimmten Wissensdefiziten. So spricht z.B. der "Sachverständigenrat" in dem Jahresgutachten 1987/88 von "Ansatzpunkte[n] für eine Kausaltherapie"[53], ohne jedoch darauf einzugehen, was darunter zu verstehen ist. Die Vielzahl nebeneinander bestehender bzw. konkurrierender Kausalitätsbegriffe und damit ein fehlender Konsens über *den* Kausalitätsbegriff[54] wird scheinbar gar nicht

---

[51] Ein Beispiel ist M. Friedmans Apriorismus, der von wissenschaftstheoretisch interessierten Ökonomen aufs heftigste kritisiert wurde.

[52] Lenk, H. (Philosophie), S. 56.

[53] (Jahresgutachten 1987/88), S. 135.

[54] Vgl. Abschnitt 3.2.

zur Kenntnis genommen. Selbst wenn es diesen Konsens gäbe, könnte es ein "falscher" Konsens sein; denn es bliebe weiterhin zu fragen, ob ökonomische Zusammenhänge überhaupt kausale Zusammenhänge sind. So versucht z.B. G. H. v. Wright zu zeigen, daß humanwissenschaftliche (und damit auch volkswirtschaftliche) Zusammenhänge keineswegs kausaler Natur sind.[55] Angesichts dieser bestehenden Kausalitätsproblematik wäre eine Klärung des verwendeten Kausalitätsbegriffs seitens des Sachverständigenrates dringend geboten, damit überhaupt deutlich wird, wovon die Rede ist. Die an den Tag gelegte Selbstverständlichkeit, mit der der Sachverständigenrat den >schillernden< Begriff Kausalität verwendet, deutet auf gewisse Bewußtseinsdefizite bezüglich der metawissenschaftlichen Entscheidungssituation hin.

Ließ sich zunächst ein Großteil der unterschiedlich erscheinenden Krisenerklärungen aus dem 1. Kapitel durch das >degenerierte Problembewußtsein für die metawissenschaftliche Entscheidungssituation< erfassen, so läßt sich ein weiterer Teil durch die >Vorurteilsbeladenheit im Umgang mit der Wissenschaftstheorie< einfangen: H. Albert beklagte eine fundamentale methodologische Schwäche der Neoklassik; für J. Frank ging die Krise der herrschenden Wirtschaftstheorie mit einer fehlenden methodologischen Reflexion ihrer Grundlagen einher; J. Galtung verwies auf eine erkenntnistheoretische Blindheit der herrschenden Volkswirtschaftslehre.[56] Eine Gemeinsamkeit dieser "wissenschaftstheoretischen" Krisenerklärungen besteht nun darin, daß sie das Fehlen des thematisch-reflexiven Denkens in Form von Wissenschaftstheorie kritisieren. Zwar fühlen sich diese Kritiker zum Teil recht unterschiedlichen wissenschaftstheoretischen Positionen verpflichtet, dennoch sind sie sich darin einig, daß das Fehlen wissenschaftstheoretischer Reflexionen innerhalb der herrschenden Volkswirtschaftslehre als Ursache für ihre Krise anzusehen ist.

5.3 Die Ideologiehaftigkeit des volkswirtschaftlichen Denkens

Zwischenfazit: Die im 1. Kapitel aufgeführten Krisenerklärungen lassen sich nun entweder durch das unterentwickelte Problembewußtsein für die metawissenschaftliche Entscheidungssituation oder durch den vorurteilshaften Umgang mit der Wissenschaftstheorie erfassen. Ausgenommen hiervon sind die "ideologischen" Krisenerklärungen (Robinson, Ward, Hofmann, Frank, Rothschild), da sie scheinbar weder der einen, noch der anderen Ur-

[55] Von Wright, G. H. (Erklären).

[56] Vgl. 1. Kapitel.

sachenkategorie zuzuordnen sind. In welchem Zusammenhang stehen diese "ideologischen" Krisenerklärungen zudem bisher Erörterten? Dieser Frage soll im folgenden nachgegangen werden. Eine Beantwortung dieser Frage setzt allerdings eine Klärung des Ideologiebegriffs voraus.

5.3.1 Ideologien als kollektive Vorurteile

Auch bei der Beschäftigung mit dem Ideologiebegriff zeigt sich sehr schnell, daß das Wort "Ideologie" in verschiedenster Weise gebraucht wird. Es wird in diesem Abschnitt keineswegs angestrebt, eine allgemeinverbindliche Definition des Ideologiebegriffs zu erarbeiten (falls dies überhaupt möglich sein sollte), sondern es sollen lediglich Merkmale thematisiert werden, die vielen Ideologiebegriffen gemeinsam sind. Gemeint sind die Merkmale >kollektiver Charakter< und >Vorurteilsstruktur<:

- Der >kollektive Charakter von Ideologien< meint, daß der "Prozeß der Ideologiebildung und Ideologieverbreitung [...] von durchaus überindividueller Natur" ist.[57] Ideologien sind demnach keine individuellen, sondern vielmehr Denk- und Wertungssysteme, die für Gruppen, Kollektive, Gesellschaften etc. eine "Gesinnungsgrundlage" darstellen. E. Topitsch/K. Salamun sprechen von einer "ideologischen Befangenheit"[58], die die Bedingtheit von Ideen in ihrem Entstehen, ihrer Entwicklung und ihrer Wirksamkeit nicht ohne weiteres bewußt werden läßt.[59]

- Die >Vorurteilsstruktur von Ideologien< zeigt sich in der Art und Weise, wie mit ideologischen Aussagen und Urteilen umgegangen wird. J. Barion bezeichnet denjenigen als Ideologen, "der in seinem Denken, seiner Lebenseinstellung und seinem Wirken im öffentlichen Leben nicht von der Sache selbst ausgeht, sondern von vorgefaßten Meinungen über die Sache, [...], der die Welt allein von dem Gehäuse seiner »Ideen«, von seiner Vorstellungswelt aus gestalten will."[60] Von daher besteht für Ideologen ein Interesse, ideologische Aussagen und Urteile einer "echten" Überprüfung nicht zu unterziehen bzw. sie so zu formulieren, daß sie einer derartigen Überprüfung nicht mehr zugänglich sind. Ein Wissen kann daher als ideologisch bezeichnet werden, "wenn

---

[57] Hofmann, W. (Ideologisierung), S. 1190.

[58] Topitsch, E./Salamun, D. (Ideologie), S. 8.

[59] Vgl. auch Barion, J. (Ideologie), S. 147.

[60] Barion, J. (Ideologie), S. 23.

man dieses nicht der empirischen oder logischen Kontrolle unterziehen möchte."[61] Auch wenn Ideologien auf wissenschaftlichen Argumentationen beruhen sollten, würde ihnen "eine übertriebene und völlig ungerechtfertigte Glaubwürdigkeit zugeschrieben"[62]. Ideologien stellen Voreingenommenheiten dar, die einer "echten" Überprüfung nicht ausgesetzt werden sollen. Diese Abschottung vor Kritik führt zur Selbststabilisierung und damit zur Immunisierung dieser Voreingenommenheiten, so daß ein hartnäckiges Festhalten an Ideologien aufgrund des Fehlens widersprechender Informationen leicht fällt. In diesem Sinn stellen Ideologien Vorurteile dar.

Da Ideologien einerseits als "Ausdruck der Interessen des *überlegenen* Teils der Gesellschaft"[63] betrachtet werden, deren Funktion darin besteht, die Macht- und Lebensansprüche dieser gesellschaftlichen Gruppen zu legitimieren und zu konservieren,[64] andererseits eine Vorurteilsstruktur aufweisen, lassen sie sich als >kollektive Vorurteile< begreifen.

5.3.2 Vorurteilsbildungen im Theorienbereich der Volkswirtschaftslehre

Welchen Einfluß übt nun das kollektive Vorurteil >Ideologie< auf das volkswirtschaftliche Denken aus? Unabhängig von den unterschiedlichen Ideologiebegriffen, die den >ideologischen< Krisenerklärungen zugrunde liegen mögen, scheint ein kleinster gemeinsamer Nenner darin zu bestehen, daß Ideologien eine adäquate wissenschaftliche Auseinandersetzung mit anstehenden Problemen nicht nur erschweren, sondern sogar verhindern. Eine einseitig ideologische Befangenheit des volkswirtschaftlichen Denkens führt zu Vorurteilsbildungen im Theorienbereich der Volkswirtschaftslehre. Dieser ideologische Einfluß kann sowohl wissenschaftsintern, als auch wissenschaftsextern erfolgen.

Wissenschaftsexterne Einflüsse zeigen sich mitunter in der Gutachterpraxis: Politische Kräfte (Parteien, Institutionen) üben ideologischen "Druck" auf die Volkswirtschaftslehre derart aus, ihre Arbeit so einzurichten, daß sie zu Ergebnissen gelangen, die mit den Auftraggeberinteressen in Einklang stehen.[65] Eine Form, auf die J. Robinson hinweist, könnte in die-

---

[61] Huth, W. (Ideologie), S. 243.

[62] Boudon; R. (Ideologie), S. 48.

[63] Hofmann, W. (Ideologie), S. 55, Hervorhebung im Original.

[64] Vgl. Topitsch, E./Salamun, K. (Ideologie), S. 16.

[65] Vgl. auch Myrdal, G. (Memoiren), S. 72 f.

sem Zusammenhang als >institutionalisierte Vorurteilsbildung< bezeichnet werden: Bestimmte wissenschaftliche Schulen werden "von den etablierten Mächten unterstützt, und ihre erste Pflicht, ob in Chicago oder in Moskau, ist, ihre Schüler vor dem Kontakt mit gefährlichen Gedanken zu bewahren."[66] Derartige Einflüsse bedeuten eine Degradierung der Volkswirtschaftslehre zur "Magd" der herrschenden politischen Interessen.

Bei den wissenschaftsinternen Einflüssen kommt die Ideologie des jeweiligen Wissenschaftlers bzw. der Wissenschaftlergemeinschaft dadurch zum Tragen, daß theoretische Betrachtungen verzerrend, wenn nicht sogar bewußt einseitig-selektierend erfolgen. In diesem Zusammenhang sind die zwei von W. Vogt beschriebenen Strategien "eingefleischter Neoklassiker" zu nennen, mit ihren Gegner fertig zu werden: Die erste Strategie bestehe darin, "daß sie Abweichler, indem sie ihnen den Mantel ihrer eigenen Methode überziehen, in den eigenen Bereich zurück- bzw. hereinholen"[67]. Die zweite Strategie verfolge das Ziel, Kritik einfach zu ignorieren.[68] Eine "Verfeinerung" dieser zweiten Strategie könnte darin bestehen, Ökonomen aus ihren Reihen auszuschließen: "J. K. Galbraith und Robert Heilbronner werden häufig als "Soziologen" bezeichnet und Kenneth Boulding als Philosoph. Diese Bezeichnungen dienen als Vorwand, damit sie [die etablierten Ökonomen; U. K.] sich nicht mit den von den Abweichlern aufgeworfenen Fragen befassen müssen."[69]

Eine weitere Einstellung, die die Bildung von Vorurteilen im volkswirtschaftlichen Bereich zu fördern scheint, ist der "Glaube an die Richtigkeit der Theorien, die angesehene Wirtschaftswissenschaftler vertreten."[70] Sofern dieser "Glaube" dabei die wissenschaftliche "Gewißheit" ersetzt, habe die Wirtschaftswissenschaft "viel mit der Theologie gemeinsam."[71,72]

Sofern derartige Einstellungen ideologiebedingt sind, ist eine ernsthafte und adäquate Auseinandersetzung nicht nur mit der eigenen, sondern auch mit konkurrierenden Theorien nicht zu erwarten. Und dies so lange nicht, solange die ideologische Befangenheit nicht durch eine Ideologiekritik of-

---

[66] Robinson, J. (Krise), S. 66.

[67] Vogt, W. (Kritik), S. 181.

[68] Vgl. Ebenda.

[69] Henderson, H. (Ende), S. 129.

[70] Wulff, M. (Probleme), S. 12.

[71] Ebenda.

[72] Eine Parallele von Ökonomie und Theologie zog bereits K. Wicksell: "Der ökonomischen Theorie ist es genau so wie der Theologie, und aus ungefähr denselben Gründen, nicht gelungen, zu allgemein anerkannten Ergebnissen zu gelangen". (zitiert aus: Kapp, K. W. (Nationalökonomie), S. 108).

fengelegt wird. Der Ideologiekritik kommt die Aufgabe zu, die Vorurteilshaftigkeit des ideologischen Denkens nach Möglichkeit aufzudecken und zu analysieren; sie soll zu einer Desillusionierung der ideologischen Befangenheit führen. Sie bietet daher prinzipiell die Möglichkeit, Vorurteilsbildungen im volkswirtschaftlichen Theorienbereich zu identifizieren und sie vermeidbar zu machen. Ideologiekritik besteht somit aus der Hinterfragung, Problematisierung und gegebenenfalls aus der Überprüfung jeweiliger Ideologien. Somit dürfte auch hier thematisch-reflexives Denken notwendig sein, um eine Ideologiekritik überhaupt durchführen zu können. Ein Verzicht auf thematisch-reflexives Denken bedeutet einen Verzicht auf Ideologiekritik. Der Verzicht auf Ideologiekritik kann dann nur zur Selbststabilisierung der jeweiligen Ideologie als kollektives Vorurteil führen.

6. Versuch einer Krisenerklärung

6.1 Der Zusammenhang zwischen Ideologie und Wissenschaftstheorie

Thematisch-reflexives Denken ist sowohl für Wissenschaftstheorie als auch für Ideologiekritik konstitutiv. Es ist daher naheliegend zu fragen, ob es einen weiteren Zusammenhang zwischen Ideologie und Wissenschaftstheorie gibt. Eine interessante Betrachtung G. H. v. Wrights besteht darin, Ideologien als Paradigmen im Kuhnschen Sinne aufzufassen. Von Wright geht davon aus, daß es Paradigmen nicht nur in den Naturwissenschaften gibt, sondern auch in den Humanwissenschaften. Der Unterschied zwischen humanwissenschaftlichen Paradigmen sei ein "Unterschied *in der Ideologie*"[1], da humanwissenschaftliche Paradigmen "letzten Endes durch politische und gesellschaftliche Ideologien festgelegt" würden.[2] Für v. Wright sind "»Revolutionen« in den Sozialwissenschaften [...] das Ergebnis von Ideologiekritik"[3].

Diese enge Beziehung zwischen Ideologie und Paradigma ist nach Ansicht v. Wrights bereits bei L. Wittgenstein angelegt. Kuhns Paradigmenansatz sei "ein gutes Anschauungsbeispiel für Wittgensteins Gedanken in bezug auf die Rolle von Weltbildern."[4] Obwohl Kuhn ausschließlich Paradigmen bzw. "disziplinäre Matrizen" der Naturwissenschaften betrachtet, lassen sich auch bei ihm Hinweise finden, die die v. Wrightsche Betrachtungsweise zwischen Ideologie und Paradigma plausibel erscheinen lassen:[5]

- Die Assoziation des Paradigmenbegriffs zum Begriff "Weltbild": Es "üben die Befürworter konkurrierender Paradigmata ihre Tätigkeit in verschiedenen Welten aus."[6] Ein Paradigmenwechsel ("wissenschaftliche Revolution") führt dazu, daß Wissenschaftler die Welt ihres For-

---

1 Von Wright, G. H. (Erklären), S. 177, Hervorhebung im Original.

2 Von Wright, G. H. (Wittgenstein), S. 188.

3 Von Wright, G. H. (Erklären), S. 177.

4 Von Wright, G. H. (Wittgenstein), S. 187.

5 Da v. Wright den Zusammenhang zwischen Ideologie und Paradigma an unterschiedlichen Stellen und dort nur in recht knapper Form behandelt, ist leider nicht immer ersichtlich, wie weit sich seine Betrachtungsweise auf Kuhn stützt.

6 Kuhn, T. S. (Revolutionen), S. 161.

schungsbereiches verändert betrachten: "Was in der Welt des Wissenschaftlers vor der Revolution Enten waren, sind nachher Kaninchen."[7]

- Die "soziologische" Bedeutung des Paradigmenbegriffs: Der Begriff "Paradigma" umfaßt u.a. "die ganze Konstellation von Meinungen, Werten, Methoden usw., die von den Mitgliedern einer gegebenen Gemeinschaft geteilt werden"[8]; diese Bedeutung "sei die soziologische genannt"[9].

Auch wenn Kuhn nicht explizit auf Ideologien eingeht, so deuten die soziologische Bedeutung des Paradigmenbegriffs, als auch die Assoziation zum Begriff "Weltbild" darauf hin, daß auch bei Kuhn diese Beziehung zwischen Ideologie und Paradigma angelegt ist.

Der Begriff "Paradigma" bzw. "disziplinäre Matrix" hat sich seit Kuhn längst in den Wissenschaften etabliert. In der Volkswirtschaftslehre spricht man weniger von der keynesianischen oder neoklassischen "Theorie" als vielmehr vom keynesianischen oder neoklassischen "Paradigma". In der Wissenschaftstheorie sind "Paradigmen" Gegenstand von Auseinandersetzungen. Als ein Beispiel wäre hier das Problem der Kommensurabilität bzw. Inkommensurabilität von Paradigmen zu nennen. Insofern nun "wissenschaftliche" Ideologien als Paradigmen im Kuhnschen Sinne betrachtet werden, gehört Ideologiekritik zur Wissenschaftstheorie; da Wissenschaftstheorie als eine Form thematisch-reflexiven Denkens sich nicht nur auf Theorien bezieht, sondern auch auf Paradigmen und damit auch auf Ideologien.

Insofern die herrschende Volkswirtschaftslehre durch Ideologien in ihrem Denken fixiert wird, verweist dieser Zusammenhang zwischen Ideologie und Wissenschaftstheorie darauf, daß die Gründe für eine fehlende oder unzureichende Ideologiekritik vor allem in der Vorurteilsbeladenheit der herrschenden Volkswirtschaftslehre im Umgang mit der Wissenschaftstheorie zu suchen sind.

6.2 Der Zusammenhang zwischen >Vorurteilsbeladenheit< und >Bewußtseinsdefiziten<

Im 2. und 4. Kapitel wurde dargelegt, daß die herrschende Volkswirtschaftslehre an einem ausgeprägten Bewußtseinsdefizit bezüglich der meta-

[7] Ebenda, S. 123.

[8] Kuhn, T. S. (Postskriptum), S. 186.

[9] Ebenda.

wissenschaftlichen Entscheidungssituation leidet. Die Betrachtung bedeutender Kontroversen innerhalb der Volkswirtschaftslehre zeigte, daß im Zeitablauf eine zunehmende Degenerierung des Problembewußtseins für die metawissenschaftliche Entscheidungssituation erfolgt ist. In der "Schmoller-Menger-Kontroverse" waren gleich mehrere Aspekte der metawissenschaftlichen Entscheidungssituation Gegenstand der Auseinandersetzung. Im "Werturteilsstreit" konzentrierte sich die Diskussion auf die Frage nach der Werturteilsfreiheit in der Volkswirtschaftslehre und anderen Humanwissenschaften. Damit wurde ein weiterer Aspekt der metawissenschaftlichen Entscheidungssituation explizit behandelt. In der "Keynesianismus-Monetarismus-Kontroverse" konnte ein Problembewußtsein für die metawissenschaftliche Entscheidungssituation kaum noch festgestellt werden. Insgesamt betrachtet, kam es im Zeitablauf zu einer weitestgehenden Degenerierung des Problembewußtseins für die metawissenschaftliche Entscheidungssituation. Dabei ist die metawissenschaftliche Entscheidungssituation nicht nur ein Grundproblem der Volkswirtschaftslehre, sondern ein Grundproblem vermutlich aller Humanwissenschaften, das neben ihrer akademischen vor allem eine praktisch-existentielle Relevanz besitzt. Daran ändert auch die Tatsache nichts, daß die metawissenschaftliche Entscheidungssituation als wissenschaftliches Problem gegenwärtig selbst noch ein undurchsichtiges Problem darstellt. Dieses defizitäre Problembewußtsein für die metawissenschaftliche Entscheidungssituation kann daher als eine grundlegende Krisenursache angesehen werden.

Was aber mag der Grund dafür sein, daß innerhalb der herrschenden Volkswirtschaftslehre derzeit kaum ein Problembewußtsein für die metawissenschaftliche Entscheidungssituation existiert? Die Beantwortung dieser Frage weist auf eine zweite grundlegende Krisenursache hin: Die Vorurteilsbeladenheit der herrschenden Volkswirtschaftslehre im Umgang mit der Wissenschaftstheorie. Identifizierung, Darstellung und Auflösung der metawissenschaftlichen Entscheidungssituation erfordern thematisch-reflexives Denken. Thematisch-reflexives Denken ist konstitutiv für die Wissenschaftstheorie. Die Vorurteilsbeladenheit im Umgang mit der Wissenschaftstheorie hat daher für die herrschende Volkswirtschaftslehre zwei unangenehme Konsequenzen:

- Eine >offene< oder >versteckte Ablehnung<, sich mit Wissenschaftstheorie auseinanderzusetzen, führt keineswegs zur Eliminierung der Wissenschaftstheorie aus dem Bereich der Volkswirtschaftslehre, sondern zur Immunisierung der eigenen, meist unbewußt vertretenen wissenschaftstheoretischen Position. Dabei ist es nicht so sehr entscheidend, ob es sich um "tote" wissenschaftstheoretische Konzepte handelt (Positivismus/Neo-Positivismus), sondern entscheidend ist vielmehr, daß diese wissenschaftstheoretischen Konzepte aufgrund ihrer Immunisierung in völlig unreflektierter Weise in der herrschenden Volkswirtschaftslehre Anwendung finden. Da die metawissenschaftliche Entscheidungssituation (bzw. Aspekte von ihr) heute fast ausschließlich in wissenschaftstheoretischen Diskussionen bzw. von wissenschaftstheoretisch interessierten Wissenschaftlern thematisiert wird, behindert die Vorurteilsbeladenheit im Umgang mit der Wissenschaftstheorie ein >Wiedererwachen< des Problembewußtseins für die metawissenschaftliche Entscheidungssituation und damit auch einen adäquateren Umgang mit ihr. Die Vorurteilsbeladenheit im Umgang mit der Wissenschaftstheorie führt also dazu, daß auf der 1. reflexiven Erfassungsstufe (Identifizierung und Darstellung der Entscheidungssituation) ein ausgesprochen unzureichendes Bewußtsein für Alternativen der metawissenschaftlichen Entscheidungssituation vorhanden ist und daß auf der 2. reflexiven Erfassungsstufe (Auflösung der Entscheidungssituation) eine erhebliche Einschränkung des Problemlösungspotentials hingenommen werden muß, weil an Entscheidungskriterien unreflektiert festgehalten wird, die längst ihre Gültigkeit verloren haben (z.B. positivistisches Sinnkriterium).

- Sofern Ideologien als Paradigmen im Kuhnschen Sinne betrachtet werden, sind sie grundsätzlich einer wissenschaftstheoretischen Betrachtung zugänglich. Die Vorurteilsbeladenheit der herrschenden Volkswirtschaftslehre im Umgang mit der Wissenschaftstheorie kann somit auch für eine fehlende Ideologiekritik verantwortlich gemacht werden. Eine fehlende Ideologiekritik bewirkt jedoch eine Selbststabilisierung der jeweiligen Ideologie als kollektives Vorurteil, welches ihrerseits Vorurteilsbildungen im Theorienbereich der Volkswirtschaftslehre zur Folge hat. Darüber hinaus sind direkte Beziehungen zwischen Ideologie und der metawissenschaftlichen Entscheidungssituation denkbar: Sind Ideologien ausschließlich für die Humanwissenschaften charakteristisch, oder sind Ideologien auch in den Naturwissenschaften von Bedeutung?[10] Geht es der Volkswirtschaftslehre um eine "Wahrheitssuche" im Sinne der Naturwissenschaften oder ausschließlich nur um Ideologien im Sinne ökonomischer "Weltsichten"?

Ohne wissenschaftstheoretische Reflexionen wäre gegenwärtig kaum ein Problembewußtsein für die metawissenschaftliche Entscheidungssituation vorhanden. Das unterentwickelte Problembewußtsein der herrschenden Volkswirtschaftslehre für die metawissenschaftliche Entscheidungssituation ist daher ein Ausdruck der Vorurteilsbeladenheit der herrschenden Volks-

---

[10] Z.B. verweist K. W. Rothschild in diesem Zusammenhang auf das Beispiel Galileis, um anzudeuten, daß das ideologische Element kein Abgrenzungskriterium zwischen Human- und Naturwissenschaften darstellt; in: (Ökonomische Theorie), S. 18.

wirtschaftslehre im Umgang mit der Wissenschaftstheorie. Insofern ist die zweite Krisenursache im Vergleich zur ersten Krisenursache als fundamentaler anzusehen. Der eigentliche Kern dieser vielfach beklagten Krise der herrschenden Volkswirtschaftslehre besteht somit in einem zunehmenden Verfall des thematisch-reflexiven Denkens, das für die Wissenschaftstheorie konstitutiv ist. Dieses Defizit an thematisch-reflexiven Denken kennzeichnet eine fundamentale Denkschwäche der herrschenden Volkswirtschaftslehre, die ihr wissenschaftliches Blickfeld angesichts der praktisch-existentiellen Bedeutung der metawissenschaftlichen Entscheidungssituation in geradezu gefährlicher Weise verengt hat. Eine adäquate Identifizierung der ihr zugewiesenen Probleme scheint der herrschenden Volkswirtschaftslehre kaum noch möglich; von adäquaten Problemlösungen ganz zu schweigen. Stattdessen herrscht ein schablonenhaftes Denken vor. K. E. Bouldings "monumentale Fehlallokation intellektueller Ressourcen"[11] läßt sich sicherlich in diese Richtung interpretieren. Eine Feststellung A. Schweitzers, die sich zwar auf den Zustand der Kultur zu Beginn dieses Jahrhunderts bezog, dürfte auch für die herrschende Volkswirtschaftslehre von heute zutreffen: "Es wird unbegreiflich bleiben, daß unser durch Errungenschaften des Wissens und Könnens so groß dastehendes Geschlecht geistig so herunterkommen konnte, auf das Denken zu verzichten."[12]

Die im 1. Kapitel aufgeführten Ansätze, die die Krise der herrschenden Volkswirtschaftslehre zu erklären versuchen, sind m.E. keineswegs irrelevant oder gar falsch. Ganz im Gegenteil. Jede dieser Krisenerklärungen greift entweder einen oder mehrere Aspekte dieser hier ansatzweise vorgelegten Krisenerklärung auf. Insgesamt betrachtet, erscheint die Vielfalt dieser Krisenerklärungen trotz ihrer Bedeutung und Relevanz eher zusammenhangslos, so daß sich die Frage nach einem möglichen Zusammenhang stellte. Die vorliegende Studie ist daher auch der Versuch einer Antwort.

---

[11] Vgl. 1. Kapitel.

[12] Schweitzer, A. (Denken), S. 183 f. Schweitzers Denkbegriff weist thematisch-reflexiven Charakter auf, der bei ihm nicht nur auf die Wissenschaft bezogen wird.

7. Gibt es Ansätze einer Krisenbewältigung?

7.1 Die "Analytische Handlungstheorie" im Kontext der metawissenschaftlichen Entscheidungssituation

Im vorangegangenen Kapitel wurde der Versuch unternommen, die Krise der herrschenden Volkswirtschaftslehre auf der Grundlage bereits vorliegender, aber unterschiedlich erscheinender Krisenerklärungen grundlegender und damit einheitlicher zu erklären. Sollte sich dieser Versuch einer einheitlicheren Krisenerklärung als tragfähig erweisen, dann wäre dies ein erster Schritt in Richtung einer wünschenswerten Krisenbewältigung. Um die Krise der herrschenden Volkswirtschaftslehre aber auch tatsächlich bewältigen zu können, bedarf es neben >Diagnose< und >Ätiologie< noch der >Therapie<, also Überlegungen, wie diese >Krankheit< möglichst erfolgreich bekämpft werden kann.

Die metawissenschaftliche Entscheidungssituation wird seit Jahren innerhalb der "Analytischen Handlungstheorie" ("Philosophy of Action") thematisiert. Wird mit M. Riedel unter "Analytischer Handlungstheorie" "jenes verstärkte Interesse der analytischen Wissenschaftstheorie an dem Begriff »Handlung« und einer Logik des praktischen Begründens"[1] verstanden, dann deutet diese Bestimmung bereits an, daß die "Analytische Handlungstheorie"[2] die metawissenschaftliche Entscheidungssituation nicht nur "handlungstheoretisch" wendet und thematisiert, sondern auch, daß hierbei die "Wissenschaftstheorie" eine wichtige Rolle zu spielen scheint.

Für G. Meggle sind die primären Aufgaben der Analytischen Handlungstheorie: "(A) Die systematische Klärung und Präzisierung der wichtigsten handlungstheoretischen Grundbegriffe; (B) die kritische Erörterung der Begründungs- bzw. Erklärungsfunktion der in den diversen Handlungstheorien aufgestellten Gesetze bzw. allgemeinen Prinzipien; sowie (C) die Neuformulierung und Behandlung der traditionellerweise zur »Metaphysik der Handlung« gerechneten Probleme."[3] Die bisherigen Auseinandersetzungen und Kontroversen innerhalb der Analytischen Handlungstheorie sind

---

[1] Riedel, M. (Teleologische Erklärung), S. 7.

[2] Im folgenden werden die Anführungszeichen weggelassen.

[3] Meggle, G. (Einleitung), S. VII f.

auf die unterschiedlichen Bemühungen zurückzuführen, diese primären Aufgaben zu lösen. Dabei scheint die Frage, ob Handlungen behavioristisch, also als äußerlich beschreibbares Verhalten hinreichend charakterisiert und erklärt werden können, eine nicht unwesentliche Rolle gespielt zu haben.[4]

Nach Ansicht von H. Lenk wird die Analytische Handlungstheorie durch mindestens drei Kontroversen geprägt:[5]

- "Kausalisten" versus "Logische Intentionalisten": Es geht um das Problem, ob der Zusammenhang zwischen einer Handlung und ihren Determinanten "kausaler" oder "logisch-begrifflicher" (intentionaler) Natur ist.[6]
- "Reduktionisten" versus "Pluralisten": Im Mittelpunkt steht das Problem, ob Handlungen ausschließlich auf physische Entitäten reduziert werden können oder ob verschiedene Handlungen durch verschiedene Entitäten hervorgerufen werden (Pluralisten).[7]
- "Partikularisten" versus "Generalisten": Es geht um das Problem, ob Handlungen einzelne, konkrete und unwiederholbare Ereignisse darstellen oder ob es "allgemeine" Handlungseigenschaften bzw. -typen gibt.[8]

Diese von Lenk aufgeführten Kontroversen der Analytischen Handlungstheorie sind ausschießlich gegenstandsbezogen (ontologisch), d.h. daß sie sich ausschließlich auf der Theorie-Gegenstandsebene befinden. Die Analytische Handlungstheorie wurde bisher aber auch durch Kontroversen geprägt, die auf der Methodenebene angesiedelt sind und denen ebenfalls eine entsprechend große Bedeutung zugesprochen wird. Die sogenannte "Erklären-Verstehen-Kontroverse" ist ein Beispiel für eine methodenbezogene Kontroverse, die innerhalb der Analytischen Handlungstheorie ausgetragen wurde. Innerhalb dieser "Erklären-Verstehen-Kontroverse" werden u.a. die folgenden Fragen thematisiert: Inwiefern stellen "Verstehen" und "Erklären" eigenständige Erkenntnisformen dar? Besitzt das "Verstehen" von Handlungen eine konstitutive Bedeutung für das "Erklären" von Hand-

4 Vgl. Lenk, H. (Handlungsinterpretationskonstrukte), S. 207.

5 Vgl. ebenda, S. 216 ff.

6 Vertreter eines "kausalen" Standpunktes sind u.a. R. M. Chisholm u. D. Davidson; einen "intentionalen" Standpunkt vertreten u.a. G. E. M. Anscombe, C. Taylor u. G. H. v. Wright.

7 Einen reduktionistischen Standpunkt vertreten nach Ansicht von H. Lenk insbesondere R. M. Chisholm u. D. Davidson, während z.B. A. Goldman einen pluralistischen Standpunkt einnimmt.

8 Für H. Lenk ist D. Davidson "Partikularist", während R. M. Chisholm und A. Goldman eine generalistische Position vertreten.

lungen oder stellt es bestenfalls eine vorwissenschaftliche Heuristik dar? Führt das "Verstehen" zum "Erklären" oder umgekehrt?[9,10]

Daß sich die "Erklären-Verstehen-Kontroverse" auf die metawissenschaftliche Entscheidungssituation bezieht, ist unschwer zu erkennen. Ob allerdings die methoden- und gegenstandsbezogenen Kontroversen der Analytischen Handlungstheorie auch tatsächlich (wissenschaftliche) Entscheidungssituationen darstellen, d.h. ob auch in jedem Fall eine Alternativität der beteiligten Standpunkte vorliegt, müßte m.E. im einzelnen erst noch gezeigt werden; denn eine Übereinstimmung in der Wortwahl kann nicht ohne weiteres mit einer inhaltlichen (begrifflichen) Übereinstimmung gleichgesetzt werden.

Die Frage, inwiefern die Analytische Handlungstheorie eine geeignete >Therapie< darstellt, also in der Lage sein könnte, die Krise der herrschenden Volkswirtschaftslehre zu überwinden, indem sie das defizitäre Problembewußtsein für die metawissenschaftliche Entscheidungssituation entsprechend erhöht und die Vorurteilsbeladenheit im Umgang mit der Wissenschaftstheorie abbaut, kann in dieser Allgemeinheit angesichts der Vielzahl bestehender Richtungen innerhalb der Analytischen Handlungstheorie[11] nicht beantwortet werden. Stattdessen werden im folgenden die handlungstheoretischen Überlegungen G. H. v. Wrights eingehend daraufhin analysiert, ob hier eine geeignete >Therapie< vorliegt.

7.2 Die Analytische Handlungstheorie G. H. v. Wrights: Gegenstand und Zielsetzung

G. H. v. Wright gilt als ein "führender Vertreter"[12] der Analytischen Handlungstheorie. Dies wird ihm nicht nur von seinen Mitstreitern bescheinigt, sondern auch von seinen Gegnern: G. H. v. Wrights Buch "Explanation and Understanding" stelle den "bisher wohl systematisch anspruchvollsten Versuch dar, die intentionalistische Position im Sinne eines logisch-methodologischen Dualismus von Natur- und Sozialwissenschaften zu begründen"[13]. Für K. O. Apel gilt dieses Werk "als bisheriger Höhepunkt der Ent-

---

[9] Vgl. hierzu auch Abschnitt 9.3.1.

[10] Diese Fragen sind auch der Volkswirtschaftslehre keineswegs unbekannt; vgl. Pagenstecher, U. (Verstehen).

[11] Vgl. die von H. Lenk aufgeführten Kontroversen.

[12] Riedel, M. (Handeln), S. 207.

[13] Wellmer, A. (Von Wright), S. 2.

faltung des Neowittgensteinianismus [...] in der analytischen Handlungstheorie"[14]. Von Wrights Arbeiten hätten eine "Sichtweise eröffnet, die sowohl für die analytische als auch für die hermeneutische Tradition neu ist"[15]. W. Stegmüller, ein Widersacher v. Wrights, wertet dessen Untersuchungen als das "*Bemühen um einen Brückenschlag*"[16] von der analytischen zur hermeneutischen Tradition. Von Wrights Ausführungen hätten "entscheidend dazu beigetragen, daß wir allmählich zu verstehen beginnen, was man unter "Verstehen" verstehen soll"[17]. F. Stoutland, ein weiterer Gegenspieler v. Wrights, bekennt: "Es gehört zu den wichtigsten Leistungen v. Wrights, daß er eine Alternative vorgelegt hat, die die Probleme schlüssig faßt und uns in die Lage versetzt, die kausale Theorie einer Bewertung zugänglich zu machen"[18].

Die Breitenwirkung der v. Wrightschen Arbeiten scheint immens, wenn man die mittlerweile unübersehbare Anzahl wissenschaftlicher Arbeiten, die die Überlegungen v. Wrights in der einen oder anderen Weise berücksichtigen, als ein Kriterium die Breitenwirkung ansieht. Angesichts der im Abschnitt 7.1 angedeuteten engen Beziehungen zwischen Analytischer Handlungstheorie und der Krise der herrschenden Volkswirtschaftslehre, sowie angesichts der bestehenden Reputation v. Wrights innerhalb der Analytischen Handlungstheorie ist es naheliegend zu fragen, ob nicht der handlungstheoretische Ansatz v. Wrights ein Beitrag zur Bewältigung dieser Krise der herrschenden Volkswirtschaftslehre darstellt.

Von Wrights handlungstheoretische Position kann als Resultat seiner Auseinandersetzung mit der metawissenschaftlichen Entscheidungssituation angesehen werden. Sein Weg zur Handlungstheorie und damit zur Auseinandersetzung mit der metawissenschaftlichen Entscheidungssituation führte ihn über sein Interesse an Normen und Werten, sowie an formallogischen Aspekten von Handlungsbegriffen (Handlungslogik). In Fachkreisen gilt v. Wright als Begründer der sogenannten "deontischen Logik"[19]. Für die deontische Logik sei der Begriff "Handlung" konstitutiv. Sollte "die "deontische Logik" je festen Boden unter den Füßen gewinnen"[20], dann wäre nach Ansicht v. Wrights eine hinreichende Klärung des Handlungsbegriffs hierfür

[14] Apel, K. O. (Erklären:Verstehen-Kontroverse), S. 158.

[15] Poser, H. (Einleitung), S. VIII.

[16] Stegmüller, W. (Hauptströmungen II), S. 107, Hervorhebung im Original.

[17] Ebenda, S. 147.

[18] Stoutland, F. (kausale Theorie), S. 105.

[19] Als deontische Logik wird der Zweig der Logik bezeichnet, der versucht, die moderne (Aussagen-) Logik auch für ethische Untersuchungen nutzbar zu machen.

[20] Von Wright, G. H. (Erklären), S. 13.

als notwendige Voraussetzung anzusehen. Bereits 1963 fand es v. Wright "erstaunlich, daß der Begriff der menschlichen Handlung *als solcher* in der philosophischen Literatur relativ wenig diskutiert worden ist"[21]. Von der Logik der Handlung verlagerte sich v. Wrights Interesse auf die Erklärung von Handlungen.[22] Aus dieser Interessenverlagerung heraus wurde v. Wright nach eigenen Angaben mit der Frage nach dem prinzipiellen Verhältnis zwischen Human- und Naturwissenschaften konfrontiert.[23] Dabei ist auf dem ersten Blick keineswegs offensichtlich, daß die metawissenschaftliche Entscheidungssituation den Gegenstand der v. Wrightschen Überlegungen bildet, da v. Wright selbst recht unterschiedliche Fragestellungen formuliert, die zunächst wenig miteinander zu tun haben.

In "Erklären und Verstehen" formuliert v. Wright als "wichtigste Frage", "ob bzw. in welchem Maß kausale Erklärungen in den Geschichts- und Sozialwissenschaften subsumtionstheoretischen Erklärungsmustern entsprechen."[24] Da Theorienbildung für v. Wright in den theoretischen Wissenschaften zwei Hauptzwecke erfüllt, nämlich Ereignisse vorherzusagen und bereits bekannte Tatsachen zu erklären,[25] stellt sich für ihn die Frage, "ob Theorienbildung in Naturwissenschaften im wesentlichen dasselbe Unternehmen ist wie Theorienbildung in den human- und sozialwissenschaftlichen Disziplinen."[26] In anderen Arbeiten v. Wrights stellt sich die metawissenschaftliche Entscheidungssituation als Determinismusproblem[27]; als "Problem der Willensfreiheit"[28]; als Problem "unterschiedlicher Erkenntnisformen"[29]; als Problem "divergierender Interessen bei der Anwendung des Wissens"[30]; oder als Frage nach "Figuren von verschiedenem logischen Typ"[31].

Bei näherer Betrachtung wird allerdings deutlich, daß sich diese Fragestellungen zu der "Frage der Beziehung zwischen Natur- und Humanwissenschaften" (s.o.) und damit zur metawissenschaftlichen Entscheidungssitua-

---

[21] Von Wright, G. H. (Norm), S. 47, Hervorhebung im Original.

[22] Von Wright, G. H. (Erklären), S. 13.

[23] Ebenda.

[24] Ebenda, S. 175.

[25] Vgl. ebenda, S. 16.

[26] Ebenda.

[27] Von Wright, G. H. (Determinismus), S. 131.

[28] Von Wright, G. H. (Handeln), S. 428 f.

[29] Von Wright, G. H. (Erwiderungen), S. 267.

[30] Von Wright, G. H. (Wittgenstein), S. 186.

[31] Von Wright, G. H. (Schließen), S. 61.

tion verknüpfen lassen.[32] Ein Grund für diese scheinbare Heterogenität dieser Fragestellungen liegt vermutlich darin, daß v. Wright die metawissenschaftliche Entscheidungssituation auf unterschiedlichen Betrachtungsebenen behandelt.[33]

Von Wrights Auseinandersetzung mit der metawissenschaftlichen Entscheidungssituation beschränkt sich dabei auf die "Methodologie", worunter er "die Philosophie der wissenschaftlichen Methode"[34] versteht. Eine explizite Begründung für diese Beschränkung seiner Betrachtungen gibt v. Wright nicht. Allerdings sind in seinen handlungstheoretischen Arbeiten Gründe erkennbar, die eine gegenstandsbezogene Betrachtung der metawissenschaftlichen Entscheidungssituation als nicht möglich erscheinen lassen. Insgesamt sind zwei Argumentationsstränge erkennbar:

(1) Ereignisse/Phänomene verschiedener Wissenschaften (Human- und Naturwissenschaften) lassen sich nach v. Wrights Auffassung nicht hinreichend isolieren oder abgrenzen. Hinsichtlich der Beziehung zwischen Biologie und den Humanwissenschaften heißt es: "Ich bin zwar nicht der Ansicht, daß man zwischen diesen zwei Typen von Wissenschaft bzw. zwischen den von ihnen untersuchten Typen von Phänomenen eine scharfe Grenze ziehen kann. Die Psychologie zum Beispiel steht mit dem einen Fuß in der Biologie, mit dem anderen in einem ganz anderen Bereich."[35] Bezüglich der Methodologie besteht für v. Wright allerdings ein "prinzipieller Unterschied": "Ich bin jedoch der Auffassung, daß es *scharfe* begriffliche Unterschiede gibt zwischen den Erklärungsmustern, die im großen und ganzen in der Biologie als »wissenschaftlich« anzusehen sind und denen, die im großen und ganzen in den Geschichts- und Sozialwissenschaften akzeptiert werden."[36]

(2) Ereignisse/Phänomene können nicht mehr als solche >neutral< identifiziert und bestimmt werden, weil sich "die Entdeckung und Beschreibungen von Tatsachen" für v. Wright "von einer Theorie über sie" nicht trennen läßt.[37] Diese "enge gegenseitige Beziehung zwischen Tatsachenbeschreibung und Begriffsbildung"[38] (sog. "Theorienabhängigkeit der Erfahrung") weist auf eine zum Idealismus tendierende Grundhaltung

[32] Vgl. hierzu Kapitel 9.

[33] Vgl. Kapitel 9.

[34] Von Wright, G. H. (Erklären), S. 17.

[35] Von Wright, G. H. (Erwiderungen), S. 267.

[36] Ebenda, Hervorhebung im Original.

[37] Von Wright, G. H. (Erklären), S. 16.

[38] Ebenda, S. 151, Anmerkung 1.

(i.S. der Idealismus-Realismus-Problematik) hin, die eine gegenstandsbezogene Betrachtung der metawissenschaftlichen Entscheidungssituation behindert; und zwar deshalb, weil ein Idealist davon ausgeht, daß die Realität nicht unabhängig vom Betrachter existiert, sondern durch Vorstellungen in Form von Begriffen, Theorien etc. erst geschaffen wird. So sind für v. Wright z.B. die auf die Gesellschaft bezogenen Gesetze "keine Generalisierung aus der Erfahrung, sondern begriffliche Schemata zur Deutung einer konkreten historischen Situation. Ihre Entdeckung oder besser Erfindung ist eine Angelegenheit begifflicher Analyse".[39,40] Eine Auseinandersetzung mit dem traditionellen "Idealismus-Realismus-Problem" erscheint v. Wright als überflüssig, denn es sei "gelöst, ehe es aufgeworfen werden *kann*."[41,42]

Eine gegenstandsbezogene Betrachtung der metawissenschaftlichen Entscheidungssituation dürfte für v. Wright aus diesen beiden Gründen nicht in Frage kommen. Da methodologische Überlegungen aber auch aufgrund bestimmter Strukturen und Merkmale von Gegenstandsbereichen motiviert werden können, wird im Rahmen einer Analyse der v. Wrightschen Überlegungen zu prüfen sein, ob v. Wright auch konsequent methodologisch argumentiert.

Von Wright betrachtet die metawissenschaftliche Entscheidungssituation keineswegs neutral oder positionslos. Innerhalb der Analytischen Handlungstheorie vertritt v. Wright den sogenannten "New Dualism", eine Richtung der sprachanalytischen Philosophie, die stark von der Spätphilosophie L. Wittgensteins beeinflußt wurde und die "gegen den Positivismus eingestellt" ist[43,44].

---

[39] Von Wright, G. H. (Determinismus), S. 151.

[40] Als ökonomische Beispiele nennt v. Wright das "Saysche Theorem", das "Greshamsche Gesetz", das "Gesetz von Angebot und Nachfrage" und das "Gesetz des abnehmenden Grenznutzens" (Determinismus), S. 150 f.

[41] Von Wright, g. H. (Wittgenstein), S. 178, Hervorhebung im Original.

[42] "Ich kann nachforschen, ob dieser oder jener Gegenstand zur Außenwelt gehört oder vielleicht nur eine Täuschung ist. Aber ob das Resultat im Einzelfall positiv oder negativ ausfällt, die Gründe für die Entscheidung werden einige Fakten sein, die feststehen und aus denen die Existenz einer Außenwelt folgt. Dies erklärt auch, weshalb es kein Verfahren der Untersuchung gibt, ob die Außenwelt selbst existiert oder nicht. Ihre Existenz ist sozusagen »das logische Behältnis«, in dessen Rahmen alle Nachforschungen über die denkunabhängige Existenz der verschiedenen Gegenstände angestellt werden" (v. Wright, G. H. (Wittgenstein), S. 178). Diese "idealistische" Lösung des Idealismus-Realismus-Problems dürfte von "Realisten" nicht ohne Widerspruch hingenommen werden.

[43] Von Wright, G. H. (Erklären), S. 22.

Von seiner dualistischen Position aus verfolgt v. Wright insbesondere zwei Ziele: (1) Einen "Nachweis" zu liefern, daß ein prinzipieller Unterschied zwischen Human- und Naturwissenschaften besteht und (2) eine methodologische "Alternative" für die methodologisch eigenständigen Humanwissenschaften vorzulegen:

Zu (1): Von Wright argumentiert "gegen eine »kausale Theorie der Handlung«"[45] und versucht, die Unzulänglichkeit einer kausalen Handlungstheorie aufzuzeigen: "I shall try to show why I think this theory will not help us to solve the problem."[46] Diese Unzulänglichkeit begründe einen prinzipiellen Unterschied "zwischen einer Erklärung in den Naturwissenschaften und einer Erklärung in den Geschichts- und Sozialwissenschaften."[47] Den "Nachweis" für diese Behauptung zu erbringen, sei allerdings nicht leicht: "Das liegt unter anderem daran, daß die logische Natur des praktischen Denkens noch weit mehr im Dunkel liegt, als die des deduktiven und anderer Formen des "theoretischen" Denkens."[48] Die bisherigen Konzepte, die einen Naturalismus begründen wollen, betrachtet v. Wright als "ein schwerwiegendes »methodologisches Mißverständnis« und symptomatisch für eine unzulässige Übertragung naturwissenschaftlicher Begriffe und Vorstellungen auf die Sozialwissenschaften."[49]

Zu (2): Die zweite Zielsetzung v. Wrights umfaßt den Versuch, "die Sozialwissenschaften und die sie betreffenden theoretischen und philosophischen Ansätze in neuem Licht zu sehen."[50] Für diesen Zweck sei eine methodologische Alternative erforderlich: Eine Grundannahme von "Erklären und Verstehen" ist, "daß der praktische Syllogismus eine seit langem bestehende methodologische Lücke der Humanwissenschaften schließt: Er liefert ihnen ein eigenes Erklärungsschema, das eine deutliche Alternative zum subsumptionstheoretischen Gesetzesschema der Erklärung darstellt. Allgemein gesagt, was das subsumptionstheoretische Schema für Kausalerklärungen und Erklärungen in den Naturwissenschaften ist, ist der praktische Syllogismus für teleologische Erklärungen und Erklärungen in den Geschichts-

[44] Der "Positivismus" ist für v. Wright durch drei Grundannahmen gekennzeichnet: "einen methodologischen Monismus, mathematische Perfektionsideale und eine subsumtionstheoretische Auffassung von wissenschaftlicher Erklärung" (Von Wright, G. H. (Erklären), S. 22; vgl. auch S. 18.

[45] Von Wright, G. H. (Erklären), S. 93.

[46] Von Wright, G. H. (Action), S. 59.

[47] Von Wright, G. H. (Schließen), S. 61.

[48] Ebenda.

[49] Von Wright, G. H. (Determinismus), S. 132.

[50] Ebenda.

und Sozialwissenschaften."[51] In späteren Arbeiten v. Wrights wird diese "Grundannahme" dahingehend relativiert, daß er "in *EV* [Erklären und Verstehen; U. K.] und in anderen früheren Veröffentlichungen die Relevanz, die dieses spezielle Erklärungsmuster für die Humanwissenschaften hat, deutlich überschätzt habe."[52] Diese Relativierung versucht v. Wright dadurch aufzufangen, daß er dem "intentionalen Erklärungsmodell" das "imperativische" und das "normativische Erklärungsmodell" zur Seite stellt,[53] so daß sein Ziel, "eine deutliche Alternative zum subsumptionstheoretischen Gesetzesschema der Erklärung" (s.o.) zu liefern, weiterhin Gültigkeit besitzen dürfte.

Beide Zielsetzungen v. Wrights bestehen keineswegs unabhängig voneinander. Die zweite Zielsetzung (Vorlegen einer methodologischen Alternative) wird von der ersten Zielsetzung (Nachweis eines prinzipiellen Unterschieds) insofern getragen, als daß die zweite Zielsetzung nur dann überzeugend sein dürfte, wenn es v. Wright auch gelingt, den "Nachweis" eines prinzipiellen Unterschiedes zwischen Human- und Naturwissenschaften in überzeugender Weise zu erbringen. Von daher wird sich eine Analyse des v. Wrightschen Ansatzes schwerpunktmäßig auf die erste Zielsetzung konzentrieren, ohne jedoch die zweite Zielsetzung aus den Augen zu verlieren.

Stellt also v. Wrights handlungstheoretischer Ansatz ein >Beitrag< dar, der die Krise der herrschenden Volkswirtschaftslehre wirkungsvoll bewältigen könnte? Gelingt es damit, die Bewußtseinsdefizite bezüglich der metawissenschaftlichen Entscheidungssituation sowie die Vorurteilsbeladenheit im Umgang mit der Wissenschaftstheorie hinreichend abzubauen? Die Beantwortung dieser zentralen Frage soll anhand einer >immanent-systematischen Analyse<[54] der v. Wrightschen Handlungstheorie einschließlich ihrer metawissenschaftlichen Einbettung erfolgen. Eine hinreichende Beantwortung dieser zentralen Frage dürfte allerdings erst dann möglich sein, wenn die folgenden Fragen als geklärt betrachtet werden können: Wie soll überhaupt analysiert werden? Wodurch zeichnet sich ein >Beitrag< aus? Und wie ist die Qualität eines >Beitrags< einzuschätzen? Eine allgemeinverbindliche Antwort auf diese Fragen scheint es nicht zu geben; weder in der Ökonomie, noch in der Wissenschaftstheorie, so daß darauf eingegangen werden muß. Denn wenn unklar bleibt, was ein >Beitrag< sein soll und wie seine Qualität zu beurteilen ist, dann verbliebe die gesamte Analyse des v. Wrightschen Ansatzes einschließlich ihrer Resultate im Bereich des Be-

---

[51] Von Wright, G. H. (Erklären), S. 36 f.

[52] Von Wright, G. H. (Erwiderungen), S. 266, Hervorhebung im Original.

[53] Vgl. v. Wright, G. H. (Handeln), S. 419 ff.

[54] Vgl. Kapitel 8.

liebigen und Unverbindlichen. Im 8. Kapitel geht es daher um die Klärung dieser Fragen, wobei das Konzept einer >immanent-systematischen Analyse< entwickelt wird.

8. Konzeption einer immanent-systematischen Analyse

Die zentrale Fragestellung lautet: Ist zu erwarten, daß bei einer konsequenten Anwendung der v. Wrightschen Handlungstheorie im Bereich der Volkswirtschaftslehre die Vorurteilsbeladenheit im Umgang mit der Wissenschaftstheorie und damit auch die vorhandenen Bewußtseinsdefizite bezüglich der metawissenschaftlichen Entscheidungssituation weitestgehend abgebaut werden können? Denn nur dann kann die Krise der herrschenden Volkswirtschaftslehre erfolgreich bekämpft werden. Nur: Wie läßt sich diese zentrale Fragestellung zufriedenstellend beantworten? Nun kann man hoffen, durch eine Analyse der v. Wrightschen Überlegungen eine Antwort hierauf zu finden. Aber *wie* soll analysiert werden? Welche Anforderungen müssen an eine Analysekonzeption gestellt werden, wenn die Gefahr der Vorurteilsbildung hinreichend berücksichtigt werden soll? Wann kann von einem >Beitrag zur Krisenbewältigung< gesprochen werden, und wie läßt sich die Qualität eines >Beitrags< beurteilen? Ziel dieses Kapitels ist es, eine Analysekonzeption zu entwickeln, die diesen Fragen und Anforderungen gewachsen ist. Diese Analysekonzeption soll in der Lage sein festzustellen, ob v. Wrights Handlungstheorie als >Therapievorschlag< geeignet ist, die >Krankheit< zu bekämpfen und wie die Erfolgsaussichten dieser >Therapie< zu beurteilen sind.

8.1 >Pragmatische< Erkenntnissituation und kombinatorischer Pluralismus

Eine >pragmatische< Erkenntnissituation ist dadurch gekennzeichnet, daß eine nicht-revidierbare Auflösung von Entscheidungssituationen i.S. des >Fundamentalismus< und des >Dezisionismus< zur Zeit nicht realisierbar ist, so daß man sich zunächst nur mit einer revidierbaren Auflösung begnügen muß; allerdings nicht ohne die grundsätzlichen Möglichkeiten einer nicht-revidierbaren Auflösung von Entscheidungssituationen aus den Augen zu verlieren.[1]

---

[1] Vgl. Abschnitt 5.1.1.

Wenn man mit W. Theimer "Sachlichkeit und Objektivität, Freiheit von Emotionen und Vorurteilen"[2] als ein "Gebot" der Wissenschaft erachtet, wenn es also ein Ziel von Wissenschaft sein soll, vorurteilsfreies, theoretisches Wissen im Sinne einer vorurteilsfreien Formulierung und Auflösung von Entscheidungssituationen zu >produzieren<, dann besteht angesichts einer >pragmatischen< Erkenntnissituation die Notwendigkeit, vor der Auflösung der jeweiligen Entscheidungssituationen alternative Theorien problemadäquat zu erwägen. Denn eine >pragmatische< Auflösung von Entscheidungssituationen impliziert, daß die Brauchbarkeit einer Theorie sich nicht ausschließlich anhand ihrer Konsistenz oder anhand einer empirischen Bestätigung überprüfen läßt, sondern daß hierzu erst einmal eine Theorienpluralität (bzw. -konkurrenz) gehört. Wie kann aber eine adäquate Erwägung von Alternativen, insbesondere von alternativen Theorien sichergestellt werden? Worin besteht überhaupt eine adäquate Erwägung von Alternativen? Die Konzeption des >kombinatorischen Pluralismus< versucht, diese Fragen zu beantworten. Sein Ziel ist es, Voraussetzungen für eine weitestgehend vorurteilsfreie Formulierung und Auflösung von Entscheidungssituationen, insbesondere der metawissenschaftlichen Entscheidungssituation, zu schaffen. Hinsichtlich der Zielsetzung des 9. Kapitels bedeutet dies eine Analyse der handlungstheoretischen Überlegungen v. Wrights einschließlich ihrer metawissenschaftlichen Einbettung durch exaktes (merkmalskombinatorisches) Denken.

8.1.1 Der kombinatorische Pluralismus

Der >kombinatorische Pluralismus< stellt eine Verknüpfung der Komponenten "Theorienpluralismus" und "Kombinatorik" dar.

(1) Die Komponente "Theorienpluralismus"

Unter "Pluralismus" soll ein Denken in bzw. mit Alternativen verstanden werden. Ziel einer theorienpluralistischen Wissenschaft soll es sein, alternative Theorien, die an einer Entscheidungssituation beteiligt sind oder sein

---

[2] Theimer, W. (Wissenschaft), S. 9.

könnten, problemadäquat zu erwägen. Ein solcher Theorienpluralismus versteht sich auf metatheoretischer Ebene als Alternative zum "Theorienmonismus"; denn dieser schränkt "das Theoretisieren auf einen konsistenten Standpunkt ein und verhindert die Einführung von Theorien, die den durch die herrschende Autorität gerechtfertigten Theorien widersprechen."[3,4]

Die Notwendigkeit für einen Theorienpluralismus ergibt sich aus dem Fehlen eines >absoluten< Erkenntnisfundaments, das in nicht-revidierbarer Weise Wissen als "wahr" oder "falsch" zu qualifizieren vermag. Insbesondere aufgrund der sogenannten "Theorienabhängigkeit der Erfahrung"[5] entwickelte z.B. der Kritische Rationalismus einen Theorienpluralismus als "*direkte Konsequenz des fallibilistischen Kritizismus*."[6,7] Ein solcher Theorienpluralismus stelle "die theoretische Prägung der sogenannten Erfahrungstatsachen in Rechnung"[8], indem eine adäquate empirische Beurteilung von Theorien nur im Lichte alternativer Theorien möglich sei.[9] Mit Hilfe des Theorienpluralismus gelte es, "die Dogmatisierung von theoretischen Auffassungen und damit ihre Verwandlung in kritikimmune metaphysische Lehrgebäude zu verhindern"[10]. Für P. K. Feyerabend ist der "theoretische Pluralismus [...] ein wesentlicher und permanenter Bestandteil allen Wissens, das den Anspruch auf Objektivität erhebt"[11].

---

[3] Spinner, H. F. (Theoretischer Pluralismus), S. 21.

[4] "Theorienpluralismus" und "Theorienmonismus" als begriffliches Instrumentarium der Wissenschaftstheorie und -geschichte ist durch eine unterschiedliche Verwendungsweise gekennzeichnet. So finden beide Termini nicht nur hinsichtlich der »Ziele« einer Wissenschaft, sondern auch hinsichtlich des »Zustandes« einer Wissenschaft Anwendung. Vgl. Theimer, W. (Wissenschaft), S. 14 f., sowie die Beiträge über Theorienpluralismus in: Diemer, A. (Hrsg.) (Theorienpluralismus).

[5] Vgl. hierzu Bohnen, A. (Empirismus).

[6] Spinner, H. F. (Pluralismus), S. 80; Hervorhebung im Original.

[7] Die Konzeptionen des kritisch-rationalistischen Theorienpluralismus wurden insb. von P. K. Feyerabend initiiert und von H. F. Spinner und H. Albert aufgegriffen.

[8] Albert, H. (Traktat), S. 53.

[9] Vgl. ebenda. Für H. Albert stellt ein solcher Theorienpluralismus eine "Reform des Empirismus" dar (Traktat), S. 53.

[10] Albert, H. (Traktat), S. 53.

[11] Feyerabend, P. K (Empirist), S. 305.

Ohne auf die Unterschiede dieser Theorienpluralismuskonzeptionen näher einzugehen,[12] kann ihre fehlende Systematik bei der Alternativenerzeugung (Erfindung/Entdeckung alternativer Theorien) als eine Gemeinsamkeit angesehen werden, d.h. daß diese Konzeptionen der Alternativengenerierung bzw. -identifizierung kaum Beachtung schenken. So gehört für K. R. Popper das Entwickeln von Theorien in den Bereich der Psychologie. In diesem Zusammenhang plädiert er für eine "*Ausschaltung des Psychologismus*"[13] aus der "Logik der Forschung". In dem "theoretischen Anarchismus"' P. K. Feyerabends gipfelt Alternativenerzeugung und -identifizierung in die Beliebigkeit des "Anything goes"[14]. In jedem Fall bleibt die Alternativenerzeugung und -identifizierung unkontrolliert. Selbst wenn ein Theorienpluralismus als so offen wie möglich konzipiert wird (wie Feyerabends "theoretischer Anarchismus"), so kann aufgrund einer fehlenden Kontrolle bezüglich der Alternativenerzeugung und -identifizierung nicht sichergestellt werden, ob nicht die eine oder andere Alternative unbeachtet bleibt oder Konzepte fälschlich als alternativ angegeben werden. Da sich Vorurteile aus einer einseitigen Berücksichtigung von Alternativen bilden können, besteht bei den bisher betrachteten Theorienpluralismuskonzeptionen permanent die Möglichkeit der Vorurteilsdisposition; und zwar ausschließlich aus dem Grund, weil die Alternativenerzeugung und -identifizierung unkontrolliert bleibt. Der Theorienpluralismus stellt zwar ein prinzipielles Mittel dar, Vorurteile bzw. Vorurteilsdispositionen zu verringern, aber nur dann, wenn dabei möglichst *alle* Alternativen erwogen werden. Dies erfordert jedoch eine kontrollierte Alternativenerzeugung bzw. -identifizierung.

---

[12] K. R. Popper und H. Albert betrachten die Theorienpluralität als einen "wichtigen Bestandteil der Methodologie der kritischen Prüfung" ((Traktat), S. 49), um die "unvoreingenommene Suche nach der Wahrheit" (ebenda, S. 6) erfolgreich aufnehmen zu können; denn: "Die Wahrheit ist objekiv und absolut" (Popper, K. R. (Erkenntnis), S. VII), auch wenn es niemals sicher sein könne, "daß wir die Wahrheit, die wir suchen, gefunden haben" (ebenda). Albert und Popper dürften hinsichtlich der erkenntnistheoretischen Grundposition >fundamentalistisch< orientiert sein (vgl. Abschnitt 5.1.1), d.h. für sie ist Theorienpluralität nur Mittel zum Zweck, nicht aber das >letzte< Ziel von Wissenschaft. P. K. Feyerabend und vermutlich auch H. F. Spinner betrachten dagegen den Theorienpluralismus als einen permanenten Bestandteil der Wissenschaften; er sei "ein »Dauerzustand« der rationalen Philosophie und Wissenschaft" (Spinner, H. F. (Theoretischer Pluralismus), S. 37). Erkenntnis sei "keine Annäherung an die Wahrheit. Sie ist ein stets anwachsendes Meer miteinander unverträglicher [...] Alternativen" (Feyerabend, P. K. (Methodenzwang), S. 48). Bezüglich der erkenntnistheoretischen Grundposition sind Feyerabend und Spinner eher dem >Dezisionismus< zuzuordnen.

[13] Popper, K. R. (Logik), S. 6, Hervorhebung im Original.

[14] Vgl. Feyerabend, P. K. (Methodenzwang).

(2) Die Komponente "Kombinatorik"

Unter "Kombinatorik" soll ein Verfahren verstanden werden, das Alternativen systematisch erzeugt oder bestimmt und diese Alternativenerzeugung bzw. -bestimmung auch kontrolliert. Ziel der Anwendung von "Kombinatorik" ist es, zu jeweiligen Gegenstandsbereichen und Problemstellungen Alternativen kombinatorisch zu erzeugen bzw. zu identifizieren, um auf diese Weise eine weitestgehende Vorurteilsfreiheit bei der Formulierung und Auflösung von Entscheidungssituationen zu erreichen.[15]

Diese intensionale Kombinatorik wird in dieser Arbeit ausschließlich als Merkmalskombinatorik verstanden, d.h. daß vorgegebene qualitative Merkmale (Begriffe, Kriterien etc.) miteinander kombiniert werden, um zu jeweiligen Gegenstandsbereichen und Problemstellungen die kombinatorisch denkbaren Alternativen anzugeben und inhaltlich zu bestimmen. Diese Merkmalskombinatorik arbeitet mit kombinatorischen Tabellen, die bereits in den Kapiteln 3 und 5 Anwendung gefunden haben. Mit Hilfe solcher Kombinationstabellen lassen sich systematisch Alternativen erwägen, so daß unter Umständen Alternativen zutage treten, die sonst unbeachtet geblieben wären. Im folgenden werden merkmalskombinatorische Überlegungen zu dem Problem >Charakterisierung der Naturwissenschaften< angestellt. Daß dafür das Problem >Charakterisierung der Naturwissenchaften< gewählt wird, hat zwei Gründe: (1) sollen die Möglichkeiten merkmalskombinatorischen Denkens an einer Fragestellung veranschaulicht werden, die Gegenstand der metawissenschaftlichen Entscheidungssituation ist und (2) soll damit die Dimension des Problems >metawissenschaftliche Entscheidungssituation< noch einmal deutlich hervorgehoben werden.

Marxistische Wissenschaftler gehen davon aus, daß der Gegenstandsbereich der (Natur-) Wissenschaften, erkenntnistheoretisch betrachtet, "objektiv" sei, d.h. daß das subjektive Element in der (natur-) wissenschaftlichen Erkenntnis keine Rolle spielt, daß der (natur-) wissenschaftliche Gegenstandsbereich >an sich< betrachtet werden kann.[16] Andere Wissenschaftler

---

[15] Diese Form der Kombinatorik wird von W. Loh als "sachliche Kombinatorik" bezeichnet und von einer "reflexiven Kombinatorik" unterschieden, die unabhängig von bestimmten Gegenständen Aussagen, Urteile, Kriterien etc. miteinander kombiniert, um die "geistigen Möglichkeiten zu erschließen" ((Kombinatorische Systemtheorie), S. 102). Allerdings ist die Unterscheidung in reflexive und sachliche Kombinatorik nur relativ, da auch Reflexionsgegenstände "sachlicher" Bezug werden können (vgl. ebenda). Sachliche und reflexive Kombinatorik sind Formen einer "intensionalen Kombinatorik, die qualitativ die denkbaren Möglichkeiten inhaltlich bestimmt" (Loh, W. (Überwindung), S. 270) und die wiederum von einer "extensionalen Kombinatorik" zu unterscheiden ist (vgl. ebenda).

erachten die Betrachtung des naturwissenschaftlichen Gegenstandsbereichs auch als subjektgebunden, d.h. daß der naturwissenschaftliche Gegenstandsbereich nicht >an sich< erfaßt werden kann.[17] Werden objektive und subjektive Erkenntnis in >reiner< Form unterschieden, dann ergeben sich kombinatorisch vier Möglichkeiten:

Tabelle 4

Objektive und subjektive Erkenntnis in den Naturwissenschaften

	objektiv	subjektiv
1. Zeile:	+	+
2. Zeile:	+	-
3. Zeile:	-	+
4. Zeile:	-	-

"+" bedeutet, daß die Erkenntnis des naturwissenschaftlichen Gegenstandsbereichs ganz oder teilweise objektiven und/oder subjektiven Charakter besitzt; "-" bedeutet, daß der naturwissenschaftliche Gegenstandsbereich nicht objektiv und/oder nicht subjektiv erfaßbar ist. Diese vier Möglichkeiten der Kombinationstabelle stellen alternative Sichtweisen dar, denen folgende Fragestellungen zugrunde liegen können: 1. Zeile: Sind bestimmte Teile des naturwissenschaftlichen Gegenstandsbereichs objektiv, andere Teile subjektiv erfaßbar? 2. Zeile: Ist der naturwissenschaftliche Gegenstandsbereich ausschließlich objektiv bestimmbar? 3. Zeile: Ist der naturwissenschaftliche Gegenstandsbereich ausschließlich subjektiv bestimmbar? 4. Zeile: Ist der naturwissenschaftliche Gegenstandsbereich überhaupt, d.h. weder subjektiv noch objektiv erfaßbar? Eine weitere Fragestellung aus Tabelle 4 könnte darin bestehen, ob nicht zwei oder mehrere dieser alterna-

[16] Z.B. R. O. Gropp: "Die Wahrheit einer Erkenntnis ist auf ihren objektiven Inhalt bezogen. Was wahr ist, ist ausschießlich vom Objekt her zu bestimmen, es hängt nicht vom Erkenntnis»subjekt« - von den Wünschen des Subjekts, von Eigenheiten seines Erlebens oder Denkens, ab. [...] Wahrheit ist immer objektive Wahrheit" (Grundlagen), S. 187; Hervorhebung im Original.

[17] Z.B. W. Heisenberg: "Auch in der Naturwissenschaft ist also »der Gegenstand der Forschung nicht mehr die Natur an sich, sondern die der menschlichen Fragestellung ausgesetzte Natur«" (Naturbild), S. 18; Hervorhebung im Original.

tiven Sichtweisen bisher vorgekommen sind, z.B. dann, wenn die historische Entwicklung der Naturwissenschaften erkenntnistheoretisch betrachtet wird.

Eine andere Streitfrage bezüglich der Naturwissenschaften (Physik, Chemie und Biologie) besteht darin, welche Methoden für eine Erfassung des naturwissenschaftlichen Gegenstandsbereiches adäquat sind. K. R. Popper unterteilte Methoden in "pronaturalistisch" (= physikalische Methoden) und "antinaturalistisch" (= nicht-physikalische Methoden).[18] Auch aus diesen beiden Auffassungen lassen sich kombinatorisch wieder vier Alternativen erzeugen:

Tabelle 5

Pro- und antinaturalistische Methoden in den Naturwissenschaften

	pronaturalistische Methoden	antinaturalistische Methoden
1. Zeile:	+	+
2. Zeile:	+	-
3. Zeile:	-	+
4. Zeile:	-	-

Diesen alternativen Positionen können folgende Fragestellungen zugrunde liegen: 1. Zeile: Ist für eine adäquate Erfassung des naturwissenschaftlichen Gegenstandsbereichs ein Methodenpluralismus (pro- und antinaturalistische Methoden) erforderlich? 2. Zeile: Sind für eine adäquate Erfassung des naturwissenschaftlichen Gegenstandsbereichs ausschließlich pronaturalistische Methoden erforderlich? 3. Zeile: Sind für eine adäquate Erfassung des naturwissenschaftlichen Gegenstandsbereichs ausschließlich antinaturalistische Methoden erforderlich? 4. Zeile: Ist der naturwissenschaftliche Gegenstandsbereich überhaupt methodisch erfaßbar?

Die bisherigen vier Kriterien, die Naturwissenschaften zu charakterisieren (objektiv, subjektiv, pro- und antinaturalistisch), führen zu differenzierteren Fragestellungen, wenn sie wieder miteinander kombiniert werden. Im folgenden sollen lediglich zwei Kombinationsmöglichkeiten angedeutet werden.

[18] Vgl. Abschnitt 3.2.

Bei der ersten Kombinationsmöglichkeit wird davon ausgegangen, daß sich die Naturwissenschaften entweder durch eine objektive *oder* subjektive Gegenstandserfassung *und* durch pronaturalistische *oder* antinaturalistische Methoden charakterisieren lassen. D.h. von den Tabellen 4 und 5 werden lediglich die Zeilen 2 und 3 berücksichtigt; die Zeilen 1 und 4 bleiben unberücksichtigt. Es ergeben sich vier Alternativen:

Tabelle 6

Charakterisierungsmöglichkeiten der Naturwissenschaften

		Gegenstandsbereich	
		objektiv	subjektiv
Methoden	pronaturalistisch	Naturwiss. = objektiv u. pronaturalistisch	Naturwiss. = subjektiv u. pronaturalistisch
	antinaturalistisch	Naturwiss. = objektiv u. antinaturalistisch	Naturwiss. = subjektiv u. antinaturalistisch

Bei der nun folgenden zweiten Kombinationsmöglichkeit wird von der Hypothese ausgegangen, daß für eine adäquate Erfassung des naturwissenschaftlichen Gegenstandsbereichs ein Methodenpluralismus (pro- *und* antinaturalistische Methoden) erforderlich ist (Tabelle 5, 1. Zeile). Diese Hypothese wird nun mit der Fragestellung kombiniert, ob der naturwissenschaftliche Gegenstandsbereich objektiv und/oder subjektiv erfaßbar ist. Insgesamt ergeben sich 16 Kombinationsmöglichkeiten:

Tabelle 7

Inhaltliche Bestimmungsmöglichkeiten von pro- und antinaturalistischen Methoden

	Methoden	
	pronaturalistisch	antinaturalistisch
1. Zeile:	objektiv	objektiv
2. Zeile:	objektiv	subjektiv
3. Zeile:	subjektiv	objektiv
4. Zeile:	subjektiv	subjektiv
5. Zeile:	objektiv	-
6. Zeile:	subjektiv	-
7. Zeile:	-	objektiv
8. Zeile:	-	subjektiv
9. Zeile:	-	-
10. Zeile:	objektiv/subjektiv	objektiv
11. Zeile:	objektiv/subjektiv	subjektiv
12. Zeile:	objektiv/subjektiv	-
13. Zeile:	objektiv/subjektiv	objektiv/subjektiv
14. Zeile:	objektiv	objektiv/subjektiv
15. Zeile:	subjektiv	objektiv/subjektiv
16. Zeile:	-	objektiv/subjektiv

Mit diesen Ausführungen sollte eine Vorgehensweise des kombinatorischen Denkens am Problem >Charakterisierung der Naturwissenschaften< deutlich gemacht werden. Mit einer kombinatorischen Alternativenerzeugung werden noch keinerlei Vorentscheidungen hinsichtlich der Bewertung von Alternativen getroffen, sondern es wird zunächst nur ein Bewußtsein für mögliche Alternativen geschaffen. Eine solche Merkmalskombinatorik erzeugt im Rahmen jeweils vorgegebener Aussagen, Kriterien etc. vollständig alle (kombinatorisch) möglichen Alternativen und kontrolliert gleichzeitig diese Vollständigkeit der Alternativenerzeugung. Somit erzwingt kombinatorisches Denken die Erwägung von Alternativen, so daß unter Umständen alternative Sichtweisen zutage treten, die ohne kombinatorisches Vorgehen übersehen worden wären. Das kombinatorisch erzwungene Bewußtsein für denkbare Alternativen soll zu einer bewußteren Auseinandersetzung mit diesen Alternativen führen und somit zu einer kritischen Hinterfragung des eigenen Standpunktes.

Kombinatorik als "extensionale Kombinatorik" besitzt innerhalb der Mathematik eine lange Tradition.[19] Kombinatorik als "intensionale Kombinatorik" als Theoretisierungsmittel für die Humanwissenschaften und insbesondere für die Volkswirtschaftslehre ist dagegen neu. Aus diesem Grund soll im folgenden noch kurz auf mögliche Einwände eingegangen werden, die gegenüber kombinatorischem Denken erhoben werden könnten:

- Ein Einwand gegen kombinatorisches Denken könnte lauten: *Kombinatorisches Denken sei trivial und nicht erforderlich, da eine vergleichbare Alternativenerwägung ohnehin eine Tätigkeit sei, die mit "Bleistift und einem Blatt Papier" durchgeführt würde.* Kombinatorisches Denken wäre in der Tat als trivial und überflüssig zu bezeichnen, wenn auch ohne kombinatorisches Vorgehen *alle* kombinatorisch möglichen Alternativen Berücksichtigung fänden. Wenn also dieser Einwand stichaltig sein soll, dann müßten z.B. alle 16 Alternativen aus Tabelle 7 bisher erwogen worden sein. M.E. ist dies nicht der Fall. Die Gefahr, ohne Kombinatorik auch nur eine dieser sechzehn Alternativen zu übersehen, ist angesichts der in Tabelle 7 behandelten speziellen Problemstellung sehr groß.

- Ein weiterer Einwand könnte darin bestehen, *daß kombinatorisches Denken bestenfalls ein "reines" Klassifizierungsverfahren sei, welches bestehende Theorien, Sichtweisen etc. lediglich in einem umfassenderen Rahmen einordnen würde.* Dieser Einwand wäre dann stichhaltig, wenn kombinatorisches Denken ausschließlich Alternativen hervorbrächte, die bereits erwogen wurden. Nur unter dieser Voraussetzung würde kombinatorisches Denken ein "reines" Klassifizierungsverfahren darstellen. Sollte jedoch durch kombinatorisches Denken auch nur eine Alternative hervorgebracht werden, die in den Wissenschaften bisher noch nicht erwogen wurde, verliert dieser Einwand seine Stichhaltigkeit. Ein Nachweis dafür, daß bisher auch ohne kombinatorisches Denken alle (kombinatorisch) möglichen Alternativen erwogen wurden (denn nur dann wäre kombinatorisches Denken überflüssig), müßte von Gegnern des kombinatorischen Denkens noch erbracht werden.

- Ein dritter Einwand könnte darauf abzielen, *kombinatorisches Denken als zu zeitraubend anzusehen, weil aufgrund des systematischen Vorgehens auch unsinnige Alternativen erzeugt werden.* Als Entgegnung auf diesen möglichen Einwand kann mit B. Blanck die Frage gestellt werden, "wie man eigentlich eine Position als die beste oder die richtige wissenschaftlich verantwortbar vertreten kann, wenn man nicht alle

[19] Kombinatorik als Teilgebiet der Wahrscheinlichkeitsrechnung, das sich mit der Berechnung der Möglichkeiten einer Verbindung bestimmter Elemente befaßt.

(also auch die unsinnigsten) Alternativen kennt."[20] Kombinatorisches Denken erfordert *Regeln* zur Erzeugung und Identifizierung von Alternativen. Hat man solche Regeln, dann sind zunächst auch unsinnige Alternativen zuzulassen. Hat man diese Regeln nicht (weil man glaubt, auf sie verzichten zu können), dann weiß man allerdings auch nicht, ob *alle* Alternativen bedacht wurden. Angesichts einer bestehenden pragmatischen Erkenntnissituation ist das Erwägen *aller* Alternativen zu den jeweiligen Gegenstandsbereichen und Problemstellungen eine notwendige Voraussetzung für eine vorurteilsfreie Auflösung von Entscheidungssituationen. Will man also *alle* Alternativen erwägen, um eigene Vorurteilsdispositionen zu verringern, dann benötigt man Regeln; dann sind aber auch die unsinnigen Alternativen zunächst zuzulassen.

Aus kombinatorischer Sicht sind diese drei möglichen Einwände nicht stichhaltig genug, um kombinatorisches Denken der Trivialität, Überflüssigkeit etc. zu überführen und können von daher bis auf weiteres zurückgewiesen werden.[21]

8.1.2 Möglichkeiten und Grenzen des kombinatorischen Pluralismus

Der kombinatorische Pluralismus versucht, die Bildung von Vorurteilen in den Wissenschaften zu verhindern; sei es durch Auflösung von Vorurteilsdispositionen oder durch Demaskierung von bestehenden Vorurteilen. Dies erfolgt dadurch, daß z.B. auf der Theorie-Gegenstandsebene eine kontrollierte Alternativenkonkurrenz organisiert wird. Gerade diese kontrollierte Organisation einer Theorienpluralität unterscheidet den kombinatorischen Pluralismus von den bestehenden Theorienpluralismuskonzeptionen.[22] Eine hinreichende Berücksichtigung von Alternativen im Sinne des kombinatorischen Pluralismus bedeutet, daß zunächst alle kombinatorisch möglichen Alternativen (also auch die unsinnigen) erwogen werden. Nach Aussonderung der unsinnigen Alternativen werden alle sinnvollen Alternativen als gleichberechtigt erachtet; denn durch "Verhinderung des "Mordes" neugeborener Ideen sollen die vorläufig unterlegenen Standpunkte die Chance erhalten, den Wettbewerb schließlich doch noch zu gewinnen", so

---

[20] Blanck, B. (Ansätze), S. 26.

[21] Aus kombinatorischer Sicht wäre ein kombinatorisches Erwägen von Einwänden gegen kombinatorisches Denken sicherlich sehr aufschlußreich.

[22] Ein weiterer Unterschied besteht darin, daß der kombinatorische Pluralismus von einer >pragmatischen< Erkenntnissituation ausgeht, während andere Pluralismuskonzeptionen von einer >fundamentalistischen< bzw. >dezisionistischen< Erkenntnissituation ausgehen (vgl. Abschnitt 8.1.1).

daß "aus dem "Schweigen" einer Theorie - die nicht "reden" kann, weil sie noch gar nicht existiert - [...] keinerlei für den Standpunkt negative Konsequenzen abgeleitet werden" dürfen.[23]

Gerade weil der kombinatorische Pluralismus kontrolliert Alternativen erzeugt, eröffnet er damit die Möglichkeit für einen fairen Umgang mit Alternativen. Die Anwendung des kombinatorischen Pluralismus führt keineswegs zu "einem neutralen oder positionslosen Wissenschaftler"[24], sondern erzwingt im Sinne E. Fromms ein "kreatives" und "kritisches" Denken, "weil es mit gewissen Illusionen aufräumt und dem Gewahrwerden der Realität näherkommt. Es erweitert den Bereich menschlichen Bewußtseins und stärkt die Kraft menschlicher Vernunft. Immer hat kritisches und deshalb kreatives Denken eben dadurch, daß es das illusorische Denken negiert, eine befreiende Funktion."[25] Indem der kombinatorische Pluralismus ein Bewußtsein für Alternativen förmlich erzwingt, fördert er nicht nur ein "kreatives" und "kritisches" Denken, sondern auch die Hinterfragung der eigenen Position. Der kombinatorische Pluralismus ist damit auch ein möglicherweise unbequemer Mahner für eine permanente Selbstkritik.

Auf der anderen Seite sind die Möglichkeiten des kombinatorischen Pluralismus auch nicht grenzenlos. Seine Grenzen lassen sich auf der theoretischen und metatheoretischen Ebene wie folgt angeben:

- Bei Anwendung des kombinatorischen Pluralismus auf der *theoretischen Ebene* geht es um eine problemadäquate Erwägung von alternativen Theorien, d.h. von ungleichen Theorien, die sich auf den gleichen Gegenstandsbereich und auf die gleiche Problemstellung beziehen. Der kombinatorische Pluralismus erzeugt "kombinatorisches" Wissen, d.h. ein Wissen, das "sich ohne Hinzukommen gänzlich neuer Bestandteile aus vorhergehenden Konstituenten kombiniert"[26]. Kombinatorisches Wissen entsteht also ausschließlich auf der Grundlage zuvor festgelegter Begriffe, Kriterien etc. Der kombinatorische Pluralismus ist jedoch nicht in der Lage, "heterogenes" Wissen unmittelbar zu erzeugen. "Heterogenes" Wissen ist nicht-kombinatorisches Wissen, "das sich durch Hinzufügen gänzlich neuer Bestandteile aufbaut"[27]. Ein Beispiel für "heterogenes" Wissen ist das, was vom Emergentismus als "Emergenz"

---

[23] Spinner, H. F. (Theoretischer Pluralismus), S. 33.

[24] Blanck, B. (Ansätze), S. 26.

[25] Fromm, E. (Psychoanalyse), S. 263.

[26] Loh, W. (Versuch), S. 147.

[27] Loh, W. (Kombinatorische Systemtheorie), S. 2.

bzw. "emergent Neuem" bezeichnet wird.[28,29] Das Wissen bezüglich emergenter Qualität läßt sich kombinatorisch nicht erzeugen bzw. rekonstruieren; es stellt sozusagen eine >kombinatorische Lücke< dar. Hinweise auf >kombinatorische Lücken< können die Alternativen derjenigen Kombinationstabellen liefern, die durch eine Minus-minus-Konstellation (4. Zeile) charakterisiert werden.[30] Soweit es sich bei diesen Alternativen nicht um unsinnige oder logisch nicht mögliche Alternativen handelt, werden sie möglicherweise durch "heterogene" Bestandteile aufgebaut und *nicht* durch die Konstituenten (Begriffe, Kriterien etc.) der Kombinationstabelle. Andererseits kann die Möglichkeit auch nicht ausgeschlossen werden, daß sich Gegenstandsbereiche auf verschiedene Weise hinreichend bestimmen lassen, also sowohl kombinatorisch als auch "heterogen" (nicht-kombinatorisch).[31] Unabhängig davon, bleiben kombinatorische und nicht-kombinatorische Theorien, sofern sie Alternativen darstellen, aufeinander verwiesen, weil sie miteinander konkurrieren.

- Auf der *metatheoretischen Ebene* stellt der kombinatorische Pluralismus (als eine Form des Theorienpluralismus) eine Alternative zum Theorienmonismus dar. Auch wenn der theoretische Monismus in der Geschichte der Wissenschaften bisher nicht verwirklicht werden konnte,[32] so kann auf der metatheoretischen Ebene kein endgültiges und somit ein für alle Zeiten verbindliches Bekenntnis zum Theorienpluralismus abgeben werden.[33] Denn dies wäre ein pluralistischer Selbstwiderspruch. Soll der kombinatorische Pluralismus als Theorienpluralismus hinterfragbar bleiben, dann ist auf metatheoretischer Ebene der Theorienmonismus als gleichberechtigte Alternative zuzulassen. Auf der Grundlage einer >pragmatischen< Erkenntnissituation bleiben Theo-

---

[28] Unter "Emergenz" bzw. "emergent Neuem" werden gänzlich neue Qualitäten verstanden, die in Entwicklungsprozessen entstehen und die sich nicht aus den bisherigen Entwicklungsstufen erklären lassen.

[29] Die "vitalistischen" Ansätze aus der Biologie können als ein weiteres Beispiel für "heterogenes" Wissen angeführt werden.

[30] Vgl. die Tabellen 4 u. 5.

[31] W. Loh bezeichnet diese Möglichkeit als "Komplementärstandpunkt" (Kombinatorische Systemtheorie), S. 98. So könne z.B. Wärme nicht nur unmittelbar gefühlt werden, sondern auch als Atom- bzw. Molekülbewegung konzeptualisiert werden (vgl. ebenda). Loh vermutet, daß auch "introspektiv erfahrbare Gegenstände" sich auf verschiedene Weise erfassen lassen. Eine "Arbeitshypothese" lautet daher, "daß psychische Phänomene, die nicht als Kombinat erscheinen, sich vielleicht kontextuell charakterisieren lassen" (ebenda, S. 99).

[32] Vgl. Spinner, H. F. (Theoretischer Pluralismus), S. 30. Spinner verweist hier auf die erkenntnistheoretischen und -historischen Untersuchungen von P. K. Feyerabend.

[33] Wie dies bei P. K. Feyerabend und vermutlich auch bei H. F. Spinner der Fall ist.

rienpluralismus (als kombinatorischer Pluralismus) und Theorienmonismus aufeinander verwiesen und konkurrieren gleichbereichtigt miteinander.

Ein vollkommen vorurteilsfreies Wissen hat die Erwägung *aller* denkbar möglichen (theoretischen) Alternativen zur notwendigen Voraussetzung. Diese Erwägung aller Alternativen kann auch ein kombinatorischer Pluralismus nicht leisten. Angesichts seiner Grenzen auf der theoretischen und metatheoretischen Ebene gewährleistet der kombinatorische Pluralismus bei konsequenter Anwendung jedoch eine weitestgehende Vorurteilsfreiheit und zwar insofern, als daß er systematisch eine theoretische Alternativenkonkurrenz organisiert und diese Organisation auch gleichzeitig kontrolliert. Dadurch wird zumindest eine >kombinatorische Vorurteilsfreiheit< garantiert; vorausgesetzt die kombinatorisch erzeugten Alternativen werden auch hinreichend berücksichtigt. Eine derartige Garantie kann keine der bestehenden Theorienpluralismuskonzeptionen gewährleisten. Im Vergleich zu den bestehenden Theorienpluralismuskonzeptionen vermag der kombinatorische Pluralismus die Gefahr der Vorurteilsbildung bei der Formulierung und Auflösung von Entscheidungssituationen, insbesondere der metawissenschaftlichen Entscheidungssituation weitgehender (weil kontrolliert) einzuschränken.

8.2 Konzepte einer systematischen Analyse

Der kombinatorische Pluralismus bildet den Kern für eine *systematische Analyse*. >Systematisch< soll bedeuten, daß theoretische Alternativen kombinatorisch erwogen werden. Eine systematische Analyse kann prinzipiell *problembezogen* als auch *positionsbezogen* durchgeführt werden:

- Der Ausgangspunkt einer *problembezogen-systematischen Analyse* ist gegeben durch einen bestimmten Gegenstandsbereich (z.B. Wirtschaft) und einer bestimmten Problemstellung (z.B. Erklärung von Inflation). Mit Hilfe bestimmter und jeweils vorgegebener Begriffe, Kriterien, Charakteristika etc. werden dann die kombinatorisch denkbaren Alternativen (z.B. Inflationstheorien) identifiziert und inhaltlich bestimmt. So stellen die bisherigen Analysen dieser Studie, bei denen kombinatorisch erwogen wurde, erste Ansätze einer problembezogen-systematischen Analyse dar.

- Ausgangspunkt einer *positionsbezogen-systematischen Analyse* ist die (wissenschaftliche) Position, die ein Wissenschaftler oder eine Wissenschaftlergemeinschaft einnimmt (z.B. monetaristische Inflationstheoretiker) bezüglich eines bestimmten Gegenstandsbereichs (z.B. Wirtschaft) und einer bestimmten Problemstellung (z.B. Inflationserklärung). Das Ziel einer positionsbezogen-systematischen Analyse ist es, die jeweilige Position systematisch (i.S. von kombinatorisch) zu analysieren, wobei sie diese Analyse auf die Begriffs- und Theorienbildung oder auf die Rechtfertigung bzw. Begründung der jeweiligen Position beziehen kann. Die zentrale Fragestellung für den >Therapie<-Teil dieser Studie lautete; ob v. Wrights Handlungstheorie grundsätzlich als >Therapievorschlag< geeignet ist, die >Krankheit< zu bekämpfen und wie gegebenenfalls die Erfolgsaussichten zu beurteilen sind. Eine derartige Fragestellung läßt sich mit Hilfe einer positionsbezogen-systematischen Analyse beantworten. Positionsbezogen-systematische Analysen können immanent (intern) also auch von einem externen Standpunkt aus erfolgen, d.h. daß die theoretische Position eines Wissenschaftlers/einer Wissenschaftlergemeinschaft immanent-systematisch und/oder extern-systematisch kritisiert werden kann. Da im 9. Kapitel eine posititionsbezogen-systematische Analyse durchgeführt werden soll, wird im folgenden noch etwas ausführlicher auf die Analysekonzeption eingegangen.[34]

8.2.1 Extern-systematisches Analysekonzept[35]

Eine extern-systematische Analyse erfolgt grundsätzlich vom Standpunkt alternativer Positionen aus. Die dabei benutzten alternativen Konzepte, Begriffe, Kriterien etc. dienen dazu, von einem *externen* Standpunkt aus (der aber alternativ zum zu analysierenden Standpunkt sein muß) z.B. den handlungstheoretischen Ansatz v. Wrights systematisch zu analysieren, um ihn auf diese Weise extern kritisieren zu können. Eine extern-systematische Analyse des handlungstheoretischen Ansatzes v. Wrights hätte z.B. zu klären, wie v. Wright mit alternativen Problemformulierungen bezüglich der

[34] Positionsbezogen-systematische und problembezogen-systematische Analysen stellen keineswegs konkurrierende Analysekonzeptionen dar, sondern dürften sich sogar ergänzen, um z.B. die metawissenschaftliche Entscheidungssituation weitestgehend vorurteilsfrei aufzulösen: Da eine bestimmte theoretische Position eines Wissenschaftlers/einer Wissenschaftlergemeinschaft auch eine Alternative innerhalb der metawissenschaftlichen Entscheidungssituation darstellt, führen immanente und externe positionsbezogen-systematische Analysen zu einer hinreichenden Erwägung dieser bestimmten theoretischen Alternative und sind somit Teil einer problembezogen-systematischen Analyse; umgekehrt sind für eine weitestgehend vorurteilsfreie Formulierung der metawissenschaftlichen Entscheidungssituation immanente und externe positionsbezogen-systematische Analysen unerläßlich.

[35] Da in dieser Arbeit eine positionsbezogen-systematische Analyse durchgeführt werden soll, wird im folgenden die positionsbezogen-systematische Analyse nur noch als >systematische Analyse< bezeichnet.

metawissenschaftlichen Entscheidungssituation umgeht; ob er überhaupt alternative Problemformulierungen erwägt. Alternative Problemformulierungen implizieren oft eine Kritik an der Problemformulierung des zu analysierenden Autors (hier: v. Wright): Z.B. W. Stegmüllers Kritik, daß v. Wrights Positivismusbegriff unangemessen sei;[36] oder H. Nagl-Docekals Vorwurf, v. Wright würde mit einem "radikal verkürzten Handlungsbegriff [...] operieren"[37]; oder M. Schmids Kritik, daß v. Wrights Handlungserklärungen die Humanwissenschaften auf einen individualistischen Ansatz eingrenze;[38] usw. Solche und vergleichbare Kritik wäre im Rahmen einer extern-systematischen Analyse aufzunehmen, zu systematisieren und auf ihre Stichhaltigkeit hin zu überprüfen. Sollte sich diese Kritik als stichhaltig erweisen, dann könnte ein mögliches Ergebnis der extern-systematischen Analyse darin bestehen, daß v. Wrights Formulierung der metawissenschaftlichen Entscheidungssituation in bestimmter Weise verkürzt oder verzerrt ist und daß sich aufgrund dieser Verkürzung oder Verzerrung eine bestimmte Auflösung dieser Entscheidungssituation geradezu aufdrängt.

Ein weiterer Ansatzpunkt für eine extern-systematische Analyse könnte darin bestehen, v. Wrights gesamte Argumentation daraufhin zu untersuchen, inwiefern v. Wright von (für ihn) scheinbar gesicherten Annahmen seiner Überlegungen ausgeht, die andere Autoren noch als Problem erachten und behandeln. Von Wrights zum Idealismus tendierende Auflösung des Idealismus-Realismus-Problems wäre hierfür sicherlich ein geeigneter Ansatzpunkt.[39] - Soweit die Ausführungen zum Konzept einer möglichen extern-systematischen Analyse der Überlegungen v. Wrights. Im Rahmen dieser Arbeit soll die Analyse der v. Wrightschen Handlungstheorie ausschließlich immanent-systematisch erfolgen; weil

- eine immanente Betrachtung der Überlegungen v. Wrights in dieser Art bisher noch nicht vorliegen dürfte. Die gesamte (handlungs-) theoretische Auseinandersetzung mit v. Wright ist vermutlich externer, wenn auch nicht systematischer Natur. Eine Systematisierung bestehender externer Analysen zu v. Wright dürfte zweifellos von großem Interesse sein, würde aber den Rahmen dieser Arbeit sprengen;

- eine immanente Analyse den Vorteil besitzen sollte, keine (externen) Beurteilungsmaßstäbe zu verwenden, die von vornherein eine Widerlegung des v. Wrightschen Ansatzes implizieren. Eine immanente Analyse ermöglicht somit grundsätzlich eine faire Analyse, sofern es sich

---

[36] Vgl. Stegmüller, W. (Probleme, IV), S. 34.

[37] Nagl-Docekals, H. (Objektivität), S. 112.

[38] Vgl. Schmid, M (Verstehen), S. 216.

[39] Vgl. Abschnitt 7.2.

bei den (immanenten) Beurteilungsmaßstäben auch tatsächlich um die von v. Wright intendierten Maßstäbe handelt. Eine immanente Analyse macht jedoch eine externe Analyse keineswegs überflüssig, da die immanenten Maßstäbe möglicherweise problematisch sind - und dies herauszufinden, wäre Aufgabe einer externen Analyse.

8.2.2 Immanent-systematisches Analysekonzept

Eine immanent-systematische Analyse erfolgt grundsätzlich vom intendierten Standpunkt des zu analysierenden Autors aus. Der immanent-systematische Analytiker ist stets bestrebt, die Position des zu analysierenden Autors (in diesem Fall G. H. v. Wright) so autorenadäquat wie möglich einzunehmen, indem er die von v. Wright verwendeten Begriffe, Kriterien etc. als Grundlage für die eigene Analyse zunächst >kritiklos übernimmt<. Es handelt sich hierbei um eine intendierte Interpretation der Aussagen v. Wrights, da nicht davon ausgegangen werden kann, daß diese Auslegung der v. Wrightschen Gedanken die einzig mögliche oder einzig zulässige Interpretation darstellt.[40] Auf der Grundlage dieser von v. Wright verwendeten Begriffe, Kriterien etc. werden nun systematisch die jeweils möglichen Alternativen erwogen und mit den Alternativen verglichen, die bisher von v. Wright berücksichtigt wurden.[41] Sollte v. Wright bestimmte Alternativen nicht erwägen, die aber kombinatorisch möglich und sinnvoll sind, dann ist im Rahmen der immanent-systematischen Analyse der Frage nachzugehen, warum dies der Fall ist. Sollten keine Begriffe, Kriterien etc. bei v. Wright vorhanden sein, aus denen seine Position systematisch entwickelt werden kann, d.h. sollte v. Wright von Annahmen ausgehen, die ihm scheinbar gesichert erscheinen, dann wäre nach einer Begründung für die alternativenlose Wahl dieser Annahmen zu fragen. Bliebe v. Wright eine derartige Begründung schuldig, dann dürften hier Ansatzpunkte für eine extern-systematische Analyse gegeben sein; denn diese für v. Wright scheinbar gesicherten Annahmen sind möglicherweise für andere Autoren noch offene Probleme, die nicht einfach übergangen werden dürften.

---

[40] Die Frage, ob diese Auslegung der v. Wrightschen Überlegungen überhaupt als zulässig erachtet werden kann, wäre im Rahmen einer (möglichen) v. Wright-Forschung zu beantworten, in der alternative Auslegungen der v. Wrightschen Gedanken thematisiert und beurteilt würden.

[41] Ein derartiger Vergleich dieser Alternativen umfaßt lediglich die Überprüfung, ob die sinnvollen, kombinatorischen Alternativen auch von dem zu analysierenden Autor erwogen werden.

Ziel einer immanent-systematischen Analyse ist also eine immanente Beurteilung einer bestimmten wissenschaftlichen Position. Im Rahmen einer solchen immanent-systematischen Analyse des handlungstheoretischen Ansatzes v. Wrights bedeutet diese Zielsetzung die (immanente) Beantwortung der Fragen, ob dieser Ansatz einen >Beitrag< zur Bewältigung der Krise der herrschenden Volkswirtschaftslehre darstellt und wie (gegebenenfalls) die Qualtität dieses Beitrags zu beurteilen ist.

Im Rahmen dieser beabsichtigten immanent-systematischen Analyse soll sich ein >Beitrag< dadurch auszeichnen, daß v. Wright auf seinen verschiedenen Betrachtungsebenen jeweils eine analysefähige Alternative innerhalb der dort von ihm formulierten metawissenschaftlichen Entscheidungssituation vorlegt *und* daß sich v. Wright explizit mit den jeweils konkurrierenden Alternativen dieser metawissenschaftlichen Entscheidungssituation auseinandersetzt. In diesem Sinne setzt ein >Beitrag< nicht nur ein Problembewußtsein für die metawissenschaftliche Entscheidungssituation voraus, sondern auch wissenschaftstheoretisches (thematisch-reflexives) Denken, da die metawissenschaftliche Entscheidungssituation als solche identifiziert und dargestellt wird.

Die Qualität eines >Beitrags< ist dabei abhängig von der Anzahl der ernsthaft erwogenen, problemadäquaten Alternativen zur metawissenschaftlichen Entscheidungssituation: Je mehr problemadäquate Alternativen ernsthaft berücksichtigt werden, desto höher ist die Qualität des >Beitrags< einzuschätzen. Die Qualität eines >Beitrags< drückt gewissermaßen das realisierte Anspruchsniveau einer bestimmten Theorie bzw. eines bestimmten Autors aus. Eine hohe Qualität des >Beitrags< entspricht einem hohen realisierten Anspruchsniveau und umgekehrt. Der Maßstab für die Qualitätsbeurteilung eines >Beitrags< bildet das *>systematische Anspruchsniveau<*: Sollte sich im Rahmen der immanent-systematischen Analyse die Vermutung bestätigen, daß v. Wrights Ansatz ein >Beitrag< zur Krisenbewältigung darstellt, dann ist die Qualität seines >Beitrags< von der Anzahl der von ihm ernsthaft erwogenen, problemadäquaten Alternativen abhängig. Je mehr problemadäquate Alternativen v. Wright ernsthaft erwägt, desto höher ist sein realisiertes Anspruchsniveau. Ob sein realisiertes Anspruchsniveau (und damit die Qualität seines >Beitrags<) hoch oder niedrig ist, entscheidet der Vergleich mit dem >systematischen Anspruchsniveau<, also der Anzahl von Alternativen, die vom v. Wrightschen Standpunkt aus betrachtet kombinatorisch möglich und sinnvoll sind: Würde v. Wright *alle* systematisch möglichen und sinnvollen Alternativen im Rahmen der von ihm formulierten metawissenschaftlichen Entscheidungssituation problemadäquat erwägen, dann entspräche dies der höchstmöglichen Qualität seines >Beitrags< zur Krisenbewältigung im Rahmen der immanent-systematischen Analyse. Würde v. Wright dagegen eine oder mehrere Alternativen nicht oder nur unzureichend berücksichtigen, also bliebe sein realisiertes Anspruchsniveau hinter dem >systematischen Anspruchsniveau< zurück, dann fiele die immanent-systematische Qualitätsbeurteilung entsprechend negativer aus.

In v. Wrights Arbeiten findet sich allerdings keine explizite Formulierung eines Anspruchsniveaus. Bedeutet dies nun, daß v. Wright gar kein Anspruchsniveau besitzt und daß das >systematische Anspruchsniveau< seinen handlungstheoretischen Überlegungen als Beurteilungsmaßstab gleichsam >aufokroyiert< wird? Würde v. Wright tatsächlich kein oder ein sehr niedriges Abspruchsniveau besitzen, dann hieße das, daß er lediglich einige Gedanken zum Thema >metawissenschaftliche Entscheidungssituation< in vollkommen unverbindlicher Weise zu äußern beabsichtigte. In diesem Fall wäre eine immanent-systematische Analyse nicht nur überflüssig, sondern auch unsinnig. Dies ist jedoch nicht der Fall. Denn der von v. Wright erhobene Anspruch[42] dürfte ein bestimmtes Anspruchsniveau *implizieren*, auch wenn es von ihm nicht explizit formuliert wurde: Um einen "Nachweis" für einen prinzipiellen Unterschied zwischen Human- und Naturwissenschaften vorlegen und eine "deutliche Alternative zum subsumptionstheoretischen Gesetzesschema der Erklärung" liefern zu können, ist in jedem Fall eine problemadäquate Auseinandersetzung mit alternativen Positionen erforderlich. D.h. um den von ihm implizit erhobenen Anspruch gerecht zu werden, kommt v. Wright nicht umhin, problemadäquate Alternativen zu erwägen.[43] Da das >systematische Anspruchsniveau< lediglich die Alternativen umfaßt, die vom v. Wrightschen Standpunkt (bzw. die aufgrund der von ihm vorgegebenen Merkmale) kombinatorisch denkbar und sinnvoll sind, kann von einem >Aufoktroyieren< des >systematischen Anspruchsniveaus< keine Rede sein.

---

[42] Vgl. Abschnit 7.2.

[43] Insofern ist zwischen einer expliziten Formulierung eines bestimmten Anspruchsniveaus einerseits und dessen Realisierung (realisiertes Anspruchsniveau) andererseits zu unterscheiden.

9. Eine immanent-systematische Analyse des handlungstheoretischen Ansatzes G. H. v. Wrights

Die metawissenschaftliche Entscheidungssituation, also die Frage, "welche Beziehungen zwischen Naturwissenschaften und Humanwissenschaften besteht"[1], ist für v. Wright kein neues Problem. Unterschiedliche Fragestellungen hierzu seien bisher kontrovers diskutiert worden, wobei die Gefahr von Mißverständnissen auf der "terminologischen Ebene" besonders groß sei.[2] Trotzdem wäre es nach Ansicht v. Wrights "ganz verkehrt, zu glauben, daß der Unterschied zwischen diesen Auffassungen ein rein terminologischer ist, wenn das soviel heißen soll wie, daß eine völlige Klärung der Begriffe zu einer völligen inhaltlichen Übereinstimmung führen muß"[3]. Demnach erachtet v. Wright die metawissenschaftliche Entscheidungssituation als ein >echtes< Problem und nicht als ein Scheinproblem, das durch eine terminologische Klärung der Begriffe aus der Welt geschafft werden kann.

In vielen seiner Arbeiten thematisiert v. Wright die metawissenschaftliche Entscheidungssituation anhand unterschiedlicher Fragestellungen.[4] Diese unterschiedlichen Fragestellungen lassen sich drei unterschiedlichen Betrachtungsebenen zuordnen, die als *Traditionenebene*, *Paradigmenebene* und *Verstehen-Erklären-Ebene* bezeichnet werden können.[5] Die Traditionenebene stellt bei v. Wright, historisch und thematisch gesehen, die umfassendste Betrachtungsebene dar, so daß die beiden anderen Betrachtungsebenen hier ihre Einbettung finden. Von daher beginnt die immanent-systematische Analyse mit der Traditionenebene. Standpunkte, die v. Wright auf der Traditionenebene einnimmt, können möglicherweise Vorentscheidungen für die beiden nachfolgenden Betrachtungsebenen (Paradigmen- und Verstehen-Erklären-Ebene) darstellen, ohne daß sie dort noch einmal explizit thematisiert werden. Entsprechend diesen drei Betrachtungsebenen

---

[1] Von Wright, G. H. (Erklären), S. 13.

[2] Vgl. ebenda.

[3] Ebenda, S. 13 f.

[4] Vgl. Abschnitt 7.2.

[5] Diese explizite Unterteilung in die drei Betrachtungsebenen wird in dieser Form von v. Wright nicht gemacht. Dennoch ist sie seinen handlungstheoretischen Arbeiten inhärent und wird erst dann >sichtbar<, wenn diese handlungstheoretischen Arbeiten in ihrer Gesamtheit betrachtet werden.

lassen sich bei v. Wright drei Problemformulierungen sowie drei Problemlösungsansätze bezüglich der metawissenschaftlichen Entscheidungssituation unterscheiden. Auf jeder dieser drei Betrachtungsebenen wird zunächst v. Wrights Formulierung der jeweiligen metawissenschaftlichen Entscheidungssituation immanent-systematisch analysiert bzw. rekonstruiert, anschließend der jeweils entsprechende Problemlösungsansatz. Der inhaltliche Aufbau des 9. Kapitels ist in der folgenden Übersicht noch einmal skizzenhaft dargestellt:

Übersicht 2

Inhaltlicher Aufbau des 9. Kapitels

Immanent-systematische Analyse der handlungstheoretischen Überlegungen G. H. v. Wrights auf drei Betrachtungsebenen:

Die metawissenschaftliche Entscheidungssituation als Traditionenproblem (Abschnitt 9.1)

Problemformulierung (Abschnitt 9.1.1) — Problemlösungsansatz (Abschnitt 9.1.2)

Die metawissenschaftliche Entscheidungssituation als Paradigmenproblem (Abschnitt 9.2)

Problemformulierung (Abschnitt 9.2.1) — Problemlösungsansatz (Abschnitt 9.2.2)

Die metawissenschaftliche Entscheidungssituation als Verstehen-Erklären-Problem (Abschnitt 9.3)

Problemformulierung (Abschnitt 9.3.1) — Problemlösungsansatz (Abschnitt 9.3.2)

9.1 Die metawissenschaftliche Entscheidungssituation als Traditionenproblem

9.1.1 Problemformulierung

Die metawissenschaftliche Entscheidungssituation ist für v. Wright kein neues oder zeitgemäßes, sondern ein traditionelles Problem. Dies bringt v. Wright dadurch zum Ausdruck, daß er die ideengeschichtliche Entwicklung der "Philosophie der wissenschaftlichen Methode" ("Methodologie") anhand zweier "Haupttraditionen" nachzuzeichnen versucht: der "aristotelischen" und "galileischen Tradition"[6]. Der Unterschied zwischen beiden "Traditionen" betreffe die Bedingungen, "die eine Erklärung zu erfüllen hat, um als wissenschaftlich zu gelten."[7] Nach Ansicht v. Wrights wird der Gegensatz zwischen "galileischer" und "aristotelischer Tradition" oft als "kausale *versus* teleologische Erklärung charakterisiert"[8]; da die "galileische Tradition" "parallel zu der Ausbreitung des kausal-mechanistischen Standpunktes in den Bemühungen des Menschen, Phänomene zu erklären und vorauszusagen" verliefe, die "aristotelische Tradition" dagegen "parallel zu seinen Bemühungen, Tatsachen teleologisch und finalistisch verstehbar zu machen."[9]

Mit einer "kausalen (bzw. "kausal-mechanistischen") Erklärung" sei es also prinzipiell möglich, "Phänomene zu erklären und vorherzusagen"[10]; wobei die "Voraussage" ihren Blick von der Gegenwart auf die Zukunft richte, die "Erklärung" von der Gegenwart auf die Vergangenheit blicke.[11,12] Bei "Voraussage" und "Erklärung" handele es sich um "grundsätzlich identische Prozesse wissenschaftlichen Denkens [...] - die sich sozusagen lediglich in

---

[6] Vgl. v. Wright, G. H. (Erklären), S. 16 ff. Die Bezeichnung dieser beiden Traditionen als "aristotelisch" und "galileisch" übernimmt v. Wright von K. Lewin (S. 151). Auch wenn die Bezeichnung "galileische Tradition" den Eindruck erwecke, relativ jüngeren Ursprungs zu sein, gibt v. Wright zu bedenken, daß diese Tradition letzlich bis zu Platon zurückreiche (vgl. S. 17). Des weiteren gibt v. Wright zu bedenken, daß die Ausdrücke "galileische" und "aristotelische Tradition" "bestenfalls nur eine partielle Charakterisierung" (S. 151, Anmerkung 6) darstellen. Keineswegs seien alle Erklärungen von Aristoteles bzw. der aristotelischen Wissenschaft "teleologisch", und keineswegs seien die Erklärungen von Galilei bzw. der "neuen Wissenschaft" nicht immer "in einem strengen Sinne kausal"(S. 152).

[7] Ebenda.

[8] Ebenda, Hervorhebung im Original.

[9] Ebenda.

[10] Ebenda, S. 17.

[11] Vgl. ebenda, S. 16.

der Zeitperspektive unterscheiden."[13] Dies sei wiederum nur möglich, weil der "kausal-mechanistische Standpunkt" von der "Subsumption individueller Sachverhalte unter hypothetisch angenommene allgemeine Naturgesetze, einschließlich Gesetze der >menschlichen Natur<" ausgehe.[14] Teleologische bzw. finalistische Erklärungen versuchen dagegen, "Tatsachen mit Hilfe von Intentionen, Zielen und Zwecken zu erklären"[15]; sie "weisen auf die Zukunft hin."[16]

Von Wright versucht, die ideengeschichtliche Entwicklung beider methodologischer Haupttraditionen anhand ihrer Vertreter bzw. der dazugehörigen wissenschaftstheoretischen Konzeptionen "*apercuhaft*" nachzuzeichnen. Dabei beschränkt sich v. Wrights ideengeschichtliche Betrachtung der beiden Traditionen auf den Zeitraum von Mitte des letzten Jahrhunderts bis zur Gegenwart.[17] Des weiteren konzentriert sich v. Wright innerhalb des genannten Zeitraumes auf zwei Zeitperioden. In der ersten Betrachtungsperiode repräsentiere der "Positivismus"[18] (u.a. vertreten durch A. Comte und J. St. Mill) die galileische Tradition. Die "Hermeneutik" als "antipositivistische Wissenschaftstheorie"[19] (u.a. vertreten durch J. G. Droysen, W. Dilthey, M. Weber und R. G. Collingwood) sei dagegen die Reaktion der "aristotelischen Tradition" auf den "Positivismus"[20]. Die Einordnung von G. W. F. Hegel und K. Marx bezüglich positivistischer und antipositivistischer Wissenschaftstheorie bereitet v. Wright zunächst Schwierigkeiten, die jedoch bei

[12] Bereits hier ist eine begriffliche Konfusion in den Ausführungen v. Wrights feststellbar: Während die galileische Tradition durch die "kausale Erklärung" (in der englischen Originalausgabe: "causal explanation") charakterisiert wird, vermag diese "Erklärung" sowohl zu "erklären" ("explain") als auch "vorauszusagen" ("predict"). Da andererseits die "Erklärung" ("explanation") von der Gegenwart auf die Vergangenheit, die "Voraussage" ("prediction") von der Gegenwart auf die Zukunft blickt (s.o.), ergeben sich für den Leser von "Erklären und Verstehen" zwei unterschiedliche Erklärungsbegriffe: (1) Erklärungen, die ausschließlich bekannte Tatsachen erklären und (2) Erklärungen, die nicht nur im Sinne von (1) erklären, sondern auch voraussagen. Diese begriffliche Ungereimtheit erschwert das Verständnis der v. Wrightschen Ausführungen und führt so möglicherweise zu Mißverständnissen.

[13] Von Wright, G. H. (Erklären), S. 16.

[14] Ebenda, S. 18.

[15] Ebenda.

[16] Ebenda, S. 81.

[17] Vgl. ebenda, S. 17.

[18] Zum v. Wrightschen Positivismusbegriff vgl. Abschnitt 7.2.

[19] Von Wright, G. H. (Erklären), S. 18 f.

[20] Die "Hermeneutik" sei allerdings "ein wesentlich variationsreicherer und heterogenerer Trend als der Positivismus" (Erklären), S. 19.

näherer Betrachtung durch eine Zuordnung zur "aristotelischen Tradition" beseitigt werden können.[21]

In der zweiten Betrachtungsperiode wird der Gegensatz von "galileischer" und "aristotelischer Tradition" durch zwei unterschiedliche Richtungen der "analytischen Philosophie" zum Ausdruck gebracht. Die erste Richung der "analytischen Philosophie", die "bis vor kurzem vorwiegend vom Geist des Positivismus getragen" wurde,[22] "leitet sich her von dem logischen Atomismus Russells, dem frühen Wittgenstein und dem Neopositivismus des Wiener Kreises."[23] Diese Richtung werde u.a. von C. G. Hempel und K. R. Popper getragen.[24] Die zweite Richtung der "analytischen Philosophie" ist die "linguistische Philosophie" oder die "Philosophie der normalen Sprache", die ihre "hauptsächliche Anregung [...] von der Spätphilosophie Wittgensteins" erhielt.[25] Diese Richtung werde u.a. von W. Dray, G. E. M. Anscombe und P. Winch getragen. Bereitete die Einordnung von Hegel und Marx in bezug auf posititivistische und antipositivistische Wissenschaftstheorie für v. Wright anfangs Schwierigkeiten, so gilt ähnliches für den Marxismus "als eine Hauptströmung des modernen Denkens"[26]. Von Wright unterscheidet beim Marxismus zwei "Hauptströmungen", die er entsprechend der "galileischen" bzw. "aristotelischen Tradition" zuordnet: den "positivistischen" oder "szientistischen Marxismus" (u.a. vertreten durch G. Klaus) und den "sozialistischen Humanismus" (u.a. vertreten durch A. Schaff, G. Lukács und E. Fromm).[27]

Anhand welcher Kriterien trifft nun v. Wright die Unterscheidung in "galileische" und "aristotelische Tradition"? Eine explizite Behandlung dieser Frage liegt bei v. Wright nicht vor. Allerdings läßt sich aus dem Kontext seiner Ausführungen deutlich entnehmen, daß er die *Zeit*, genauer "*Vergangenheit*" und "*Zukunft*", als Unterscheidungsmerkmale verwendet. Als übergeordnete Fragestellung hinsichtlich seiner Unterscheidung nach "Traditionen" kann daher formuliert werden: >Welche Zeiten (Vergangenheit und/oder Zukunft) sind für wissenschaftliche Erklärungen (und somit auch für die

---

21 Insbesondere bei näherer Betrachtung der "Hegelschen und Marxschen Konzeptionen von Gesetz und Entwicklung [...] gleichen sie den methodologischen Ideen eines intentionalistischen und teleologischen Typs" (Erklären), S. 21.

22 Von Wright, G. H. (Erklären), S. 22.

23 Ebenda.

24 Vgl. (Erklären), S. 23 ff und S. 34.

25 Ebenda, S. 22.

26 Ebenda, S. 39.

27 Ebenda, S. 39 f. Die "Frankfurter Schule" verortet v. Wright "im Schnittpunkt von hermeneutischer Philosophie und humanistischem Marxismus" (Erklären), S. 161, Anmerkung 98.

entsprechenden "Traditionen") relevant?< Da "kausale Erklärungen" nach Ansicht v. Wrights versuchen, "Phänomene zu erklären und vorauszusagen" (s.o.), sind sowohl *Vergangenheit* als auch *Zukunft* für Erklärungen der "galileischen Tradition" relevant. Im Gegensatz hierzu, ist für teleologische bzw. finalistische Erklärungen ausschließlich die *Zukunft* relevant - "teleologische Erklärungen dagegen weisen auf die Zukunft hin" (s.o.). Die "aristotelische Tradition" wird somit durch Erklärungen charakterisiert, deren "Phänomene" ausschließlich von der *Zukunft* ("Intentionen", "Ziele", "Zwecke") bestimmt werden.

"*Vergangenheit*" und "*Zukunft*" als zwei unterschiedliche Zeiten stellen somit zwei unterschiedliche Unterscheidungscharakteristika dar. Werden beide Unterscheidungsmerkmale miteinander kombiniert, ergeben sich insgesamt vier sinnvolle Positionen ("Traditionen"):

Tabelle 8

Alternative "Traditionen"

	Zukunft	Vergangenheit	Position/Tradition
1. Zeile:	+	+	>Kausalismus< /"galileische Tradition"
2. Zeile:	+	-	>Finalismus< /"aristotelische Tradition"
3. Zeile:	-	+	>Evolutionismus<
4. Zeile:	-	-	>Existentialismus<

"+" bedeutet, daß die Zeiten "*Vergangenheit*" und/oder "*Zukunft*" für wissenschaftliche Erklärungen (im Sinne v. Wrights) relevant sind; "-" bedeutet, daß "*Vergangenheit*" und/oder "*Zukunft*" nicht relevant sind. Diese vier kombinatorisch möglichen Positionen/Traditionen lassen folgende Interpretation zu: 1. Zeile: "*Zukunft*" und "*Vergangenheit*" sind für Erklärungen gleichermaßen relevant. Dies entspricht den "kausalen Erklärungen" der "galileischen Tradtion". 2. Zeile: Ausschließlich die "*Zukunft*" wird für Erklärungen als relevant erachtet. Dies entspricht den "teleologischen bzw. finalistischen Erklärungen" der "aristotelischen Tradition". 3. Zeile: Für Erklärungen ist ausschließlich die "*Vergangenheit*" relevant. Da dies vermutlich auf die evolutionären Erklärungen zutrifft, kann diese Position als

>Evolutionismus< bezeichnet werden.[28] 4. Zeile: Weder die "*Vergangenheit*" noch die "*Zukunft*" sind für Erklärungen relevant, sondern ausschließlich das >hier und jetzt< der Gegenwart. Da diese Position von Existentialisten vertreten wird,[29] kann sie als >Existentialismus< bezeichnet werden.

Sofern diesen Positionen ein gleicher Gegenstandsbereich unterstellt wird,[30] sind sie bezüglich ihrer Fragestellung, welche Zeiten (Vergangenheit/Zukunft) für wissenschaftliche Erklärungen bzw. Traditionen relevant sind, alternativ. Da v. Wright die Zeiten *Vergangenheit* und *Zukunft* als Unterscheidungsmerkmale für die Einteilung in "galileischer" und "aristotelischer Tradition" verwendet, handelt es um eine v. Wright-immanente Fragestellung; auch wenn sie von v. Wright nicht explizit formuliert wird. Wenn aber diese Fragestellung v. Wright-immanent ist, dann stellt sich die Frage, warum v. Wright nur die ersten beiden Positionen/Traditionen der Tabelle 8 (Kausalismus/"galileische Tradtion" und Finalismus/"aristotelische Tradition") in seiner ideengeschichtlichen Rekonstruktion der Methodologie berücksichtigt. Warum finden >Evolutionismus< (3. Zeile) und >Existentialismus< (4. Zeile) in v. Wrights handlungstheoretischen Arbeiten offensichtlich keine Berücksichtigung?

Es ist interessant, daß v. Wright außerhalb seines >Traditionenkapitels< die Position >Evolutionismus< anhand "retrodiktiver Erklärungen" berücksichtigt. Nach Ansicht v. Wrights können "retrodiktive Erklärungen" "*nicht* zur Voraussage neuer Vorkommnisse des *Explanandums* verwendet werden."[31] Sie würden ausschließlich der "Aufstellung von *Retrodiktionen*"[32] dienen. Retrodiktive Erklärungen seien "in den Wissenschaften äußerst

---

[28] Die >evolutionistische< Erklärungsleistung beschränkt sich nach Ansicht "evolutionärer Erkenntnistheoretiker" aufgrund des Zusammenspiels von Mutation und Selektion auf die »Vergangenheit« (retrodiktive Erklärungen), denn es sei davon auszugehen, "»daß es hier die Evolution selbst ist, die experimentiert« und daß der Mensch lediglich den Ausgang des Experiments direkt beobachten, das Experiment aber nur rekonstruieren kann" (Wuketits, F. M. (Biologie), S. 99). Abgesehen von Trendaussagen, die nicht mit Voraussagen der "galileischen Tradition" gleichgesetzt werden können, bleibt die Zukunft offen, weil das zukünftige Zusammenspiel von Mutation und Selektion nicht vorausgesagt werden kann.

[29] Ob eine derartige wissenschaftliche Position auch vorliegt, ist dem Autor nicht bekannt. Man könnte das Philosophieverständnis von K. Jaspers hier anführen, wenn dieses nicht erst dort ansetzen würde, wo die Grenzen von Wissenschaft erreicht worden sind: "Denn der Sinn des Philosophierens ist Gegenwärtigkeit. Wir haben nur eine Wirklichkeit, hier und jetzt. Was wir durch unser Ausweichen versäumen, kehrt nie wieder, aber wenn wir uns vergeuden, auch dann verlieren wir das Sein. Jeder Tag ist kostbar: ein Augenblick kann alles sein. Wir werden schuldig an unserer Aufgabe, wenn wir aufgehen in Vergangenheit und Zukunft" (Philosophie), S. 118.

[30] Bezüglich "galileischer" und "aristotelischer Tradition" wird diese Voraussetzung weiter unten thematisiert.

[31] Von Wright, G. H. (Erklären), S. 62, Hervorhebungen im Original.

[32] Ebenda, Hervorhebung im Original.

wichtig, die wie Kosmogonie, Geologie und die Evolutionstheorie, die Geschichte (Entwicklung) von Natur-Ereignissen und Prozessen untersuchen."[33] Wenn nun aber für v. Wright retrodiktive Erklärungen "in den Wissenschaften äußerst wichtig" sind und sie sich bezüglich der für sie relevanten Zeit (nur Vergangenheit) offensichtlich von Erklärungen der "galileischen Tradition" unterscheiden, warum hat dann v. Wright ihnen keine eigene Tradition (z.B. >darwinistische Tradition<) zuerkannt?

Ein Grund, warum v. Wright den "retrodiktiven Erklärungen" keine eigene Tradition zuweist, könnte darin bestehen, daß er sie einfach der "galileischen Tradition" zuordnet. Diese Vermutung liegt nahe, weil v. Wright im Zusammenhang mit der Erörterung der "retrodiktiven Erklärungen" die Gültigkeit der "These von der »strukturellen Gleichheit von Erklärung und Voraussage«"[34] abzulehnen scheint: Es sei "ein Fehler, wenn man glaubt, eine Kausalerklärung oder eine wissenschaftliche Erklärung ganz generell sei notwendigerweise mit einem Mechanismus zur Voraussage erklärter Phänomene äquivalent"[35]. Soll damit, quasi durch die >Hintertür<, der Begriff "Kausalerklärung" extensional derart erweitert werden, daß "Kausalerklärungen" nunmehr Ereignisse zu erklären *und/oder* vorauszusagen hätten? Sollte v. Wright die Ablehnung der These von der "strukturellen Gleichheit" als Begründung für die Zuordnung von "retrodiktiven Erklärungen" zur "galileischen Tradition" ansehen, dann lassen sich dagegen zwei (immanente) Bedenken erheben:

(1) Die galileische Tradition charakterisiert v. Wright durch "kausale Erklärungen". Bei "Kausalerklärungen" werde "die Existenz einer gesetzmäßigen Verknüpfung zwischen dem Ursache-Faktor und dem Wirkungsfaktor [...] angenommen."[36] Die Gültigkeit dieser Erklärungen hänge dabei von der "Gültigkeit der angenommenen gesetzmäßigen Verbindung zwischen Ursache und Wirkung ab."[37] Eine gesetzmäßige Verknüpfung (a nomic causal relation") zwischen Ursache (C) und Wirkung (E) beziehe sich auf ein "*universal law*": "Whenever *C* occurs [...], *E* follwos."[38] Impliziert somit eine "gesetzmäßige Verbindung zwischen Ursache und Wirkung" nicht die These von der strukturellen Gleichheit von Erklärung und Voraussage"? "Kausalerklärung" und "Covering-Law-

[33] Ebenda, S. 63.

[34] Ebenda, S. 151, Anmerkung 3.

[35] Ebenda, S. 62; vgl. auch S. 63.

[36] Ebenda, S. 83.

[37] Ebenda.

[38] Von Wright, G. H. (Action), S. 52, Hervorhebung im Original.

Modell" bzw. "Subsumptions-Theorie der Erklärung"[39] (z.B. das Hempel-Oppenheim-Schema der Erklärung) erachtet v. Wright als "im wesentlichen dasselbe".[40] Dies wiederum bedeutet, daß "Kausalerklärungen" Ereignisse erklären *und* voraussagen.

(2) "Retrodiktive Erklärungen" bezeichnet v. Wright auch als "*quasi-teleologisch*"[41]."Quasi-teleologisch" sind für v. Wright solche Erklärungen, "die in eine teleologische Terminologie gekleidet werden können, deren Gültigkeit aber trotzdem von der Wahrheit gesetzmäßiger Verknüpfungen abhängt."[42] Entsprechend den Ausführungen von (1) wären "retrodiktive Erklärungen" demnach >verkleidete< "Kausalerklärungen". Da "Kausalerklärungen" Ereignisse erklären *und* voraussagen, können "retrodiktive Erklärungen" keine "Kausalerklärungen" darstellen - ansonsten liegt ein Widerspruch vor.

Eine Zuordnung von "retrodiktiven Erklärungen" zur galileischen Tradition ist im Kontext der v. Wrightschen Ausführungen zur "Kausalerklärung" nicht haltbar. Möglicherweise liegen die Gründe dieser Unhaltbarkeit in der Konfusion hinsichtlich des Begriffs "Erklärung".[43] "Retrodiktive Erklärungen" entsprechen gemäß ihrer Charakteristik der (alternativen) Position >Evolutionismus<. Die Erwägung einer eigenständigen Tradition (z.B. der >darwinistischen Tradition<) aufgrund der Existenz "retrodiktiver Erklärungen" wäre hier erforderlich.

Im Gegensatz zu den "retrodiktiven Erklärungen" wird die Möglichkeit einer >existentialistischen< Position bzw. Tradition von v. Wright in seinen handlungstheoretischen Arbeiten überhaupt nicht in Erwägung gezogen.

Von den vier kombinatorisch möglichen Positionen/Traditionen berücksichtigt v. Wright also lediglich zwei, nämlich die "galileische" und die "ari-

---

[39] Von Wright zieht die Bezeichnung "Subsumptions-Theorie der Erklärung" der etablierten Bezeichnung "Covering-Law-Modell (bzw. Theorie)" vor (vgl. (Erklären), S. 23 f.).

[40] Von Wright, G. H. (Erklären), S. 45. Dabei ist für v. Wright die Gleichsetzung von "Kausalerklärung" und "Subsumptions-Theorie der Erklärung" keineswegs zwangsläufig: "Es ist fraglich, ob tatsächlich alle Kausalerklärungen dem Hempelschen Schema entsprechen. Ebenso fraglich ist, ob das Schema wirklich als eine Erklärung gelten kann, wenn die allgemeinen Gesetze keine Kausalgesetze sind. Wie man diese beiden Fragen beantwortet, hängt davon ab, welche Auffassung man von der Natur der Kausalität hat. Ich werde zu zeigen versuchen, daß es im Zusammenhang mit Erklärungen wichtige Verwendungsweisen von »Ursache« gibt, die von dem Gesetzesschema der Erklärung nicht erfaßt werden. Allerdings gibt es auch wichtige Verwendungsweisen, die von ihm erfaßt werden. Es macht m.E. die Sache klarer, wenn man den Ausdruck »Kausalerklärung« für solche Verwendungsweisen reserviert" (Erklären), S. 27.

[41] Ebenda, S. 62, Hervorhebung im Original.

[42] Ebenda, S. 84.

[43] Vgl. Fußnote 12 dieses Kapitels.

stotelische Tradition"; obwohl ihm die Berücksichtigung einer >darwinistischen Tradition< durchaus hätte möglich sein können. Diese vier kombinatorisch möglichen Positionen/Traditionen wurden bisher unter der Voraussetzung als alternativ angesehen, daß neben der gleichen Problem- bzw. Fragestellung (>Welche Zeiten sind für wissenschaftliche Erklärungen relevant?<) ihnen bisher auch ein gleicher Gegenstandsbereich unterstellt wurde. Ist diese Unterstellung korrekt? Da v. Wright lediglich die "galileische" und die "aristotelische Tradition" betrachtet, stellt sich die Frage, ob sich auch beide Traditionen auf den gleichen Gegenstandsbereich beziehen. Denn nur wenn dies der Fall ist, sind "galileische" und "aristotelische Tradition" auch tatsächlich alternativ; und nur dann läßt sich der Gegensatz von "galileischer" und "aristotelischer Tradition" überhaupt als metawissenschaftliche Entscheidungssituation formulieren.

Wie bereits in Abschnitt 7.2 ausgeführt wurde, verfolgt v. Wright zwei Ziele: (1) Einen "Nachweis" zu liefern, daß zwischen Human- und Naturwissenschaften ein prinzipieller Unterschied besteht und (2) eine methodologische "Alternative" für die methodologisch eigenständigen Humanwissenschaften vorzulegen. Auch vor dem Hintergrund der v. Wrightschen Zuordnung der Autoren und Positionen zur "galileischen" und "aristotelischen Tradition" wird sehr deutlich, daß sich beide "Traditionen" in jedem Fall auf den Gegenstandsbereich "Humanwissenschaften" beziehen. Insofern wäre die "aristotelische Tradition" eine Alternative zur "galileischen Tradition". Aber beziehen sich auch beide "Traditionen" ausschließlich auf die Humanwissenschaften? Da sich für v. Wright die "galileische Tradition" aus den Naturwissenschaften heraus entwickelt hat und dort weiterbesteht,[44] bezieht sie sich nicht ausschließlich auf die Humanwissenschaften. Und die "aristotelische Tradition"?

Werden "galileische und aristotelische Tradition" auf Human- und Naturwissenschaften bezogen, sind insgesamt mindestens drei Konstellationen denkbar, die auch sinnvoll sind:

---

[44] Vgl. ebenda, S. 17 f.

Tabelle 9

Mögliche Traditionenkonstellationen

	Humanwissenschaften	Naturwissenschaften	Position
1. Zeile:	aristotelische Tradition	aristotelische Tradition	>aristotelischer Zentrismus<
2. Zeile:	aristotelische Tradition	galileische Tradition	>Dualismus<
3. Zeile:	galileische Tradition	aristotelische Tradition	(?)
4. Zeile:	galileische Tradition	galileische Tradition	>galileischer Naturalismus<

Hinsichtlich ihrer Problemstellung weist die Tabelle 9 gewisse Parallelen zur Tabelle 1 (Kapitel 3) auf und läßt folgende Interpretation zu: 1. Zeile: Human- und Naturwissenschaften werden (methodisch) durch die "aristotelische Tradition" geprägt. In Analogie zur 3. Zeile der Tabelle 1 kann diese Position als >aristotelischer Zentrismus< bezeichnet werden, da hier die Gegenstandserfassung in den Human- und Naturwissenschaften nur mit Methoden, die der "aristotelischen Tradition" angehören, als geeignet angesehen wird. 2. Zeile: Die Humanwissenschaften werden durch die "aristotelische Tradition", die Naturwissenschaften durch die "galileische Tradition" geprägt. Diese Position vertritt v. Wright und wird nicht nur im Rahmen dieser Arbeit als >Dualismus< bezeichnet, d.h. diese Position geht von einer vollständigen methodischen Unabhängigkeit in den Human- und Naturwissenschaften aus (4. Zeile d. Tabelle 1). 3. Zeile: Die Humanwissenschaften werden durch die "galileische Tradition", die Naturwissenschaften durch die "aristotelische Tradition" geprägt. Ob es sich hierbei um eine sinnvolle Alternative handelt, bleibt offen und wird aus diesem Grund auch mit einem (?) bezeichnet.[45] 4. Zeile: Human- und Naturwissenschaften werden durch die "galileische Tradition" geprägt. In Analogie zur 2. Zeile der Tabelle 1 wird diese Position als >galileischer Naturalismus< bezeichnet, da sie die Methoden der "galileischen Tradition" auch insbesondere für die Humanwissenschaften als eindeutig überlegen gegenüber den Methoden der "aristotelischen Tradition" erachtet.

---

[45] Die Frage, ob es sich hier um eine sinnvolle Alternative handelt, bleibt hier vor allem deshalb offen, weil diese Konstellation keine unmittelbare Relevanz für diese Arbeit besitzt.

Von Wright ist >Dualist<.[46] Vor dem Hintergrund der in Tabelle 9 entwickelten Alternativen läßt sich zeigen, daß v. Wright seine Formulierung der metawissenschaftlichen Entscheidungssituation als Traditionenproblem ein weiteres Mal verkürzt, d.h. daß er ein weiteres Mal nicht alle die ihm denkbar möglichen Alternativen berücksichtigt.

Der >Dualist< v. Wright erachtet die "aristotelische Tradition" als eine ausschließlich humanwissenschaftlich orientierte, die "galileische Tradition" als eine ausschließlich naturwissenschaftlich orientierte "Tradition". D.h. daß sich die Tabelle 9 für v. Wright auf nur zwei sinnvolle Alternativen reduziert: Zeile 2 (>Dualismus<) und Zeile 4 (>galileischer Naturalismus<). Die Alternative >aristotelischer Zentrismus< (Zeile 1) findet in den Arbeiten v. Wrights keinerlei Berücksichtigung, obwohl ihm diese Alternative nicht unbekannt sein dürfte: Bei der Bezeichnung beider Traditionen als "galileisch" und "aristotelisch" greift v. Wright auf K. Lewins Aufsatz "Der Übergang von der aristotelischen zur galileischen Denkweise in Biologie und Psychologie" zurück, weil sich dort eine "ausgezeichnete Darstellung des Gegensatzes zwischen beiden Typen von Wissenschaft" finde.[47] Von Wright spricht in diesem Zusammenhang ganz allgemein von "Typen von Wissenschaft", wobei interessant ist, daß v. Wright eine Textstelle aus Lewins Aufsatz zitiert, die sich auf die 1. Zeile der Tabelle 9 bezieht, d.h. Lewin stellt dort aristotelische und galileische Begriffsbildung in der *Physik* gegenüber.[48] In "Wittgenstein" erwähnt v. Wright sogar den Übergang von der aristotelischen zur galileischen Physik.[49] Demnach hat auch die "aristotelische Tradition" in den Naturwissenschaften eine bestimmte Rolle gespielt, und insofern ist die Fragestellung, die der Tabelle 9 zugrunde liegt, ebenfalls v. Wright-immanent. Da der >aristotelische Zentrismus< neben dem >galileischen Naturalismus< und dem >Dualismus< eine zunächst gleichberechtigte Alternative innerhalb der auf dieser Ebene formulierten metawissenschaftlichen Entscheidungssituation darstellt, erhebt sich die Frage, warum v. Wright die Alternative >aristotelischer Zentrismus< bisher nicht erwogen hat.

In "Erklären und Verstehen" warnt v. Wright vor dem "Glauben", "daß die aristotelische Tradition heute nur noch die schwindenden Relikte obso-

---

[46] Vgl. auch Abschnitt 7.2.

[47] Von Wright, G. H. (Erklären), S. 151, Anmerkung 6.

[48] Lewin-Zitat: "Bei der Gegenüberstellung der aristotelischen und galileischen Begriffsbildung in der Physik kommt es uns naturgemäß weniger auf die persönlichen Nuancen der Theorie bei Galilei und Aristoteles an als auf einige ziemlich massive Unterschiede der Denkweise, die für die tatsächliche Forschung der aristotelisch-mittelalterlichen und der nachgalileischen Physik maßgebend waren" (zitiert aus (Erklären), S. 151, Anmerkung 6).

[49] Vgl. (Wittgenstein), S. 187.

leter Elemente repräsentiert, von denen die Wissenschaft langsam aber sicher »befreit« wird."[50] Was meint v. Wright nun mit "die Wissenschaften"? Da v. Wright diese Frage nicht klärt, ergeben sich kombinatorisch drei Interpretationsmöglichkeiten: (1) Die "aristotelische Tradition" bezieht sich auf Human- und Naturwissenschaften. Sollte diese Interpretation zutreffen, dann bleibt v. Wright eine Antwort auf die Frage schuldig, warum er die Möglichkeit eines >aristotelischen Zentrismus< nicht erwogen hat. (2) Die "aristotelische Tradition" bezieht sich ausschließlich auf die Humanwissenschaften. Sollte diese Interpretation in Frage kommen, dann bleibt v. Wright eine Begründung dafür schuldig, warum die "aristotelische Tradition" in den Naturwissenschaften heute gar keine Rolle mehr spielt.[51] (3) Die "aristotelische Tradition" bezieht sich ausschließlich auf die Naturwissenschaften. Diese dritte Interpretationsmöglichkeit kann ausgeschlossen werden, da sie der bisherigen (dualistischen) Problemformulierung v. Wrights widerspricht. Unabhängig davon, welche der beiden anderen Interpretationsmöglichkeiten auch zutreffen mag, in jedem Fall bleibt v. Wright mindestens eine Antwort schuldig.

Von Wright beschränkt den Gegenstandsbereich seiner Betrachtungen bekanntlich auf die Humanwissenschaften, so daß "galileische" und "aristotelische Tradition" alternativ sind. Es ist in diesem Zusammenhang keineswegs unerheblich, ob v. Wright die Alternative >aristotelischer Zentrismus< erwägt oder nicht: Von Wright beabsichtigt, einen "Nachweis" zu liefern, daß zwischen Human- und Naturwissenschaften ein prinzipieller Unterschied besteht (s.o.), um damit seinen >Dualismus< zu begründen. Dieser "Nachweis" setzt jedoch einen weiteren Nachweis voraus, nämlich den, daß die "aristotelische Tradition" für die Naturwissenchaften eben nicht adäquat ist. Diesen zweiten Nachweis hat v. Wright bisher nicht geliefert. Und solange dieser Nachweis nicht vorliegt, kann der >Dualismus< auch aus folgendem Grund hinterfragt werden: Selbst wenn sich herausstellen sollte, daß im Vergleich zur "galileischen Tradition" die "aristotelische Tradition" für die Humanwissenschaften adäquat ist, führt dies nicht zwangsläufig zum >Dualismus<; denn die Plausibilität des >Dualismus< hängt in erster Linie von dem Nachweis ab, daß für die Naturwissenschaften die "aristotelische Tradition" in jeder Beziehung inadäquat ist. Solange dieser Nachweis aber nicht vorliegt, ist der >Dualismus< keineswegs plausibel. Eine Nichtberücksichtigung der Alternative >aristotelischer Zentrismus< im Rahmen

---

[50] Von Wright, G. H. (Erklären), S. 17.

[51] Die aristotelische Tradition in den Naturwissenschaften als überholt oder gar widerlegt anzusehen, ist möglicherweise voreilig. Für P. K. Feyerabend ist z.B. die aristotelische Physik (= Physik des Aristoteles) keineswegs widerlegt, wie er am Beispiel der aristotelischen und galileischen Auffassung bezüglich "der Kontinuität und der Bewegung" zu zeigen versucht (vgl. (Wissenschaft), S. 125 ff.).

der metawissenschaftlichen Entscheidungssituation hat zur Konsequenz, daß dieser Nachweis nicht erbracht zu werden braucht, weil so getan wird, als existiere eine solche Alternative nicht. Damit wird aber eine Scheinplausibilität aufgebaut, indem der >Dualismus< von einer bestimmten kritischen Hinterfragung verschont bleibt.

Zusammenfassend betrachtet, zeichnet sich die v. Wrightsche Problemformulierung der metawissenschaftlichen Entscheidungssituation auf der Traditionenebene also dadurch aus, daß sie aus immanent-systematischer Sicht in zweierlei Hinsicht verkürzt ist:

(1) Vor dem Hintergrund der Fragestellung, welche Zeiten (Vergangenheit und/oder Zukunft) für wissenschaftliche Erklärungen (Traditionen) relevant sind, ließen sich immanent-systematisch vier alternative Positionen (>Kausalismus<, >Finalismus<, >Evolutionismus<, >Existentialismus<) identifizieren und inhaltlich bestimmen, von denen v. Wright lediglich die Alternativen >Kausalismus< ("galileische Tradition") und >Finalismus< ("aristotelische Tradition") berücksichtigt. Die metawissenschaftliche Entscheidungssituation verkürzt sich hier auf den Gegensatz: "galileische versus aristotelische Tradition".

(2) Diese in (1) beschriebene Verkürzung der Problemformulierung wird noch weiter eingeengt, indem v. Wright die "aristotelische Tradition" als eine ausschließlich humanwissenschaftlich orientierte Tradition erachtet. Der >aristotelische Zentrismus<, der für die Plausibilität eines >dualistischen< Standpunkts mit maßgeblich ist, wird von ihm nicht erwogen.

Eine Begründung für diese Verkürzungen bei der Formulierung der metawissenschaftlichen Entscheidungssituation als Traditionenproblem ist im Rahmen der v. Wrightschen Problemformulierung nicht erkennbar.

9.1.2 Problemlösungsansatz

Wie löst v. Wright die von ihm als Traditionenproblem formulierte metawissenschaftliche Entscheidungsituation auf? Wie begründet er seine Entscheidung für die "aristotelische Tradition" als eine humanwissenschaftlich orientierte Tradition? Eine Rekonstruktion des v. Wrightschen Problemlösungsansatzes soll diese Fragen beantworten.

Im Abschnitt 5.1.1 wurden als prinzipielle Möglichkeiten, (wissenschaftliche) Entscheidungssituationen aufzulösen, die Grundpositionen >Fundamentalismus<, >Dezisionismus< und >Pragmatismus< unterschieden. Vor diesem Hintergrund soll die Rekonstruktion des

v. Wrightschen Problemlösungsansatzes erfolgen. Damit stellen sich zunächst die Fragen, (1) ob die Auflösung seiner als Traditionenproblem formulierten metawissenschaftlichen Entscheidungssituation durch eine begründete oder eine unbegründbare Entscheidung erfolgt und (2) ob v. Wright die jeweilige Entscheidung als revidierbar oder als nicht-revidierbar erachtet.

Von Wright behauptet nun, daß "die Wissenschaftstheorie in den letzten hundert Jahren abwechselnd an der einen oder der anderen dieser beiden von Grund auf entgegengesetzten Positionen festgehalten hat."[52] Gegenwärtig neige "sich das Pendel wieder mehr zu aristotelischen Seite"[53]. Demnach ist davon auszugehen, daß v. Wright eine nicht-revidierbare Entscheidung zwischen "galileischer" und "aristotelischer Tradition" bisher nicht als realisiert erachtet, so daß für ihn eine >fundamentalistische< Auflösung dieser metawissenschaftlichen Entscheidungssituation nicht weiter in Betracht kommmt. Die Frage ist nun, ob v. Wright diese von ihm formulierte metawissenschaftliche Entscheidungssituation >dezisionistisch< oder >pragmatisch< auflöst.

Zwischen "galileischer" und "aristotelischer Tradition" sind unterschiedliche Beziehungen feststellbar, die als >konvergent< und >divergent< bezeichnet werden können:

(1) Die >konvergenten< Beziehungen umfassen die "triviale Tatsache, daß beide Positionen in bestimmten Punkten recht haben und sich in einigen Fragen ein Kompromiß erzielen ließe."[54] Zwischen beiden "Traditionen" gebe es einen "Dialog" und "eine Art Fortschritt".[55] So sei die "temporäre Dominanz einer der beiden Richtungen [...] gewöhnlich das Resultat eines Durchbruchs, der auf einer Periode der Kritik an der anderen Richtung folgt. Das Resultat eines solchen Durchbruchs ist niemals nur eine Rehabilitierung von etwas, das es bereits vorher gab, es trägt vielmehr auch den Stempel der Ideen, aus deren Kritik es hervorgegangen ist."[56]

(2) Die >divergenten< Beziehung kommen in der Feststellung v. Wrights zum Ausdruck, daß es eine "Illusion" sei, "zu glauben, daß die Wahrheit eindeutig bei einer der beiden gegensätzlichen Positionen zu finden

[52] Von Wright, G. H. (Erklären), S. 40.

[53] Ebenda.

[54] Ebenda.

[55] Ebenda, S. 41.

[56] Ebenda.

ist."[57] Es gebe "einen grundsätzlichen Gegensatz, bei dem es weder einen Kompromiß noch eine Widerlegung geben kann - in einem gewissen Sinn auch keine Wahrheit."[58]

Von Wright läßt keinen Zweifel daran, daß er die >divergenten< Beziehungen für die dominierenden hält; denn dieser grundsätzliche Gegensatz "ist verankert in der Wahl von Prämissen, von Grundbegriffen für die gesamte Argumentation. Diese Wahl, so könnte man sagen, ist »existentiell«. Es ist die Wahl eines Standpunktes, der sich nicht weiter begründen läßt."[59]

Selbst angesichts der >konvergenten< Beziehungen zwischen "galileischer" und "aristotelischer Tradition" wird deutlich, daß v. Wright eine >dezisionistische< Grundposition einnimmt, d.h. daß er die als Traditionenproblem formulierte metawissenschaftliche Entscheidungssituation aufgrund einer nicht-revidierbaren Nicht-Begründung aufzulösen gedenkt. Mit der "existentiellen" Wahl von "Prämissen" und "Grundbegriffen" läßt sich die Wahl zwischen "galileischer" und "aristotelischer Tradition" wissenschaftlich "nicht weiter begründen". Die Entscheidung zwischen "galileischer" und "aristotelischer Tradition" ist für v. Wright auch in Zukunft nicht entscheidbar; die Nicht-Begründbarkeit ist unrevidierbar. Die >Konvergenz< zwischen beiden "Traditionen", die v. Wright mit "Dialog", "Kompromiß" und "eine Art Fortschritt" beschreibt, kann somit als unwesentlich eingeschätzt werden.

9.2 Die metawissenschaftliche Entscheidungssituation als Paradigmenproblem

9.2.1 Problemformulierung

Diejenige Richtung der analytischen Philosophie, die sich innerhalb der "aristotelischen Tradition" befindet ("linguistische Philosophie"/"Philosophie der normalen Sprache") wird nach Ansicht v. Wrights durch die Spätphilosophie Wittgensteins geprägt.[60] Von Wright fühlt sich dieser Richtung der Analytischen Philosphie verpflichtet: "Wittgenstein hat meine geistige Entwicklung stärker beeinflußt, als es einem anderen Menschen möglich gewe-

---

[57] Ebenda, S. 40.

[58] Ebenda.

[59] Ebenda, S. 40 f.

[60] Vgl. Abschnitt 9.1.1.

sen wäre."[61] Zwar bildet die Paradigmenkonzeption von T. S. Kuhn den Ausgangspunkt für v. Wrights Betrachtung der metawissenschaftlichen Entscheidungssituation als Paradigmenproblem, doch steht auch sie unter dem Einfluß der Spätphilosophie Wittgensteins.[62] Die Bedeutungsähnlichkeit der beiden Begriffe "Weltbild" (Wittgenstein) und "Paradigma" (Kuhn), wie sie bei v. Wright zum Ausdruck kommt, deutet dies an: Für Wittgenstein sei ein "Weltbild" "der Grund, der uns und anderen Leuten gemeinsam sein muß, damit wir ihre Handlungen und Werte *verstehen* und uns in unseren Urteilen mit ihnen einigen können."[63] "Paradigmen" seien "das Gerüst der Fragestellungen des wissenschaftlichen Forschens und bestimmen den Spielraum der möglichen Antworten."[64,65]

Von Wright erachtet die Kuhnsche Paradigmenkonzeption als ein "gutes Anschauungsbeispiel" für die Wittgensteinsche Weltbildkonzeption.[66] Trotzdem bedürfe diese "gute" Veranschaulichung noch einer "sehr viel weitergehenden Ausarbeitung"[67]. Eine Richtung dieser Ausarbeitung rege "dazu an, die Unterschiede zwischen den Naturwissenschaften und den Wissenschaften vom Menschen zu betrachten."[68] Diese Ausarbeitung umfaßt bei v. Wright nicht nur die Übertragung des Kuhnschen Paradigmenansatzes auf die metawissenschaftliche Entscheidungssituation, sondern auch eine Auseinandersetzung des >Wittgensteinianer< v. Wright mit Kuhns Paradigmakonzeption.

Von Wright versteht "Paradigmen" zunächst als methodologische Paradigmen, die sich ausschließlich auf "Beschreibungen und Erklärungen" beziehen: "Parallele Typen von Sozialwissenschaften unterscheiden sich weni-

---

[61] Von Wright, G. H. (Wittgenstein), S. 22. Nach eigenen Aussagen hat v. Wright Wittgenstein "gut gekannt" (S. 11). Von Wright wurde Wittgensteins Nachfolger auf dem Cambridger Lehrstuhl für Philosophie und wurde von Wittgenstein neben G. E. M. Anscombe und R. Rhees zu einem seiner literarischen Nachlaßverwalter bestimmt (vgl. S. 14).

[62] Die Verbindung Wittgenstein - Kuhn ist für v. Wright keineswegs zufällig: "In Kuhns Buch [Die Struktur wissenschaftlicher Revolutionen; U. K.] finden sich einschlägige Hinweise auf Wittgenstein, wenn auch aus offensichtlichen Gründen nicht auf die hier betrachteten Spätschriften" (Wittgenstein), S. 187, Fußnote 16. Was v. Wright hier mit "offensichtlichen Gründen" meinen könnte, ist mir allerdings nicht >offensichtlich<.

[63] Von Wright, G. H. (Wittgenstein), S. 182, Hervorhebung im Original.

[64] Ebenda, S. 187.

[65] Eine weitere Parallele besteht vermutlich darin, daß v. Wright ein "Weltbild" als "eine Anhäufung enorm vieler Subsysteme" ((Wittgenstein), S. 183) erachtet und daß sich "Paradigmen" aus "paradigmatischen Thesen" zusammensetzen (vgl. (Erklären), S. 132).

[66] Vgl. (Wittgenstein), S. 187 sowie Abschnitt 6.1.

[67] Von Wright, G. H. (Wittgenstein), S. 187.

[68] Ebenda.

ger in konträren Auffassungen über Tatsachen als in den Paradigmata, die sie für ihre Beschreibungen und Erklärungen akzeptieren."[69] Unterschiedliche (methodologische) Paradigmen repräsentierten unterschiedliche "Erkenntnisformen, aufgrund derer die verschiedenen Aspekte der Wirklichkeit dem rationalen Begreifen des Menschen offenstehen"[70]. Von Wright stimmt mit Kuhn in der Auffassung überein, daß die Naturwissenschaften durch Paradigmen geprägt sind. Die Übereinstimmung endet allerdings bei der Frage, ob dies auch für die Humanwissenschaften zutrifft. Nach Ansicht v. Wrights hält Kuhn die Humanwissenschaften für noch nicht reif genug, d.h. sie seien "noch nicht in ein Stadium eingetreten [...], in dem Paradigmen klar genug artikuliert sind, um eine Gegenüberstellung von Paradigmen zu ermöglichen"[71]; sie hätten noch nicht die Stufe erreicht, "die durch universell gültige Paradigmata charakterisiert ist"[72]. Von Wright ist sich "jedoch nicht sicher, ob Kuhn recht hat - ob er die Paradigmen nicht sozusagen in der falschen Richtung sucht"[73] und hält es für "wahrscheinlich" richtig, "daß es in den Sozialwissenschaften keine *universellen* Paradigmata gibt und daß dies ein Merkmal ist, das sie von den Naturwissenschaften unterscheidet."[74] Demnach vertritt v. Wright die Ansicht, daß sowohl die Natur- als auch die Humanwissenschaften durch "Paradigmen" gekennzeichnet sind und daß sich natur- und humanwissenschaftliche Paradigmen hinsichtlich des Merkmals "universell" unterscheiden. Auf dieser Ebene lautet der Gegensatz von Natur- und Humanwissenschaften: universelle versus nicht-universelle Paradigmen. Die entsprechende metawissenschaftliche Entscheidungssituation umfaßt die Frage, ob die Humanwissenschaften durch die "universellen" Paradigmen der Naturwissenschaften adäquat erfaßt werden können oder nicht. Um diese als Paradigmenproblem formulierte metawissenschaftliche Entscheidungssituation inhaltlich näher bestimmen zu können, sind die folgenden zwei Fragen zu beantworten:

(1) Was versteht v. Wright unter dem Merkmal "universell"?

---

[69] Von Wright, G. H. (Erklären), S. 177, Anmerkung 12.

[70] Von Wright, G. H. (Erwiderungen), S. 267.

[71] Von Wright, G. H. (Wittgenstein), S. 188.

[72] Von Wright, G. H. (Erklären), S. 176, Anmerkung 12.

[73] Von Wright, G. H. (Wittgenstein), S. 188, Hervorhebung im Original. Es ist erwähnenswert, daß v. Wright seinen Standpunkt mit einer gewissen Vorsicht vertritt, wie dies in Äußerungen "Ich bin mir jedoch nicht sicher"; "Richtig ist wahrscheinlich" etc. zum Ausdruck kommt. Für die Humanwissenschaften erwägt v. Wright sogar die Möglichkeit, daß "ihre Geschichte noch zu kurz [ist], um ein endgültiges Urteil zu gestatten" (S. 187). Demnach wäre es zwar auch für v. Wright grundsätzlich möglich, daß Kuhn letztlich doch recht behielte, jedoch erachtet v. Wright diese Möglichkeit für nicht wahrscheinlich.

[74] Von Wright, G. H. (Erklären), S. 176, Anmerkung 12, Hervorhebung im Original.

(2) Warum kann es nach Ansicht v. Wrights in den Humanwissenschaften keine "universellen" Paradigmen geben?

Zu (1): Die Naturwissenschaften sind für v. Wright "nicht das einheitlich wachsende Wissenskorpus", sondern bilden,"wie es scheint, zu jeder Zeit im Grunde *ein* Korpus von Paradigmen."[75] Diese von v. Wright bezeichnete "Einheit"[76] kann nach seiner Auffassung zeitweilig, "während anhaltender Krisenzeiten - wie etwa beim Übergang von der aristotelischen zur galileischen Physik"[77], verloren gehen. Demnach hat die galileische "Einheit" die aristotelische "Einheit" abgelöst. Aus dem Kontext seiner Ausführungen in "Wittgenstein" läßt sich entnehmen, daß v. Wright mit "Korpus von Paradigmen" eine Art >Super-Paradigma< meinen könnte. Demnach würden die Human- und Naturwissenschaften jeweils ein >Super-Paradigma< darstellen.[78] Bezüglich der Humanwissenschaften spricht v. Wright "mit einer gewissen Berechtigung von parallelen Typen von Sozial-wissenschaften"[79]. Diese "Typen von Sozialwissenschaften" unterscheiden sich "in ihren paradigmatischen Auffassungen der konstitutiven Elemente der gesellschaftlichen Realität und der Bedingungen des sozialen Wandels."[80] In "Erklären und Verstehen" führt v. Wright als Beispiel das Nebeneinanderbestehen von "marxistischer Sozialwissenschaft" und "bürgerlicher Sozialwissenschaft" an.[81] Die Existenz von "parallelen Typen von Sozialwissenschaften" und damit von "parallelen" Paradigmen ist für v. Wright vermutlich kennzeichnend für eine fehlende "Einheit" dieser Paradigmen. Ist damit das Merkmal "universell" gleichbedeutend mit dem Merkmal "Einheit"?

In "Erklären und Verstehen" bezieht sich das Merkmal "universell" auf Paradigmen der Naturwissenschaften; in "Wittgenstein" bezieht sich das Merkmal "Einheit" auf den naturwissenschaftlichen "Korpus von Paradig-

[75] Von Wright, G. H. (Wittgenstein), S. 187, Hervorhebung im Original.

[76] Ebenda.

[77] Ebenda.

[78] Da sich v. Wright hierzu nicht weiter äußert und Kuhn ausschließlich Paradigmen (und keine >Super-Paradigmen<) betrachet, ist der v. Wrightsche Ausdruck "Korpus von Paradigmen" interpretationsbedürftig. Es stellt sich überhaupt die Frage, was v. Wright unter dem Begriff "Paradigma" genau versteht. Eine Berufung auf Kuhn hilft nicht unbedingt weiter, da (1) M. Masterman 21 (!) unterschiedliche Bedeutungen des Kuhnschen Paradigmenbegriffs in "Die Struktur wissenschaftlicher Revolutionen" glaubt festgestellt zu haben (vgl. Masterman, M. (Natur), S. 61 ff.) und (2) Kuhn in späteren Arbeiten "mit einer gewissen Erleichterung" auf den Ausdruck "Paradigma" verzichtet und stattdessen den Begriff "disziplinäre Matrix" verwendet (vgl. Kuhn, T. S. (Überlegungen), S. 415).

[79] Von Wright, G. H. (Erklären), S. 177, Anmerkung 12.

[80] Von Wright, G. H. (Wittgenstein), S. 188.

[81] Vgl. v. Wright, G. H. (Erklären), S. 176 f., Anmerkung 12.

men". Ist somit die "Einheit" des "Korpus" "universell" oder nur die darin enthaltenen Paradigmen? Da v. Wright diese Beziehung nicht weiter klärt, sind zunächst beide Interpretationen, die als >Gleichheitsthese< und >Ungleichheitsthese< bezeichnet werden, möglich:

- >Gleichheitsthese<: Die Merkmale "universell" und "Einheit" sind in ihrer Bedeutung gleich. Hierfür spricht vermutlich v. Wrights Beschreibung des Übergangs von der aristotelischen zur galileischen Physik als ein Übergang von der aristotelischen "Einheit" zur galileischen "Einheit"; wobei "Einheit" stets auf "Korpus" bezogen wird. Die galileische Physik wird dann als ein (naturwissenschaftliches) Paradigma verstanden, welches durch das Merkmal "universell" gekennzeichnet ist. Aber kann ein "universelles" Paradigma (Singular!) "*ein* Korpus von Paradigmen" (Plural!) darstellen? Der Begriff "Korpus von Paradigmen" gäbe dann keinen Sinn mehr, weil ein "universelles" Paradigma inhaltlich mit der "Einheit" des "Korpus" zusammenfiele.

- >Ungleichheitsthese<: Die Merkmale "universell" und "Einheit" sind in ihrer Bedeutung verschieden. Gemäß dieser >Ungleichheitsthese< sind ausschließlich die (naturwissenschaftlichen) Paradigmen innerhalb eines einheitlichen "Korpus" "universell", nicht aber das "Korpus" selbst. Von Wright kennzeichnet die Naturwissenschaften als einheitlichen "Korpus"; die Humanwissenschaften vermutlich als nicht-einheitlichen "Korpus". Sollte nun die >Ungleichheitsthese< zutreffen, dann dürfte v. Wright vermutlich davon ausgehen, daß eine (naturwissenschaftliche) "Einheit" aus mehreren "universellen" Paradigmen besteht. Wenn aber eine "Einheit" aus mehreren "universellen" Paradigmen bestehen kann, dann läßt v. Wright unbestimmt, wodurch sich das Merkmal "universell" auszeichnet und was es überhaupt bedeutet, wenn gleichzeitig mehrere "universelle" Paradigmen vorliegen. Ungeachtet dieser offenen Fragen müßte sich v. Wrights Formulierung des Gegensatzes von Natur- und Humanwissenschaften um die Kategorie "Korpus von Paradigmen" (als >Super-Paradigma<) erweitern:

Tabelle 10

"Paradigmen" und "Korpus von Paradigmen" in Natur- und Humanwissenschaften

	Naturwissenschaften	Humanwissenschaften
Paradigma	"universell"	nicht "universell"
"Korpus"	"Einheit"	keine "Einheit"

Zu (2): Entsprechend den Ausführungen von (1) ist die Ausgangsfrage (2) folgendermaßen zu modifizieren: Warum gibt es nach Ansicht v. Wrights in den Humanwissenschaften keine "universellen" Paradigmen und/oder kein einheitliches "Korpus von Paradigmen"?

Von Wright vertritt die These, daß die Wirkungen von Ideologien in den Human- und Naturwissenschaften jeweils unterschiedliche "Tiefen" erreichen.[82] Die Paradigmen der Humanwissenschaften würden durch Ideologien festgelegt. Ihre Unterschiede "lassen sich zurückverfolgen bis zu Unterschieden der Interessen (Wertsetzungen) und der Artikulation von Interessen zur Bildung von Ideologien."[83] Diese tiefgreifenden Wirkungen von Ideologien auf humanwissenschaftliche Paradigmen verhinderten, daß sich in den Humanwissenschaften keine "universellen" Paradigmen bzw. kein einheitliches "Korpus von Paradigmen" bilden konnten. Als Beispiel hierfür führt v. Wright an, daß es im "Korpus einer Sozialwissenschaft" "tatsächlich eigenständige bürgerliche und marxistische Theorien der Ökonomie oder der Soziologie"[84] nebeneinander gebe.

Daß Ideologien Einfluß auf Paradigmen ausüben, gilt für v. Wright grundsätzlich auch für die Naturwissenschaften: "Manchmal versuchen Ideologien auch, ihren Einfluß so zu erweitern, daß er bis in den paradigmatischen Hintergrund der Naturwissenschaften reicht."[85] Allerdings: "Aber hier dringen die Wirkungen der Ideologie nie weit in die Tiefe."[86] Anhand

[82] Vgl. v. Wright, G. H. (Wittgenstein), S. 188.

[83] Ebenda.

[84] Ebenda.

[85] Ebenda.

[86] Ebenda.

zweier Beispiele versucht v. Wright dies zu belegen: "Lenins Angriff auf Mach beiseite, es gibt keine ernstzunehmende marxistische Alternative zur Relativitätstheorie. Und eine respektable marxistische Alternative zur Mendelschen Genetik gibt es auch nicht."[87] Mag sein, daß es zur Einsteinschen Relativitätstheorie und zur Mendelschen Genetik *keine marxistische* Alternative gibt. Aber heißt dies, daß hierzu überhaupt keine Alternativen existieren bzw. möglich sind?[88] Warum "Lenins Angriff auf Mach beiseite"? Warum ist Lenins Position keine "ernst-zunehmende" Alternative zu E. Machs Position? Was versteht v. Wright überhaupt unter "Alternative"? Was sind dann "ernstzunehmende" und "respektable" Alternativen? Von Wright geht auf diese Fragen leider nicht ein, so daß die Überzeugungskraft seiner angeführten (naturwissenschaftlichen) Beispiele darunter leidet.

Wie bereits erwähnt, hält v. Wright eine "weitergehende Ausarbeitung" und damit eine Auseinandersetzung mit dem Kuhnschen Paradigmenkonzept für erforderlich. Im einzelnen umfaßt die v. Wrightsche "Ausarbeitung" zwei Punkte:

- Im Gegensatz zu Kuhn scheint v. Wright davon überzeugt zu sein, daß auch die Humanwissenschaften durch Paradigmen gekennzeichnet sind. Das Kuhnsche Paradigmenkonzept wird von v. Wright somit auch auf die Humanwissenschaften angewendet. Ein Unterschied zwischen human- und naturwissenschaftlichen Paradigmen sieht v. Wright darin, daß naturwissenschaftliche Paradigmen einen "universellen" Charakter besitzen; humanwissenschaftliche Paradigmen dagegen nicht.

- Das Kuhnsche Paradigmenkonzept erweitert v. Wright dadurch, daß er eine Art >Super-Paradigma< ("Korpus von Paradigmen") einführt. Human- und Naturwissenschaften stellen vermutlich ein "Korpus von Paradigmen" dar, wobei die Naturwissenschaften, im Gegensatz zu den Humanwissenschaften, zu jeder Zeit durch "*ein* Korpus von Paradigmen" (s.o.) geprägt werden.

Insgesamt betrachtet, scheint die "weitergehende Ausarbeitung" v. Wrights darin zu bestehen, daß der >Wittgensteinianer< v. Wright das Kuhnsche Paradigmenkonzept dem Wittgensteinschen Weltbildkonzept angleicht. Diese Vermutung stützt sich auf die Feststellung, daß v. Wright am Ende seiner "Ausarbeitung" in "Wittgenstein" die Termini "Paradigma" und

---

[87] Ebenda.

[88] So führt B. J. Gut in (Relativitätstheorie) zahlreiche Autoren an, die im Gegensatz zur Relativitätstheorie nichtrelativistische Ansätze vertreten. Diese Kritiker der Relativitätstheorie versuchten auf nichtrelativistische Weise, z.B. die berühmte Formel $E = mc^2$ herzuleiten (vgl. S. 136), die "Perihelstörung der Planeten" zu behandeln (vgl. S. 136 f.) oder die "Kinematik und Dynamik [...] in umfassendem Sinne zu entwickeln" (S. 137).

"Weltbild" synonym verwendet.[89] Da v. Wright außerdem "Paradigmen" als "Begriffssystem"[90] und als "Begriffsnetz"[91] bezeichnet, kann vermutlich von folgender >Gleichung< ausgegangen werden: "Weltbild" = "Paradigma" = "Begriffssystem"/"Begriffsnetz".

Da es die Humanwissenschaften sind, die den Gegenstandsbereich der v. Wrightschen Betrachtungen bilden, formuliert v. Wright die metawissenschaftliche Entscheidungssituation als Paradigmenproblem auch innerhalb des humanwissenschaftlichen "Korpus von Paradigmen", da dort human- und naturwissenschaftliche Paradigmen miteinander konkurrieren. Diese Formulierung der metawissenschaftlichen Entscheidungssituation liest sich in "Erklären und Verstehen" wie folgt: "Mit anderen Worten, der »Kausalist« und der »Aktionist« knüpfen das Begriffsnetz, durch das sie die Welt sehen, verschieden - und dementsprechend sehen sie auch die Welt verschieden. Historisch gesehen verbinden sich ihre »Weltanschauungen« mit den zwei Traditionen des Denkens, die ich in Kapitel I zu beschreiben und zu differenzieren versuche."[92] Demnach erachtet v. Wright den Gegensatz von "Aktionist" und "Kausalist" als eine aktuelle Ausprägung des Gegensatzes von "aristotelischer" und "galileischer Tradition". Aber steht diese Feststellung im Einklang mit den bisherigen Analyseergebnissen dieses Abschnitts? Konnte nicht gerade gezeigt werden, daß diese als Paradigmenproblem formulierte metawissenschaftliche Entscheidungssituation keineswegs eine aktuelle Ausprägung des Gegensatzes von "aristotelischer" und "galileischer Tradition" darstellt? "Weltbild" ist hier ein Terminus aus der Spätphilosophie Wittgensteins.[93] Da nach Auffassung v. Wrights die "aristotelische" Richtung der analytischen Philosophie (linguistische Philosophie/Philosophie der normalen Sprache) durch die Spätphilosophie Wittgensteins geprägt wird (s.o.), dürfte Wittgensteins Weltbildkonzeption der "aristotelischen Tradition" angehören. Wenn nun aber die oben aufgestellte >Gleichung< ("Weltbild" = "Paradigma" = "Begriffssystem"/"Begriffsnetz") gilt, dann bedeutet dies doch, daß v. Wrights Formulierung der metawissenschaftlichen Entscheidungssituation als Paradigmenproblem nur noch ausschließlich innerhalb der "aristotelischen Tradition" erfolgen kann. Konsequenz: die v. Wrightsche Formulierung der metawissenschaftlichen Entscheidungssituation umfaßt nun nicht mehr den >neutralen< Gegensatz von "galileischer" und "aristotelischer Tradition", wie dies auf der Traditio-

[89] Vgl. v. Wright, G. H. (Wittgenstein), S. 188.

[90] Von Wright, G. H. (Erklären), S. 176, Anmerkung 12.

[91] Ebenda, S. 14.

[92] Ebenda. In diesem Kapitel I, das mit "Zwei Traditionen" überschrieben ist, werden "aristotelische" und "galileische Tradition" von v. Wright methodologisch rekonstruiert.

[93] Vgl. Wittgenstein, L. (Gewißheit), § 93 ff.

nenebene noch der Fall war, sondern v. Wright schränkt die Problemformulierung auf eine ausschließlich "aristotelische" Problemformulierung ein. Diese erneute (und bisher dritte) Verengung der Problemformulierung durch v. Wright ist zunächst unverständlich, weil seine >dezisionistische< Grundposition eine nicht-revidierbar begründete Entscheidung zwischen "galileischer" und "aristotelischer Tradition" nicht zuläßt und auch in Zukunft nicht zulassen wird. Vor diesem Hintergrund ist jedoch eine "galileische" Formulierung der metawissenschaftlichen Entscheidungssituation genauso erwägenswert wie eine "aristotelische" Problemformulierung. Werden "aristotelische" und "galileische" Problemformulierung als zwei mögliche Problemformulierungen miteinander kombiniert, ergeben sich drei sinnvolle Konstellationen:

Tabelle 11

Problemformulierungskonstellationen

	aristotelische Problemformulierung	galileische Problemformulierung
1. Zeile:	+	+
2. Zeile:	+	-
3. Zeile:	-	+
4. Zeile:	-	-

Indem v. Wright die Formulierung der metawissenschaftlichen Entscheidungssituation auf eine aristotelische Problemformulierung reduziert, erwägt er ausschließlich die Konstellation von Zeile 2. Die Einseitigkeit seiner Problemformulierung auf der Paradigmenebene besteht darin, daß v. Wright eine galileische Problemformulierung nicht erwägt. Soll der Gegensatz von "Aktionist" und "Kausalist" eine aktuelle Ausprägung des Gegensatzes von "aristotelischer" und "galileischer Tradition" darstellen, wie v. Wright in "Erklären und Verstehen" unterstellt, dann hätte er die 1. Zeile erwägen müssen. "Galileische" und "aristotelische" Problemformulierung werden hier als gleichberechtigt erachtet. Dies ist bei v. Wright auf der Paradigmenebene jedoch nicht der Fall.

Die v. Wrightsche Formulierung der metawissenschaftlichen Entscheidungssituation auf der Paradigmenebene wird unverkennbar durch sein Wissenschaftsverständnis als >Wittgensteinianer< geprägt. Eine entsprechende "galileische" Problemformulierung setzt vermutlich ein alternatives

Wissenschaftsverständnis voraus. Wird der Problemhorizont der Traditionenebene (Abschnitt 9.1) hier mit einbezogen, dann wird eine Thematisierung alternativer Wissenschaftsbegriffe erforderlich. Diese Thematisierung alternativer Wissenschaftsbegriffe erfolgt bei v. Wright auf der Paradigmenebene nicht. Ein daraus resultierender Vorwurf, v. Wrights Formulierung der metawissenschaftlichen Entscheidungssituation als Paradigmenproblem sei einseitig-"aristotelisch" verzerrt, ist nicht von der Hand zu weisen.

9.2.2 Problemlösungsansatz

Die Entscheidung für oder gegen die "aristotelische" oder "galileische Tradition" ließ sich für v. Wright wissenschaftlich "nicht weiter begründen", so daß auf dieser Betrachtungsebene von ihm eine >dezisionistische< Auflösung der metawissenschaftlichen Entscheidungssituation vertreten wurde. Da die als Paradigmenproblem formulierte metawissenschaftliche Entscheidungssituation nicht als aktuelle Ausprägung der metawissenschaftlichen Entscheidungssituation als Traditionenproblem angesehen werden kann, da sie ja ausschließlich innerhalb der "aristotelischen Tradition" formuliert wird, läßt sich der >dezisionistische< Problemlösungsansatz des Abschnitts 9.1.2 nicht ohne weiteres auf die Paradigmenebene übertragen. Inwieweit setzt sich diese Einseitigkeit in der Problemformulierung auch bei der Auflösung dieser metawissenschaftlichen Entscheidungssituation fort? Inwieweit trägt nun auch der dazugehörige Problemlösungsansatz Wittgensteins >Handschrift<?

Wie die Ausführungen des vorigen Abschnitts (9.2.1) gezeigt haben, ist für v. Wright der "Unterschied in den Paradigmata" ein "Unterschied in der *Ideologie*", d.h. daß Paradigmen letzten Endes durch Ideologien festgelegt werden.[94] Der Begriff "Ideologie" steht bei v. Wright in enger Beziehung zu den Begriffen "Interessen" und "Wertungen". Von daher ließen sich die Unterschiede in den Paradigmen "zurückverfolgen bis zu den Unterschieden der Interessen (Wertsetzungen) und der Artikulation von Interessen zur Bildung von Ideologien."[95] Von Wright erachtet "divergierende Interessen bei der Anwendung des Wissens"[96] als einen Grund, "weshalb sich die Weltbilder im Laufe der Geschichte wandeln."[97] Insbesondere der "Kampf zwischen den Interessen" sei "ein Faktor, der von Bedeutung ist für die Bekeh-

[94] Vgl. v. Wright, G. H. (Wittgenstein), S. 186.

[95] Ebenda, S. 188.

[96] Ebenda, S. 186.

[97] Ebenda.

rung der Menschen vom Weltbild des einen Typs von Sozialwissenschaft zum Weltbild eines anderen Typs oder der sie in ihrer Absicht verstärkt, das eine Weltbild gegen das andere zu verteidigen."[98] Da v. Wright mit Bezug auf Kuhn die Ablösung eines alten Paradigmas durch ein neues ebenfalls als eine "wissenschaftliche Revolution" bezeichnet, sind für ihn "»Revolutionen« in den Sozialwissenschaften [...] das Ergebnis von Ideologiekritik."[99] Demnach kommt es durch den "Kampf zwischen den Interessen" bzw. durch "Ideologiekritik" zur Auflösung der metawissenschaftlichen Entscheidungssituation auf der Paradigmenebene. Handelt es sich hierbei um eine >pragmatische< oder gar um eine >fundamentalistische< Auflösung?

Der "Kampf zwischen den Interessen" bzw. die "Ideologiekritik" würde in der Tat eine nicht->dezisionistische< Auflösung dieser metawissenschaftlichen Entscheidungssituation darstellen, wenn v. Wright sich nicht dem "berühmten Postulat der Wertfreiheit" von M. Weber verpflichtet fühlen würde.[100] Sofern v. Wright nämlich "Ideologien" auf "Wertungen" und "Interessen" zurückführt (s.o.), kann die metawissenschaftliche Entscheidungssituation als Paradigmenproblem zwar durch eine Entscheidung aufgelöst werden, allerdings nur in einem außer- bzw. vorwissenschaftlichen Bereich; denn "Wertungen gehören nicht *in* das Korpus einer Sozialwissenschaft"[101]. Wenn also davon ausgegangen wird, daß eine Entscheidung für oder gegen bestimmte Paradigmen ausschließlich in einem außer- bzw. vorwissenschaftlichen Bereich gefällt werden kann, dann ist das Festhalten am Weberschen Wertfreiheitspostulat gleichbedeutend mit einer >dezisionistischen< Auflösung dieser Entscheidungssituation. Sofern die als Paradigmenproblem formulierte metawissenschaftliche Entscheidungssituation durch "Interessen" und "Wertungen" aufgelöst wird, bewirkt die Gültigkeit des "Postulats der Wertfreiheit", daß eine >fundamentalistische< oder eine >pragmatische< Auflösung als wissenschaftliche Problemlösungsansätze nicht in Frage kommen können; allein schon deshalb nicht, weil sie *wissenschaftliche* Problemlösungsansätze darstellen und keine *außer- bzw. vorwissenschaftlichen*. Nur eine >dezisionistische< Auflösung ist vereinbar mit einer außer- bzw. vorwissenschaftlichen Entscheidung. Die Frage nach v. Wrights Problemlösungsansatz auf der Paradigmenebene findet daher ihre Einbettung im "Werturteilsstreit"[102].

---

[98] Ebenda, S. 188.

[99] Von Wright, G. H. (Erklären), S. 177, Anmerkung 12.

[100] Vgl. v. Wright, G. H. (Wittgenstein), S. 188.

[101] Ebenda, Hervorhebung im Original.

[102] Vgl. Kapitel 2.

Die Formulierung der metawissenschaftlichen Entscheidungssituation als Paradigmenproblem wurde geprägt durch Wittgensteins Weltbildkonzeption, so daß sich auch hier die Frage stellt, inwiefern auch dieser >dezisionistische< Problemlösungsansatz durch v. Wrights Wissenschaftsauffassung als >Wittgensteinianer< geprägt wird. Eine Gegenüberstellung der erkenntnistheoretischen Positionen v. Wrights und Wittgensteins (in der v. Wright-Interpretation) läßt auch hier eine Parallelität zwischen beiden Positionen erkennen:

- Für Wittgenstein sei ein "Weltbild [...] weder wahr noch falsch", sondern erst im Rahmen eines "Weltbildes" wären "Auseinandersetzungen über die Wahrheit möglich."[103] D.h. daß lediglich "Subsysteme" dieser Weltbilder als "wahr" oder "falsch" identifiziert werden können. Voraussetzung hierfür sei allerdings, daß die Streitenden "*dieselben* Sprachspiele spielen", d.h. daß "die Worte, die sie gebrauchen, für sie dieselbe *Bedeutung* haben."[104,105]
- Von Wright bezweifelt, daß die "Falsifikation" in der Lage ist, einen >Sieger< zwischen konkurrierenden Paradigmen zu ermitteln: "Einige Methodologen, so scheint mir, verdrehen und überschätzen die Bedeutung der Falsifikation. [...] Veränderungen in den Begriffssystemen, z.B. die Annahme oder Aufgabe von Paradigmata im Kuhnschen Sinne, sind nur indirekt, wenn überhaupt, das Ergebnis von »Falsifikation«."[106] "Paradigmatische Thesen", als >Bausteine< von Paradigmen, ließen sich zwar ebenfalls "durch Erfahrung nicht leicht widerlegen"[107], was jedoch nicht heißen soll, daß zwischen alternativen (humanwissenschaftlichen) "paradigmatischen Thesen" keine wissenschaftliche Entscheidung möglich sei: "Ihre Wahrheit ist primär zu messen an ihrer Fruchtbarkeit für die Förderung unseres Verständnisses der Geschichte und des sozialen Prozesses. Und diese Fruchtbarkeit kann beträchtlich sein."[108]

---

[103] Von Wright, G. H. (Wittgenstein), S. 185. In diesem Zusammenhang zitiert v. Wright Wittgenstein: "94. Aber mein Weltbild habe ich nicht, weil ich mich von seiner Richtigkeit überzeugt habe; auch nicht, weil ich von seiner Richtigkeit überzeugt bin. Sondern es ist der überkommene Hintergrund, auf welchem ich zwischen wahr und falsch unterscheide" (S. 182).

[104] Ebenda, S. 185, Hervorhebungen im Original.

[105] Wittgensteins Weltbildkonzeption weist deutliche Parallelen zu R. Carnaps "Framework"-Konzeption mit dessen "internen" und "externen" Fragen auf.

[106] Von Wright, G. H. (Erklären), S. 176, Anmerkung 11.

[107] Ebenda, S. 132 f.

[108] Ebenda, S. 133. Ob dieses >Evidenzkriterium der Wahrheit< eine >pragmatische< oder gar >fundamentalistische< Entscheidung ermöglicht, läßt v. Wright allerdings offen.

Abgesehen von einigen eher unverbindlichen Formulierungen v. Wrights, wie z.B. "sind nur indirekt, wenn überhaupt" oder "durch Erfahrung nicht leicht widerlegen", läßt sich eine Übereinstimmung zwischen beiden erkenntnistheoretischen Positionen dahingehend feststellen, daß eine als Weltbild- bzw. Paradigmenproblem formulierte Entscheidungssituation nur >dezisionistisch< auflösbar ist; daß aber bei konkurrierenden Auffassungen innerhalb von Weltbildern ("Subsysteme") und Paradigmen ("paradigmatische Thesen") eine nicht->dezisionistische< Entscheidung möglich ist. Die Begründung dieses >dezisionistischen< Problemlösungsansatzes aus dem "Postulat der Wertfreiheit" ist dabei vermutlich als Ergänzung zum Wittgensteinschen Problemlösungsansatz zu sehen.[109]

Zusammenfassend bedeutet dies, daß nicht nur v. Wrights Formulierung der metawissenschaftlichen Entscheidungssituation als Paradigmenproblem, sondern auch der entsprechende Problemlösungsansatz durch seine Wissenschaftsauffassung als >Wittgensteinianer< deutlich geprägt wird. Dieser Einfluß der Spätphilosophie Wittgensteins auf die Überlegungen v. Wrights ist offensichtlich so weitreichend, daß auf dieser Betrachtungsebene so gut wie gar keine Ansatzpunkte für eine immanent-systematische Analyse gegeben sind, d.h. daß in diesem Fall eine immanent-systematische Analyse eher bei der Spätphilosophie Wittgensteins anzusetzen hätte. Sowohl v. Wrights Problemformulierung als auch der entsprechende Problemlösungsansatz befinden sich hier innerhalb der "aristotelischen (oder vielleicht besser: spätwittgensteinschen) Tradition".

9.3 Die metawissenschaftliche Entscheidungssituation als Verstehen-Erklären-Problem

9.3.1 Problemformulierung

Auf der Paradigmenebene bezog sich die metawissenschaftliche Entscheidungssituation auf unterschiedliche "Erkenntnisformen" in den Human- und Naturwissenschaften, die zu entsprechend unterschiedlichen "Beschreibungen und Erklärungen" führen.[110] Auf der Traditionenebene ging es um den Gegensatz von "galileischer" und "aristotelischer Tradition"; wobei die "galileische Tradition" durch "kausale Erklärungen" und die "aristotelische

---

[109] Nach Auffassung v. Wrights sah Wittgenstein "Einfachheit und Symmetrie" als (konventionalistische) Gründe dafür an, daß sich Weltbilder wandeln (vgl. (Wittgenstein), S. 186). Von Wrights Ergänzung hierzu: "Eine weitere Art von Gründen, würde ich vorschlagen, sind divergierende Interessen bei der Anwendung des Wissens" (Ebenda).

[110] Vgl. Abschnitt 9.2.1.

Tradition" durch "teleologische Erklärungen" charakterisiert wurden.[111] Das Verstehen-Erklären-Problem ist somit im Traditionen- und Paradigmenproblem eingebettet und nimmt im Vergleich zum Traditionen- und Paradigmenproblem den weitaus größten Raum in den handlungstheoretischen Schriften v. Wrights ein. Dies ist insofern nicht verwunderlich, da die Diskussionen innerhalb der Analytischen Handlungstheorie größtenteils auf dieser Betrachtungsebene ausgetragen wurden.

"Verstehen" und "Erklären" bilden dabei die zentralen methodologischen Kategorien der metawissenschaftlichen Entscheidungssituation dieser Betrachtungsebene. Da sich v. Wrights Position bezüglich "Verstehen" und "Erklären" in seinen neueren handlungstheoretischen Arbeiten beträchtlich gewandelt hat, wird im folgenden zwischen einer Problemformulierung auf der Grundlage seiner früheren Arbeiten[112] und einer Problemformulierung auf der Grundlage seiner neueren Arbeiten[113] unterschieden. Beide Problemformulierungen werden immanent-systematisch analysiert, da ohne Kenntnis der früheren Problemformulierung bestimmte Teile der neueren Problemformulierung unverständlich bleiben.[114]

(1) Problemformulierung in v. Wrights früheren Arbeiten

"Menschliche Handlungen" bilden den zentralen Gegenstandsbereich der v. Wrightschen Überlegungen. Was versteht v. Wright unter "Handlung"? Zunächst unterscheidet v. Wright "Handlung" von "Verhalten": "Man könnte sagen, daß Verhalten, das nicht als Handlung verstanden wird, unter den anerkannten *Fakten* der Geschichts- und Sozialwissenschaften (noch) keinen Platz besitzt."[115] Unter "Handlung" versteht v. Wright "gemeinlich ein Verhalten, gesehen und beschrieben im Hinblick auf eine Absicht oder Intention mithin als etwas Zielgerichtetes."[116] "Verhalten" kann nach dieser Auffassung sowohl "intentional" als auch "nicht-intentional" sein;[117] "Handlun-

---

[111] Vgl. Abschnitt 9.1.1.

[112] Hierzu zählen insbes. (Erklären) und (Schließen).

[113] Hierzu zählen insbes. (Determinismus), (Erwiderungen), (Handeln) und (Probleme).

[114] So übernimmt v. Wright Bestandteile seiner früheren Problemformulierung in die neuere Problemformulierung, ohne sich mit diesen übernommenen Bestandteilen noch weiter auseinanderzusetzen. Des weiteren sollen die Weiterentwicklungen der v. Wrightschen Überlegungen deutlich gemacht werden, weil fast alle Autoren, die sich bisher mit v. Wrights Handlungstheorie auseinandergesetzt haben, sich auf die ältere Problemformulierung beziehen und somit seinem heutigen Standpunkt nicht mehr gerecht werden dürften.

[115] Von Wright, G. H. (Erklären), S. 148, Hervorhebung im Original.

[116] Von Wright, G. H. (Determinismus), S. 139 f.

[117] "Manches Verhalten ist überhaupt nicht intentional" (Erklären), S. 148.

gen" dagegen nur intentional: "Handeln heißt, intentional ("willentlich") eine *Veränderung* in der Welt (der Natur) *bewirken* oder *verhindern*."[118] Ziel seiner handlungstheoretischen Arbeiten ist für v. Wright, "Handlungen adäquat zu erfassen, d.h. angemessen "verstehen" und "erklären" zu können.

Das "Verstehen" nimmt in den gesamten handlungstheoretischen Arbeiten v. Wrights einen besonderen Platz ein. Der "Begriff des Verstehens einer Handlung" sei bisher "verhältnismäßig wenig untersucht worden. Für die Erklären-Verstehen-Kontroverse ist er jedoch von grundlegender Wichtigkeit."[119] Von Wrights Ausführungen zum "Begriff des Verstehens" sind daher auch vor dem Hintergrund zu sehen, dieses (Untersuchungs-) Defizit abzubauen.

Für v. Wright bezieht sich das "Verstehen" zunächst auf "Beschreibungen" oder "Interpretationen"; das "Erklären" auf Antworten von "Warum-Fragen".[120] So stellt sich zu Beginn die Frage, ob "Verstehen" und "Erklären" als wissenschaftlich-methodische Verfahren erachtet werden können und welche Bedeutung sie für die Human- und Naturwissenschaften besitzen. Systematisch bedacht, lassen sich drei grundsätzliche Positionen unterscheiden:

Tabelle 12

Die Wissenschaftlichkeit von "Verstehen" und "Erklären"

	Verstehen	Erklären	Position
1. Zeile:	+	+	v. Wright
2. Zeile:	+	-	"Einfühlung"
3. Zeile:	-	+	"Heuristik"
4. Zeile:	-	-	-

"+" bedeutet, daß "Verstehen" und/oder "Erklären" als wissenschaftlich erachtet werden; "-" bedeutet entsprechend, daß sie als nicht- (bzw. vor-) wissenschaftlich erachtet werden. Die der Tabelle 12 zugrunde liegende Fragestellung wird von v. Wright zwar nicht explizit formuliert, dürfte aber

[118] Von Wright, G. H. (Handlungslogik), S. 83, Hervorhebungen im Original.

[119] Von Wright, G. H. (Erwiderungen), S. 299.

[120] Vgl. v. Wright, G. H. (Erklären), S. 123.

seinen Überlegungen immanent sein, zumal er sich mit diesen drei Positionen auseinandersetzt.[121]

Die 1. Zeile entspricht zunächst v. Wrights eigener Position. Für ihn stellen "Verstehen" und "Erklären" zwei unterschiedliche, aber keineswegs alternative (konkurrierende) Erkenntnistypen dar, die für die Wissenschaften relevant sind. Es sei "irreführend zu sagen, daß Verstehen *versus* Erklären den Unterschied zwischen zwei Typen wissenschaftlicher Erkenntnis kennzeichnet. Dagegen könnte man sagen, daß der intentionale oder nicht-intentionale Charakter ihrer Gegenstände den Unterschied zwischen zwei Typen des Verstehens und des Erklärens kennzeichnet."[122,123] Von Wright erachtet "Verstehen" und "Erklären" als zwei zusammengehörende (wissenschaftliche) Erkenntnistypen: Das "bloße Verstehen eines Verhaltens als Handlung" solle von der ""eigentlichen Erklärung" getrennt werden, so daß man zwischen dem *Verstehen eines Verhaltens* (als Handlung) und der *teleologischen Erklärung einer Handlung* (d.h. eines intentionalistisch verstandenen Verhaltens) unterscheidet."[124]

Die 2. Zeile kennzeichnet eine Position, die ausschließlich das "Verstehen" als methodisches Verfahren aktzeptiert. Bezüglich der Geschichts- und Geisteswissenschaft sieht v. Wright diese Position durch W. Windelband ("ideographische Wissenschaft"), J. G. Droysen ("Verstehen") und vor allem W. Dilthey vertreten, der die methodologischen Ideen seiner Vorgänger "systematisch ausgearbeitet" und für den "gesamten Bereich der Methode des Verstehens die Bezeichnung *Geisteswissenschaften*" verwandt hätte.[125] Am eindringlichsten zeige sich diese "antivpositivistische Methodologie" bei G. Simmel, "der der Ansicht war, daß Verstehen als eine für die Geisteswissenschaften charakteristische Methode eine Form von *Einfühlung* oder inneren Nachvollzug der Atmosphäre ist, d.h. der Gedanken, Gefühle und Motivationen, kurz der Gegenstände, die der Geisteswissenschaftler untersucht."[126] Da sich die hermeneutische Philosophie "großteils" mit denselben Problemen beschäftige, "die auch in der Philosophie Wittgensteins, insbesondere in

---

[121] Insofern kann auch davon ausgegangen werden, daß diese Positionen für v. Wright alternativ sind, da "Verstehen" und "Erklären" in seiner Bedeutung verwendet werden.

[122] Von Wright, G. H. (Erklären), S. 124, Hervorhebung im Original.

[123] Bemerkenswert ist hier, daß intentionale und nicht-intentionale Gegenstände jeweils intentionale und nicht-intentionale Erkenntnistypen (Verstehen und Erklären) bedingen. Diese Auffassung dürfte im Widerspruch zu seinen Ausführungen stehen, die sich auf die Beschränkung seiner Betrachtungen auf die "Methodologie" beziehen (vgl. Abschnitt 7.2).

[124] Von Wright, G. H. (Erklären), S. 115 f., Hervorhebungen im Original.

[125] Ebenda, S. 19, Hervorhebung im Original. Zum Begriff "Geisteswissenschaften" bei Dilthey s. Abschnitt 2.2.

[126] Von Wright, G. H. (Erklären), S. 20, Hervorhebung im Original.

ihren späteren Phasen, zu finden sind"[127], sollte "»Verstehen« im Sinne der hermeneutischen Philosophie [...] von *Einfühlung* unterschieden werden."[128] Dies begründet v. Wright damit, daß es sich beim "Verstehen" "um eine semantische und nicht um eine psychologische Kategorie" handele.[129] Als Begründung für diese Unterscheidung gibt v. Wright bemerkenswerte "Affinitäten" an, die zwischen "Hermeneutik" und der Richtung der Analytischen Philosophie, die von der "aristotelischen Tradition" geprägt wird, bestünden. Eine Affinität sei "die zentrale Stellung, die die Idee der *Sprache* sowie sprachorientierte Begriffe wie Bedeutung, Intentionalität, Interpretation und Verstehen darin einnehmen"[130].

Die 3. Zeile der Tabelle 12 gibt eine Position wieder, die das "Verstehen" lediglich als vorwissenschaftliche "Heuristik" erachtet.[131] Die Argumentation, daß "Verstehen" vielleicht für die Ermittlung von Erklärungen ganz nützlich, aber keineswegs konstitutiv sei, ist für v. Wright "kein Einwand gegen die Methodologie als solcher."[132] Dieser träfe lediglich für "einige frühere und überholte Versionen der Methodologie der Einfühlung" zu;[133] und wenn "positivistische Wissenschaftstheoretiker heutzutage mit Argumenten gegen das *Verstehen* vorgehen, die vielleicht auf Dilthey oder Collingwood zutreffen"[134], dann bekämpften sie lediglich einen "deformierten Schatten"[135].

Die Alternative der 4. Zeile dürfte für v. Wright (und vermutlich nicht nur für ihn) keine sinnvolle und erwägenswerte Alternative darstellen, weil damit letztlich das, was abendländische Wissenschaft ausmacht (methodisches Vorgehen, rationales Denken und ihre Verbalisierung u.a.), negiert wird.[136]

---

[127] Ebenda, S. 39.

[128] Ebenda, Hervorhebung im Original.

[129] Ebenda.

[130] Von Wright, G. H. (Erklären), S. 38 f., Hervorhebung im Original.

[131] Diese Position wird u.a. von C. G. Hempel, W. Stegmüller und H. Albert vertreten; wobei allerdings mögliche Unterschiede im "Verstehensbegriff" zu berücksichtigen wären.

[132] Von Wright, G. H. (Erklären), S. 39.

[133] Ebenda.

[134] Ebenda, S. 41, Hervorhebung im Original.

[135] Vgl. ebenda.

[136] Eine derartige Position wird z.B. innerhalb des "Zen-Buddhismus" vertreten. Die abendländische Wissenschaftsorientierung wird dort "als eine Verunreinigung der absoluten Reinheit im »ursprünglichen Gesicht« der Wirklichkeit" betrachtet (vgl. T. Izutsu (Zen-Buddhismus), S. 7).

"Verstehen" und "Erklären" sind für v. Wright zunächst zwei methodische Erkenntnistypen, die nicht unabhängig voneinander zu betrachten sind (1. Zeile von Tabelle 12). Ausgehend von dieser Position stellt sich die Frage, welche Beziehung zwischen diesen beiden Erkenntnistypen bestehen mag. Es ist die Frage, ob "Erklären" "Verstehen" voraussetzt oder umgekehrt. Kombiniert man diese beiden Beziehungsmöglichkeiten miteinander, dann lassen sich drei sinnvolle Kombinationen unterschieden:

Tabelle 13

Beziehungskonstellationen zwischen "Verstehen" und "Erklären"

	Verstehen → Erklären	Erklären → Verstehen
1. Zeile:	+	+
2. Zeile:	+	-
3. Zeile:	-	+
4. Zeile:	-	-

"+" bedeutet, daß "Verstehen" "Erklären" und/oder "Erklären" "Verstehen" voraussetzt; "-" bedeutet, daß "Verstehen" nicht "Erklären" und/oder "Erklären" nicht "Verstehen" voraussetzt. Aus Gründen einer verständlicheren Rekonstruktion der v. Wrightschen Position soll bei der Interpretation der Tabelle 13 >von hinten< (also mit der 3. Zeile) begonnen werden.[137]

Die 3. Zeile charakterisiert eine Position, die das "Erklären" als Voraussetzung für das "Verstehen" ansieht. Bezüglich dieser Position meint v. Wright: "Man kann praktisch von jeder Erklärung, sei sie kausal, teleologisch oder irgendeiner anderen Art, sagen, daß sie unser Verstehen fördert."[138] Der Grund für diese scheinbare Selbstverständlichkeit liege darin, daß der "normale Sprachgebrauch [...] keinen scharfen Unterschied zwi-

[137] Die Position der 4. Zeile wird wieder aus dem gleichen Grund als nicht sinnvoll eingeschätzt, wie die 4. Zeile von Tabelle 12.

[138] Von Wright, G. H. (Erklären), S. 19.

schen den Wörtern »erklären« und »verstehen«" macht.[139] Von Wright wendet sich daher gegen diesen "normalen Sprachgebrauch"[140].

Von Wrights eigene Position wird durch die 2. Zeile der Tabelle 13 charakterisiert. Das "Verstehen" einer Handlung geht dem "Erklären" einer Handlung stets voraus: "Bevor eine Erklärung beginnen kann, muß ihr Gegenstand - das *Explanandum* - beschrieben werden. Jede Beschreibung, so könnte man sagen, sagt uns, was etwas »ist«."[141] Die Erklärung einer Handlung folge, "*nachdem* ein Verhalten als Handeln verstanden worden ist."[142] Das "Verstehen" besitzt somit für v. Wright eine konstitutive Bedeutung für das "Erklären". Die Beziehung zwischen "Verstehen" und "Erklären", wie sie v. Wright sieht, kann demnach als >komplementär< bezeichnet werden; wobei ein Verhalten, welches nicht als Handlung verstanden werden kann, sich auch nicht erklären ließe, da es "uns völlig fremd ist"[143] Also: Ohne "Verstehen" auch kein "Erklären".

Die 1. Zeile der Tabelle 13 läßt sich inhaltlich als Interdependenzbeziehung bestimmen: Das "Verstehen" bildet die Voraussetzung für das "Erklären", wobei dieses "Erklären" wiederum zu einem adäquateren "Verstehen" führt; dieses wiederum führt zu einem verbesserten "Erklären" usw. Diese Position geht somit stets von einem vorläufigen "Verstehen" und "Erklären" aus, welche aufgrund mehrmaligem >Durchlaufens< zu einer adäquateren Erkenntnis führt.[144] In "Erklären und Verstehen" diskutiert v. Wright diese Interdependenzbeziehung zwischen "Verstehen" und "Erklären", allerdings ausschließlich in Bezug auf "kollektive Handlungen". "Kollektive Handlungen", verstanden als "Demonstrationen, Aufruhr, Streiks, Terror etc."[145], seien keineswegs erfaßbar, "indem man teleologische Erklärungen für das (intentionalistisch verstandene) Verhalten der einzelnen Glieder dieser

[139] Ebenda.

[140] Allerdings läßt die 3. Zeile auch eine weniger >selbstverständliche< Interpretation zu, bei der das zentrale Moment wissenschaftlicher "Erklärungen" im Hervorrufen von wissenschaftlichen "Verstehen" liegt und wobei sehr wohl ein "scharfer Unterschied" zwischen den Begriffen "Erklären" und "Verstehen" besteht. Eine solche Interpretation wird heute insbesondere von einer "pragmatisch-epistemsichen Richtung" innerhalb der Erklären-Verstehen-Kontroverse vertreten (vgl. die Beiträge in: Schurz, G. (Erklären)). Diese weniger >selbstverständliche< Interpretation wird von v. Wright nicht erwogen.

[141] Von Wright, G. H. (Erklären), S. 124, Hervorhebungen im Original.

[142] Von Wright, G. H. (Schließen), S. 79, Hervorhebung im Original.

[143] Von Wright, G. H. (Erklären), S. 108.

[144] Diese Interdependenzbeziehung ist von dem sog. "hermeneutischen Zirkel" zu unterscheiden, wonach Erkenntnis ausschließlich aus zirkulärem Sinnverstehen entsteht.

[145] Von Wright, G. H. (Erklären), S. 123.

Menge konstruiert."[146] Stattdessen sei eine mehrmalige "Reinterpretation der Tatsachen"[147] mit entsprechenden "Erklärungen" erforderlich, d.h. es sei ein Durchlaufen einer "Hierachie oder Stufenfolge dieser interpretativen Akte"[148] notwendig, um "kollektive Handlungen" hinreichend erfassen zu können. Da sich v. Wrights Ausführungen ausdrücklich auf "kollektive Handlungen" beziehen, scheint demnach das "Verstehen" und "Erklären" individueller Handlungen einzelne, in sich abgeschlossene Erkenntnisakte darzustellen, die keiner Verbesserung mehr bedürfen.[149]

Bisher erfolgte die immanent-systematische Rekonstruktion des v. Wrightschen "Verstehensbegriffs" ausschließlich als Abgrenzung zum "Erklären". In welcher Beziehung steht nun das "Verstehen" zur metawissenschaftlichen Entscheidungssituation?

Von Wright hält es für "trivial", wenn "wir jeden Akt des Erfassens, was ein bestimmtes Ding ist, "Verstehen" nennen", denn dann sei "Verstehen eine Vorbedingung für jede Erklärung, sei sie kausal oder teleologisch."[150] Bei der bisherigen Rekonstruktion des v. Wrightschen Verstehensbegriffs zeigte sich bereits, daß v. Wright "zwei Typen des Verstehens und des Erklärens" danach unterscheidet, ob der betrachtete Gegenstand einen intentionalen oder nicht-intentionalen Charakter aufweist (s.o.). Da sich für v. Wright "Handlungen" durch "Intentionalität" auszeichnen, hänge auch das entsprechende "Verstehen" "mit *Intentionalität* zusammen, und zwar in einer Weise, in der dies für Erklären nicht gilt. Man versteht die Ziele und Absichten eines Handelnden, die Bedeutung eines Zeichens oder Symbols und den tieferen Sinn einer sozialen Institution oder eines religiösen Ritus."[151] Der intentionale Charakter von Handlungen erfordere daher ein "intentionalistisches Verstehen" im Sinne von "*was es bedeutet* oder *anzeigt*"[152]; der nicht-intentionale Charakter von Gegenständen erfordere ein entsprechend

---

[146] Ebenda, S. 122.

[147] Ebenda, S. 124.

[148] Ebenda, S. 123.

[149] Ein Grund hierfür mag für v. Wright darin bestehen, daß "kollektive Handlungen", im Gegensatz zu "individuellen Handlungen", "emergente Eigenschaften" besitzen: Der "begriffliche Prozeß" bei der Erfassung kollektiver Handlungen sei "*verwandt* mit dem, was in der Hegelschen und Marxschen Philosophie der Umschlag von der »Quantität in Qualität« genannt wird, sowie mit verschiedenen Gedanken, die Philosophen über »Emergenz« (»emergente Eigenschaften«) geäußert haben" (v. Wright, G. H. (Erklären), S. 124).

[150] Von Wright, G. H. (Erklären), S. 124.

[151] Ebenda, S. 20, Hervorhebung im Original.

[152] Von Wright, G. H. (Erklären), S. 124, Hervorhebungen im Original.

nicht-intentionalistisches "Verstehen" im Sinne "*von welcher Art es ist*"[153]. Für v. Wright ist das "intentionalistische Verstehen" das "Präliminarium" der "teleologischen Erklärung" und ist damit ausschießlich humanwissenschaftlich orientiert; das nicht-intentionalistische "Verstehen" ist das "Präliminarium" der "kausalen Erklärung" und ist entsprechend naturwissenschaftlich orientiert.[154] Soweit zunächst zum Thema >"Verstehen" im Kontext der metawissenschaftlichen Entscheidungssituation< in v. Wrights früheren handlungstheoretischen Arbeiten.

Im Mittelpunkt seiner metawissenschaftlichen Auseinandersetzung bezüglich des "Erklärens" steht in v. Wrights früheren handlungstheoretischen Arbeiten der sogenannte "Praktische Syllogismus" bzw. das "praktische Schlußschema" (kurz: "PS-Schema").[155] Nach Ansicht v. Wrights streiten insbesondere "Kausalisten" und "Intentionalisten" über die >wahre< "Natur" des "PS-Schemas": Während "Intentionalisten" "korrekt formulierte praktische Schlüsse als logisch bindend" erachteten,[156] sei für "Kausalisten" "der praktische Schluß (und damit auch die teleologische Erklärung) nur eine verkleidete Form einer mit dem Gesetzesschema der Erklärung übereinstimmenden deduktiv-nomologischen Erklärung"[157]. Im folgenden steht dieser Gegensatz im Mittelpunkt der immanent-systematisch Analyse.

Eine der "Hauptthesen" in "Erklären und Verstehen" ist, "daß man Kausalvorgänge in der Natur und - wenn man so will - Kausalvorgänge im Bereich individueller und kollektiver Handlungen als zwei völlig verschiedene Dinge auseinanderhalten sollte."[158] Diese "Hauptthese" unterstreicht, daß die metawissenschaftliche Entscheidungssituation als Verstehen-Erklären-Problem eng mit der Kausalitätsproblematik verbunden ist, wie sie bereits in Abschnitt 3.2 angedeutet wurde. Vor diesem Hintergrund erscheint die Frage zweckmäßig, welchen Kausalitätsbegriff v. Wright verwendet und wie dieser von ihm begründet wird.

---

[153] Ebenda, Hervorhebung im Original.

[154] Vgl. ebenda.

[155] Die Grundkonzeption des "PS-Schemas" setzt sich folgendermaßen zusammen:

1. Prämisse: A beabsichtigt p (Intention)
2. Prämisse: A glaubt, daß er p nur erreicht, wenn er q tut (kognitive Einstellung)

Konklusion: A unternimmt q

Die erste Prämisse ist eine Feststellung über die Intention des Handelnden (A), ein bestimmtes Ergebnis (p) zu erzielen. Die zweite Prämisse ist für eine Feststellung über die kognitive Einstellung von A. Die Konklusion ist die Schlußfolgerung aus den beiden Prämissen.

[156] Von Wright, G. H. (Erklären), S. 94.

[157] Ebenda.

[158] Ebenda, S. 145.

Von Wright scheint sich der Kausalitätsproblematik bewußt zu sein: "Wenn man beurteilen möchte, wie wichtig für die Wissenschaft Kausalität ist, so tut man gut daran, wenn man sich vergegenwärtigt, daß das Wort »Ursache« und andere kausale Ausdrücke im allgemeinen mit einer Vielzahl von Bedeutungen verwendet werden."[159] Selbst "innerhalb der Naturwissenschaften [...] ist Kausalität keine homogene Kategorie."[160] Von Wright selbst verwendet einen "aktionistischen" oder "experimentalistischen" Kausalitätsbegriff[161], dessen Wahl er damit begründet, "daß dieser Begriff nicht nur in den experimentellen Naturwissenschaften einen wichtigen Platz einnimmmt, sondern er geradezu ein Prototyp für die Idee der Ursache in philosophischen Diskussionen über ein universelles Kausalitätsprinzip, über Determinismus *versus* Freiheit, Interaktion von Körper und Geist usw. zu sein scheint."[162,163] Eine generelle Rechtfertigung für die Beschäftigung mit "Kausalität" sieht v. Wright in der "Tatsache, daß das Denken in Kausalbeziehungen als solches aus der Wissenschaft nicht verbannt ist - und daß daher die philosophischen Probleme der Kausalität für die Wissenschaftstheorie zentral bleiben. Wie ernst diese Probleme sind, tritt besonders scharf in der Theorie der wissenschaftlichen Erklärung zutage."[164]

Von Wrights Begründung der Wahl seines "aktionistischen Kausalitätsbegriffs" umfaßt allerdings keine Erwägung und Auseinandersetzung mit alternativen Kausalitätsbegriffen. Dies ist insofern interessant, als gerade v. Wright mit der Kausalitätsproblematik vertraut zu sein scheint (.s.o.). Die Frage, ob seine Begründung für die Wahl des "aktionistischen Kausalitätsbegriffs" angesichts der bestehenden Kausalitätsproblematik auch als hinreichend erachtet werden kann, wäre im Rahmen einer extern-systematischen Analyse zu beantworten. Eine immanent-systematische Analyse hat dagegen v. Wrights Wahl seines Kausalitätsbegriffs sowie ihre Begründung als gegeben anzunehmen.

---

[159] Ebenda, S. 43.

[160] Ebenda, S. 43 f.

[161] "Es ist »erwiesen«, daß es eine kausale Verknüpfung zwischen p und q gibt, wenn wir uns davon überzeugt haben, daß wir durch Manipulierung des einen Faktors erreichen können, daß der andere vorhanden bzw. nicht vorhanden ist. Gewöhnlich überzeugen wir uns davon dadurch, daß wir Experimente machen" ((Erklären), S. 74).

[162] Von Wright, G. H. (Erklären), S. 44, Hervorhebung im Original.

[163] Auch in seiner Arbeit "Causality and Determinism" behandelt v. Wright ausschließlich diese Kausalitätskonzeption. Vgl. (Causality), S. 1.

[164] Von Wright, G. H. (Erklären), S. 44.

Von Wright bezeichnet die von ihm verwendete Kausalbeziehung zwischen zwei Ereignissen als "Humesche Kausalrelation"[165] oder als "Humescher Kausalnexus"[166]. Diese Bezeichnung läßt vermuten, daß v. Wright für seine Betrachtungen auf den Kausalitätsbegriff von D. Hume zurückgreift. Nach seinen eigenen Angaben zeichnet sich Humes Kausalitätsbegriff durch die folgenden drei Merkmale aus: (1) Die zeitliche Abfolge von Ursache und Wirkung; (2) die sogenannte "Regularitätsthese", d.h. die gesetzmäßige Verknüpfung von Ursache und Wirkung und (3) die (logische) Unabhängigkeit von Ursache und Wirkung.[167] Die Frage, ob nun v. Wright Humes Kausalitätsbegriff übernimmt, läßt sich mit Hilfe der folgenden Tabelle, bei der die drei Humeschen Kausalitätsmerkmale miteinander kombiniert werden, eingehender betrachten:

Tabelle 14

Humes Kausalitätsbegriff und v. Wrights "Humesche Kausalrelation"

	zeitliche Abfolge	Regularität	(logische) Unabängigkeit	Position
1. Zeile:	+	+	+	D. Hume
2. Zeile:	+	+	-	
3. Zeile:	+	-	+	
4. Zeile:	+	-	-	
5. Zeile:	-	+	+	v. $Wright_1$
6. Zeile:	-	+	-	
7. Zeile:	-	-	+	v. $Wright_2$
8. Zeile:	-	-	-	

"+" bedeutet, daß das jeweilige Kausalitätsmerkmal vorliegt; "-" bedeutet, daß das jeweilige Kausalitätsmerkmal nicht vorliegt. Inwieweit deckt sich nun v. Wrights "Humesche Kausalrelation" mit dem Humeschen Kausalitätsbegriff, der durch die 1. Zeile der Tabelle 14 charakterisiert wird?

Ein erster Unterschied zu Humes Kausalitätsbegriff besteht darin, daß v. Wright die zeitliche Abfolge von Ursache und Wirkung *nicht* als ein Kriterium seiner "Humeschen Kausalrelation" ansieht. In "Erklären und Verstehen" führt v. Wright ein Beispiel an, bei dem "wir zur Unterscheidung derje-

---

165 Ebenda, S. 91.

166 Von Wright, G. H. (Determinismus), S. 142. Da v. Wright seine Kausalitätskonzeption in seinen neueren handlungstheoretischen Arbeiten (gegenüber seinen früheren Arbeiten) unverändert aufrecht erhält, werden zu ihrer Rekonstruktion bereits hier seine neueren Arbeiten zum Teil berücksichtigt.

167 Vgl. (Erklären), S. 161, Anmerkungen 1 u. 2.

nigen Fälle, in denen *p* die Ursache von *q* ist, von Fällen, in denen *q* die Ursache von *p* ist, nicht die *Zeit* verwenden."[168] In diesem Zusammenhang erwägt v. Wright sogar die Möglichkeit einer "rückwirkenden Verursachung": "Es handelt sich hier um eine Kausalität, die von der Gegenwart in die Vergangenheit zurückwirkt. Sie muß m.E. als solche akzeptiert werden"[169]; ja sie müsse sogar "ernst genommen werden."[170,171] Wenn also die zeitliche Abfolge von Ursache und Wirkung kein Kriterium für v. Wrights "Humesche Kausalrelation" darstellt, dann beschränken sich die möglichen Alternativen, die die "Humesche Kausalrelation" charakterisieren können, auf die Zeilen 5 - 8 der Tabelle 14.

In "Erklären und Verstehen" scheint v. Wright sogar auf das Merkmal "Regularität" verzichten zu wollen; denn dort wird an einer Stelle eine Kausalrelation nur dann als "Humesche Kausalrelation" bezeichnet, wenn sie die "Forderungen der logischen Unabhängigkeit ihrer Ausdrücke erfüllt"[172]. Daß v. Wright diesen "Namen" dafür wählt, heißt "nicht, daß ich auch auf die übrigen Humeschen Ansichten über die Natur der Kausalität festgelegt bin, also auch nicht auf die Regularitätsthese."[173] Es stellt sich dann aber die Frage, warum v. Wright die von ihm verwendete Kausalrelation als "Humesche Kausalrelation" bezeichnet, wenn er von Humes drei Kausalitätsmerkmalen lediglich eines berücksichtigt. Diese Position wird durch die Zeile 7 der Tabelle 14 gekennzeichnet und wird als >v. Wright_1< bezeichnet, weil in anderen Arbeiten v. Wrights die Regularitätsthese zur "Humeschen Kausalrelation" dazugehört: "Das Bestehen einer Humeschen Kausalrelation schließt die Existenz eines allgemeinen Gesetzes ein, welches Ereignisse logisch unabhängiger Arten von Erscheinungen als Ursache und Wirkung miteinander verbindet."[174] Diese Position entspricht der 5. Zeile von Tabelle 14 (v. Wright_2) und wird auch von v. Wright in seinen späteren Arbeiten durchgängig vertreten. Handlungstheoretisch gewendet, bedeutet "Kausalität" für v. Wright so viel wie "*erstens*, daß es ein allgemeines Gesetz gibt, das

---

168 Ebenda, S. 76, Hervorhebungen im Original.

169 Ebenda, S. 78.

170 Ebenda, S. 49.

171 Diese "rückwirkende Verursachung" kann von mehreren Autoren nicht nachvollzogen und akzeptiert werden: u.a. T. L. Beauchamp/D. N. Robinson (Backward Causation); G. Posch (Kausalitätsproblem), S. 28; G. Gutzmann (Logik), S. 159. In "Erwiderungen" distanziert sich v. Wright von der Existenz einer "rückwirkenden Verursachung": "In EV ["Erklären und Verstehen"; U. K.] wollte ich zeigen, daß eine rückwirkende Verursachung »denkbar« (logisch möglich) ist, »nicht«, daß eine solche Verursachung »existiert«" (S. 271).

172 Von Wright, G. H. (Erklären), S. 91.

173 Ebenda.

174 Von Wright, G. H. (Determinismus), S. 137.

die Determinante mit der Handlung verknüpft, und *zweitens*, daß die Determinante und die Handlung logisch unabhängig sind."[175]

Von Wrights Bezeichnung seiner Kausalrelation als "Humesche Kausalrelation" ist also insofern irreführend, als daß v. Wright das Humesche Kriterium der zeitlichen Abfolge von Ursache und Wirkung nicht übernimmt. Damit wird deutlich, worin sich v. Wrights "Humesche Kausalrelation" von Humes Kausalitätsbegriff unterscheidet und wodurch sich seine Kausalrelation auszeichnet. Es stellt sich nunmehr die Frage, an welcher Stelle v. Wright seine Kausalrelation verortet. Zwischen Intention und Handlung oder Intention/Kognition und Handlung? Oder zwischen Intention und Kognition? Kombiniert man diese drei prinzipiellen Verortungsmöglichkeiten der "Humeschen Kausalrelation" miteinander, dann lassen sich insgesamt sieben "kausale" Beziehungskonstellationen unterscheiden:

Tabelle 15

Kausale Beziehungskonstellationen

	Intention → Handlung	Intention/Kognition → Handlung	Intention → Kognition	Position
1. Zeile:	+	+	+	(?)
2. Zeile:	+	+	-	(?)
3. Zeile:	+	-	+	(?)
4. Zeile:	+	-	-	"trivial"
5. Zeile:	-	+	+	"EV"
6. Zeile:	-	+	-	"nicht-trivial"
7. Zeile:	-	-	+	(?)
8. Zeile:	-	-	-	-

"+" bedeutet, daß die "Humesche Kausalrelation" jeweils vorliegt; "-" bedeutet entsprechend, daß die "Humesche Kausalrelation" nicht vorliegt. Von Wright erwägt m.E. mindestens drei der in Tabelle 15 aufgeführten alternativen kausalen Beziehungskonstellationen:

- Die 4. Zeile charakterisiert eine Position, die v. Wright in "Determinismus in den ..." als "triviale Auffassung des kausalistischen Standpunktes"[176] bezeichnet. Diese besagt, daß "Intentionen" als "Ursachen von Handlungen" erachtet werden.[177] Es ist allerdings bemerkenswert, daß v. Wright diese Position in "Erklären und Verstehen" nicht als kausali-

[175] Von Wright, G. H. (Handeln), S. 423, Hervorhebungen im Original.

[176] Von Wright, G. H. (Determinismus), S. 137.

[177] Vgl. ebenda.

stische Position gelten läßt: "Der Kausalist vertritt also nicht die These, daß die Intention allein etwas Bestimmtes herbeiführen, den Handelnden zu einem Verhalten von einer gewissen Art bewegt."[178] Diese Gegensätzlichkeit beider Positionen wird von v. Wright leider nicht ausgeräumt.

- Die Position der Zeile 6 bezeichnet v. Wright als "nicht-triviale Deutung des kausalistischen Standpunktes in der Handlungstheorie"[179]. Gemäß dieser kausalen Beziehungskonstellation sei "eine bestimmte Verbindung von Intention und kognitiver Einstellung eine Humesche Ursache"[180]. Konkret werde diese kausale Beziehungskonstellation als eine "Deutung von Intentionen und Bewußtseinszuständen vermittels neurologischer Begriffe" gesehen;[181] insbesondere bestehe eine "Humesche Kausalrelation" "in erster Linie zwischen Gehirnvorgängen und gewissen Bewegungen der Glieder oder anderer Körperteile."[182] Aufgrund einiger "Feststellungen", auf die in Abschnitt 9.3.2 noch eingegangen wird, ist v. Wright überzeugt, "die nicht-triviale kausalistische These [...] zu Fall zu bringen."[183] Bereits in "Erklären und Verstehen" hegte v. Wright Zweifel, ob ein "kognitiv-voluntativer Komplex überhaupt eine Humesche Ursache von etwas sein kann."[184]

- Die kausale Beziehungskonstellation der 5. Zeile thematisiert v. Wright in "Erklären und Verstehen": "Wenn die Beziehung zwischen Intention und Kognition einerseits und dem Verhalten andererseits kausal ist, dann ist ein allgemeines Gesetz (eine nicht-logische gesetzmäßige Verknüpfung) involviert."[185] Diese Beziehungskonstellation, auf die v. Wright leider auch nicht näher eingeht, findet m.E. ausschließlich in "Erklären und Verstehen" Berücksichtigung.

Wenn auch vorher schon deutlich geworden ist, was v. Wright mit "Humescher Kausalrelation" meint, so bestehen doch erhebliche Unklarheiten darüber, wo er seine "Humesche Kausalrelation" genau verortet wissen will. In "Determinismus in den ..." heißt es, der "kausalistische Standpunkt" könne "in zweierlei Weise vertreten werden, die ich die triviale und die nicht-tri-

---

178 Von Wright, G. H. (Erklären), S. 94.

179 Von Wright, G. H. (Determinismus), S. 138.

180 Ebenda.

181 Ebenda.

182 Ebenda.

183 Ebenda; vgl. auch (Handeln), S. 424.

184 Von Wright, G. H. (Erklären), S. 94.

185 Ebenda.

viale nennen möchte."[186] Bei dieser Problemformulierung bleibt die kausale Beziehungskonstellation der 5. Zeile, die in "Erklären und Verstehen" noch thematisiert wurde, vollkommen unberücksichtigt. In "Erklären und Verstehen" wird die "triviale Auffassung" als kausalistische Position sogar noch abgelehnt. In "Das menschliche Handeln ..." scheint v. Wright dagegen ein adäquates Problembewußtsein bezüglich möglicher Beziehungskonstellationen anzudeuten: "Welcher *Art* ist das determinierende Verhältnis zwischen den Determinanten einerseits und den Handlungen andererseits?"[187] Auf Kausalrelationen bezogen, umfaßt diese Fragestellung genau die Fragestellung, die der Tabelle 15 zugrunde liegt. Da v. Wright keine weiteren kausalen Beziehungskonstellationen ausschließt, hätte er durchaus auch die übrigen der in Tabelle 15 aufgeführten Alternativen in Erwägung ziehen können. Da dies aber nicht der Fall ist, bleibt es bei der bloßen Andeutung eines adäquaten Problembewußtseins, ohne es in die Tat umzusetzen.

Die "vollständigste und klarste Formulierung" der kausalen Handlungstheorie sieht v. Wright im sogenannten "Hempel-Oppenheim-Schema der Erklärung"[188]. Neben dem "deduktiv-nomologischen Schema" sieht v. Wright das "induktiv-probabilistische Schema" als eine weitere Variante "des allgemeinen Gesetzesschemas der Erklärung" an;[189] allerdings wird diese Variante von v. Wright "nicht detaillierter diskutiert".[190,191] Soweit zur "kausalen Erklärung", die auch in dieser Form in die neuere Problemformulierung eingeht.

Der "intentionalistische" ("teleologische") Charakter der Humanwissenschaften wird nach Ansicht v. Wrights kausal >verschleiert<: "Was in den Humanwissenschaften wie kausale Erklärungen aussieht, sind gewöhnlich

---

[186] Von Wright, G. H. (Determinismus), S. 137.

[187] Von Wright, G. H. (Handeln), S. 423, Hervorhebung im Original.

[188] Vgl. v. Wright, G. H. (Erklären), S. 23. Die Grundform des "Hempel-Oppenheim-Schemas" setzt sich wie folgt zusammen:

Antecedensbedingung
"allgemeines Gesetz" } Explanans (Prämissen)

Explanandum (Konklusion)

[189] Vgl. v. Wright, G. H. (Erklären), S. 24.

[190] Ebenda, S. 27.

[191] In diesem Zusammenhang diskutiert v. Wright auch Unterschiede zwischen dem Schema, "das das Funktionieren der kybernetischen Steuerungs- und Kontrollmechanismus erklärt, und dem »simpleren« Schematismus des Hempelschen Gesetzesschemas der Erklärung" (Erklären), S. 29. Diese Unterschiede seien "im wesentlichen Unter- schiede im Komplexitätsgrad und logischen Reichtum der Schemata und nicht in den Grundprinzipien der Erklärung oder in der Auffassung von der Natur wissenschaftlicher Gesetze"(ebenda).

Erklärungen der von mir quasi-kausal genannten Art"[192]; wobei v. Wright unter "quasi-kausale Erklärungen" solche Erklärungen versteht, die zwar in eine kausale Terminologie gekleidet sind, deren Gültigkeit aber nicht von einer gesetzmäßigen Verknüpfung abhängt.[193] "Intentionalistischer" und "kausalistischer Standpunkt" sind für v. Wright diametral entgegengesetzt: Charakterisierte v. Wright den "kausalistischen Standpunkt" durch eine nicht-logische, gesetzmäßige Verknüpfung zwischen den Ereignissen (s.o.), so zeichnet sich der "intentionalistische Standpunkt" für ihn jedoch dadurch aus, daß (1) eine teleologische Erklärung nicht von der Gültigkeit einer ihr involviertenen gesetzmäßigen Beziehung abhängt[194] und daß (2) die Ereignisse "logisch" voneinander abhängig sind (sog. "Logisches Verknüpfungs-Argument").

Der "Kern" des "Logischen Verknüpfungs-Arguments", dessen Verfechter v. Wright als "Intentionalisten" bzw. als "intentionalistischen Standpunkt" bezeichnet,[195] werde "in der Tatsache gesehen, daß man die Intention oder den Willen, etwas Gewisses zu tun, nicht definieren kann, ohne sich dabei auf deren Objekt, d.h. auf das intendierte oder gewollte Ergebnis und somit auch auf den äußeren Aspekt der Handlung selbst zu beziehen."[196] Gemäß diesem "Logischen Verknüpfungs-Argument" werden "korrekt formulierte praktische Schlüsse als logisch bindend" angesehen (s.o.), was jedoch nicht bedeute, daß die Konklusion eines praktischen Schlusses mit "logischer Notwendigkeit" aus den Prämissen folge: Die "Notwendigkeit des praktischen Schlußschemas" sei eine "*ex post actu* verstandene Notwendigkeit"[197], denn nur "wenn eine Handlung bereits vorliegt und eine praktische Argumentation zu ihrer Erklärung oder Rechtfertigung konstruiert wird, nur dann haben wir eine logisch schlüssige Argumentation."[198] Trotz einer umfassenden Kritik am "Logischen Verknüpfungs-Argument", die auch v. Wright bekannt sein dürfte,[199] ist er von der "Wahrheit" dieses Arguments überzeugt und behauptet, "daß die Figur des praktischen Schließens als Erklärungsschema in den Human- und Sozialwissenschaften eine ähnliche

---

[192] Von Wright, G. H. (Erklären), S. 139.

[193] Vgl. ebenda, S. 84.

[194] Vgl. ebenda, S. 83.

[195] Vgl. (Erklären), S. 92 und (Determinismus), S. 128.

[196] Von Wright, G. H. (Erklären), S. 91.

[197] Ebenda, S. 110, Hervorhebung im Original.

[198] Ebenda.

[199] Vgl. ebenda, S. 170, Anmerkung 15. Von Wright bezweifelt sogar, "ob dieses Argument bisher ganz überzeugend dargestellt werden konnte. Einige seiner Versionen sind nicht nur nicht überzeugend, sondern sogar offenkundig fehlerhaft" (Erklären), S. 91.

Rolle spielt, wie das deduktiv-nomologische Schlußschema ("covering law modell") in den Naturwissenschaften."[200]

Auf eine immanent-systematische Analyse des "intentionalistischen Standpunktes" wird hier bewußt verzichtet, da dieser "Standpunkt" in v. Wrights neueren handlungstheoretischen Arbeiten tiefgreifenden Veränderungen unterworfen wird, während v. Wright den "kausalistischen Standpunkt" unverändert beibehält. Da aufgrund v. Wrights neuerer Arbeiten der "intentionalistische Standpunkt" als überholt angesehen werden kann,[201] wären auch die Resultate einer entsprechenden immanent-systematischen Analyse von vornherein überholt.

Aufgrund der vorliegenden bzw. nicht vorliegenden immanent-systematischen Analyse wird die metawissenschaftliche Entscheidungssituation (als Verstehen-Erklären-Problem), wie sie in v. Wrights früheren handlungstheoretischen Arbeiten formuliert wurde, als Gegensatz von "Kausalismus" und "Intentionalismus" aufgefaßt. Dieser Gegensatz bezieht sich sowohl auf das "Verstehen" als auch auf das "Erklären" von Handlungen. Aufgrund der >komplementären< Beziehung zwischen "Verstehen" und "Erklären" führt nicht-intentionalistisches ("kausales") "Verstehen" zu "kausalen Erklärungen" ("Subsumptions-Theorie der Erklärung"), "intentionalistisches Verstehen" zu "teleologischen Erklärungen"[202]. "Kausale Erklärungen" und "teleologische Erklärungen" beziehen sich dabei gleichermaßen auf das "PS-Schema". Die metawissenschaftliche Auseinandersetzung dreht sich hierbei um die Frage, "ob die *Verbindung* zwischen Prämissen und Conclusio eines praktischen Schlusses empirisch (kausal) oder begrifflich (logisch) ist."[203] "Kausalisten" erfassen die "Verbindung zwischen Prämissen und Conclusio" mit dem Begriffspaar "Ursache - Wirkung"; "Intentionalisten" mit dem Begriffspaar "Grund - Folge".[204]

Bezüglich des "Kausalismus" ergab die immanent-systematische Analyse folgendes:

---

[200] Von Wright, G. H. (Schließen), S. 61. Vgl. auch die "Grundannahme" von "Erklären und Verstehen" (Abschnitt 7.2).

[201] Siehe den folgenden Abschnitt.

[202] "Um »teleologisch erklärbar« zu werden, muß [...] das Verhalten zuerst »intentionalistisch verstanden« sein" (Erklären), S. 113.

[203] Von Wright, G. H. (Erklären), S. 102, Hervorhebung im Original.

[204] Den Sinn für diese Unterscheidung sieht v. Wright darin, "ein distinktives Merkmal der Kausalrelation zu betonen, nämlich: Ursache und Wirkung sind voneinander »logisch unabhängig«" (Erklären), S. 91, während "Grund und Folge" logisch abhängig seien (vgl. ebenda, S. 42).

- Es wird deutlich, was v. Wright unter "Humescher Kausalrelation" versteht, wobei die Begründung der Wahl seines Kausalitätsbegriffs eine Erwägung und Auseinandersetzung mit alternativen Kausalitätsbegriffen nicht mit einschließt.

- Es bleibt jedoch unklar, wo v. Wright seine "Humesche Kausalrelation" genau verortet wissen will. Seine Äußerungen bezüglich "kausaler" Beziehungskonstellationen sind nicht konsistent.

Bezüglich des "Intentionalismus" können hierzu wegen des Verzichts auf eine entspechende immanent-systematische Analyse (s.o.) keine Aussagen gemacht werden. Zusammenfassend kann die metawissenschaftliche Entscheidungssituation als Verstehen-Erklären-Problem in v. Wrights früheren handlungstheoretischen Arbeiten wie folgt dargestellt werden:

Tabelle 16

Die metawissenschaftliche Entscheidungssituation als Verstehen-Erklären-Problem in v. Wrights früheren Arbeiten

	Verstehen	Erklären
Naturalismus	"kausales Verstehen"	"Subsumptions-Theorie der Erklärung"
Dualismus	"intentionalistisches Verstehen"	"teleologische Erklärung"

(2) Problemformulierung in v. Wrights neueren Arbeiten

In den neueren handlungstheoretischen Arbeiten v. Wrights wird der "intentionalistische Standpunkt" tiefgreifend verändert. Insgesamt gesehen führen diese Veränderungen zu einer Neuformulierung der metawissenschaftlichen Entscheidungssituation auf der Verstehen-Erklären-Ebene. Diese Veränderungen betreffen (1) die Relevanz der "teleologischen Erklärung" für die Humanwissenschaften, (2) das "Logische Verknüpfungs-Argument" und (3) die Beziehung zwischen "Verstehen" und "Erklären".

Zu (1): Die Frage nach der Relevanz der "teleologischen Erklärung" für die Humanwissenschaften bezieht sich auf den Bereich, in dem sich die tiefgreifenden Veränderungen vollziehen. So bekennt v. Wright in "Erwiderungen", die "enorme Reichweite" des Themas "Teleologie" nicht bedacht zu haben: "Der einzige Aspekt der Teleologie, mit dem ich mich bisher ausführlich auseinandergesetzt habe, ist der »praktische Schluß«. [...] Es stimmt aber ganz sicher, daß ich in *EV* ["Erklären und Verstehen"; U. K.] und in anderen früheren Veröffentlichungen die Relevanz, die dieses spezielle Erklärungsmuster für die Humanwissenschaften hat, deutlich überschätzt habe."[205] In diesem Zusammenhang bedauert v. Wright, daß er "die Ausdrücke »praktischer Schluß« bzw. »praktischer Syllogismus« in meinen handlungstheoretischen Arbeiten zu Schlüsseltermini gemacht habe. Ebenso bedauere ich, den Terminus »teleologische Erklärung« verwendet zu haben."[206] Diese Termini erachtet v. Wright als "irreführend"[207] und betrachtet als "beste Bezeichnung für den von mir diskutierten Problemkomplex [den] Terminus *intentionalistische Erklärung*"[208].

In früheren Arbeiten hat v. Wright "geglaubt, daß Handlungserklärungen der verschiedensten Art sich alle letzten Endes auf das intentionale Modell zurückführen lassen."[209] Diese Sichtweise bezeichnet v. Wright als "Verinnerlichung" bzw. "Internalisierung des Problems"[210]. Diese Sichtweise sei "aber eine Illusion, von der man sich freimachen muß, um die Dinge richtig sehen zu können"[211]; denn "bei weitem nicht alle menschlichen Handlungen resultieren aus der speziellen Kombination aus einer Intention und einer kognitiven Einstellung."[212] Insbesondere habe er in seinen früheren Arbeiten "die Rolle, die Normen und soziale Institutionen als Determinanten der Handlungen sowohl von Gruppen als auch von Individuen spielen" unterschätzt,[213] d.h. daß es neben der "intentionalistischen Erklärung" "auch noch andere Erklärungsmuster gibt - insbesondere für das Erklären von Handlungen in einem sozialen Rahmen."[214]

Eine "Handlung erklären" heißt für v. Wright auch weiterhin "die Frage beantworten, *warum* die Handlung ausgeführt wurde; und Entsprechendes

---

[205] Von Wright, G. H. (Erwiderungen), S. 276.

[206] Ebenda.

[207] Ebenda, S. 266 u. (Handeln), S. 418.

[208] Von Wright, G. H. (Erwiderungen), S. 276 f., Hervorhebung im Original.

[209] Von Wright, G. H. (Handeln), S. 422.

[210] Ebenda, S. 423 u. (Determinismus), S. 132.

[211] Von Wright, G. H. (Handeln), S. 423.

[212] Von Wright, G. H. (Erwiderungen), S. 276.

[213] Ebenda, S. 265.

[214] Ebenda, S. 289.

gilt auch für die Unterlassung einer Handlung."[215] Die Erweiterung seines Problemhorizonts besteht nun darin, daß Handlungen auch von den gesellschaftlichen Kontexten bestimmt werden können, in denen der Handelnde steht. D.h. daß Handlungen nicht nur von "internen Determinanten" (Intention und kognitive Einstellung) bestimmt werden können, sondern auch von "externen Determinanten". "Externe Determinanten" sind für v. Wright "Befehle, Fragen, Versprechungen und Regeln allerlei Art"[216] und führen zu "institutionalisierten Formen des menschlichen Verhaltens"[217]; da "sie mit dem Leben in einer menschlichen Gemeinschaft zusammenhängen."[218] Von Wright unterteilt "externe Determinanten" in "imperativische Determinanten" ("symbolische Aufforderungen") und "normativische Determinanten" ("Regelungen oder Regeln").[219] Je nach Vorliegen bestimmter "interner" und/oder "externer Determinanten" führen sie zum "intentionalistischen", zum "imperativischen" oder zum "normativischen Erklärungsmodell":[220,221]

---

[215] Von Wright, G. H. (Probleme), S. 4, Hervorhebung im Original.

[216] Ebenda, S. 8.

[217] Von Wright, G. H. (Handeln), S. 419.

[218] Von Wright, G. H. (Probleme), S. 8.

[219] Vgl. v. Wright, G. H. (Handeln), S. 419 f.

[220] Das "intentionalistische Erklärungsmodell" ist mit der "teleologischen Erklärung" identisch (s.o.). Ein Beispiel für das "imperativische Erklärungsmodell" ist: "Warum hat A x getan? Weil man ihn gebeten, aufgefordert, ihm befohlen hat, x zu tun. Die Antwort könnte eine vollständige Erklärung seiner Handlungen enthalten" (Handeln), S. 419. Ein Beispiel für das "normativische Erklärungsmodell" ist: "»Warum parkst du nicht >hier<? Hier gibt es genügend Platz, und hier zu parken wäre bequem.« Die Antwort könnte sein: "Weißt du denn nicht, daß das Parken hier verboten ist? Darum parke ich nicht hier." Eine Verkehrsregel determiniert mein Handeln; genauer gesagt: Sie determiniert das »Unterlassen« einer Handlung" (ebenda) S. 420.

[221] Diese drei Erklärungsmodelle werden später in "Probleme des ..." durch die "verstehende Erklärung" ersetzt.

Übersicht 3

Von Wrights Handlungsdeterminanten und Erklärungsmodelle

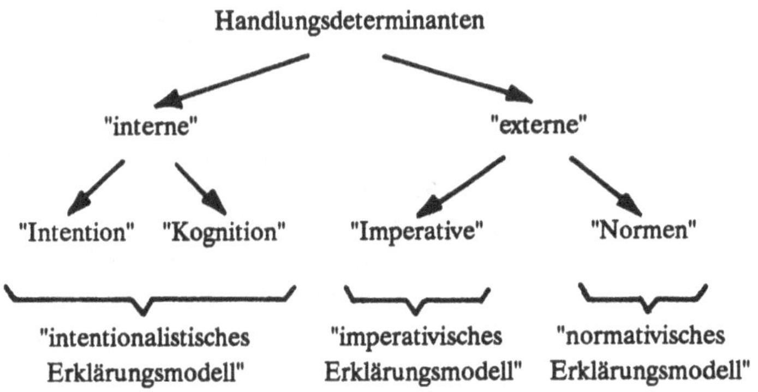

Wenn "interne" und "externe Determinanten" für Handlungserklärungen konstitutiv sind, dann stellt sich die Frage, ob v. Wright mögliche Beziehungen zwischen "internen" und "externen Determinanten" berücksichtigt. Die folgende Tabelle gibt vier prinzipielle Beziehungsmöglichkeiten wieder:

Tabelle 17

Abhängigkeitsbeziehungen zwischen "internen" und "externen Determinanten"

	interne Determinanten	externe Determinanten	Position
1. Zeile:	abhängig	abhängig	wechselseitige Erklärungsabhängigkeit
2. Zeile:	abhängig	unabhängig	"Internalisierung"
3. Zeile:	unabhängig	abhängig	"Externalisierung"
4. Zeile:	unabhängig	unabhängig	>Dualisierung<

"Abhängig" bedeutet, daß "interne" bzw. "externe Determinanten" von "externen" bzw. "internen Determinanten" mitbestimmt werden; "unabhängig" bedeutet entsprechend, daß dies nicht der Fall ist.

Die ersten drei Zeilen dokumentieren Positionen, bei denen "interne" und "externe" Determinanten nicht unabhängig voneinander bestehen. Die

1. Zeile charakterisiert dabei eine wechselseitige Abhängigkeit zwischen "internen" und "externen Determinanten". Diese Position thematisiert v. Wright im Zusammenhang mit seiner "Logik der Geschehnisse": "So sind menschliche Handlungen durch die betreffende historische Situation determiniert, während die historische Situation wiederum das Ergebnis menschlicher Handlungen ist."[222] Eine solche wechselseitige Abhängigkeit scheint für v. Wright wegen ihres mittel- bzw. langfristigen Prozeßcharakters keinen unmittelbaren Einfluß auf individuelle Handlungen und damit auch auf entsprechende Handlungserklärungen zu besitzen.

Die 2. Zeile charakterisiert eine >Internalisierung "externer Determinanten"<. Diese Position hat v. Wright vornehmlich in "Erklären und Verstehen" vertreten.[223] Da diese "Internalisierung" zur ausschließlichen Verwendung des "intentionalistischen Erklärungsmodells" führt, erachtet v. Wright die alleinige Gültigkeit dieser Position in seinen neueren handlungstheoretischen Arbeiten als illusionär (s.o.).

Die Position der 3. Zeile kann als >Externalisierung "interner Determinanten"< bezeichnet werden. In "Determinismus in den ..." vertritt v. Wright eine solche Position: Die "Wurzeln" der Determinanten menschlichen Handelns seien "zum großen, wenn nicht zum überwiegenden Teil in der Struktur des Sozialgefüges zu suchen: in der Rollenverteilung und der Institutionalisierung von Verhaltensmustern."[224] Von Wright fordert daher eine "Externalisierung" des Erklärungsproblems: "Hierzu soll von der Betrachtung individueller Handlungen zu den Faktoren fortgeschritten werden, die das Verhalten eines Individuums als Glied der Gemeinschaft im Rahmen institutionalisierter zwischenmenschlicher Beziehungen beeinflussen ("determinieren")".[225] Diese "Externalisierung" führt dann vermutlich zum "imperativischen" oder "normativischen Erklärungsmodell".

Die 4. Zeile dokumentiert im Gegensatz zu den ersten drei Zeilen insofern eine >Dualisierung< von "internen" und "externen Determinanten", als daß "interne" und "externe Determinanten" unabhängig voneinander vorliegen und gemeinsam zu Handlungen führen können. In "Probleme des ..." betrachtet v. Wright eine Situation, in der "zwei Gründe" für ein Handeln vorliegen: "Der eine ist extern: Mir ist ein Befehl gegeben worden. Der an-

---

[222] Von Wright, G. H. (Determinismus), S. 152.

[223] Dort betrachtet v. Wright den "»Jemand-dazu-bringen-etwas-zu-tun«- Mechanismus", der dazu führe, daß wir allmählich denken, "daß die Befehle und Verbote zu unserem »Besten« existieren, oder suchen unsere Kooperation zu rechtfertigen für Ziele, die letztlich auch unsere eigenen sind"(Erklären), S. 136.

[224] Von Wright, G. H. (Determinismus), S. 152.

[225] Ebenda, S. 133.

dere ist intern: Ich möchte nicht den Zorn des Befehlsgebers wecken, und ich weiß, daß es deshalb ratsam ist zu gehorchen."[226] Da v. Wright in "Probleme des ..." erstmals zwischen "*vorliegenden* (bestehenden, existierenden) und *wirksamen* Gründen" unterscheidet,[227] besteht bei der >Dualisierung< zwar in jedem Fall eine Unabhängigkeit hinsichtlich der "vorliegenden Gründe", nicht aber in jedem Fall auch eine Unabhängigkeit hinsichtlich der "wirksamen Gründe". In dem eben von v. Wright konstruierten Beispiel ist nicht ausgeschlossen, "daß der externe Grund möglicherweise nicht wirksam geworden wäre, hätte ich nicht auch den internen Grund für mein Handeln gehabt."[228] Welcher Abhängigkeitsbeziehung dieser konkrete Fall zugeordnet werden kann, ist wegen der neu eingeführten Unterscheidung in "vorliegende" und "wirksame Gründe" nicht ohne weiteres möglich. Da diese Handlung nur "möglicherweise" so determiniert ist, kann nicht ausgeschlossen werden, daß auch bei "wirksamen Gründen" eine Unabhängigkeit "internen" und "externen Determinanten" vorliegt. Ein Erklärungsmodell, das auch derart determinierte Handlungen erfaßt, ist die "verstehende Handlungserklärung", das v. Wright in "Probleme des ..." erstmals vorstellt. Bei einer "verstehenden Erklärung" sehe "man eine Handlung (oder die Unterlassung einer Handlung) gleichsam im Lichte ihrer Gründe"[229]; wobei diese "Gründe" sowohl "intern" als auch "extern" sein können.[230] Die "verstehende Handlungserklärung" dürfte damit nicht nur die bisherigen drei einzelnen Erklärungsmodelle ("intentionalistisches", "imperativisches" und "normativisches Erklärungsmodell") umfassen, sondern zusätzlich auch ein Erklärungsmodell für die Handlungen darstellen, bei denen eine >Dualisierung< zwischen "internen" und "externen Determinanten" vorliegt. Von Wright grenzt allerdings die "verstehende Handlungserklärung" von "medizinischen" und "soziologischen" Handlungserklärungen ab.[231]

---

[226] Von Wright, G. H. (Probleme), S. 6.

[227] Ebenda, S. 9, Hervorhebungen im Original. In diesem Zusammenhang thematisiert v. Wright auch die realistische Möglichkeit, daß eine "Handlung überbestimmt oder »überdeterminiert«" sein kann (S. 9, Hervorhebung im Original), sowie Situationen, in denen nicht nur "wirksame Gründe" vorliegen, sondern auch "wirksame Gegengründe" (vgl. S. 7).

[228] Ebenda.

[229] Ebenda, S. 12.

[230] Vgl. ebenda, S. 5.

[231] In einer "medizinischen Handlungserklärung" werde "eine Handlung (bzw. Unterlassung einer Handlung) auf eine Krankheit oder Hemmung des Handelnden zurückgeführt" (Probleme), S. 4. "Soziologische Handlungserklärungen" "beziehen sich im allgemeinen nicht auf individuelle Handlungen oder Unterlassungen, sondern eher auf Gattungen oder Typen von Handlungen, die der Handelnde auszuführen oder nicht auszuführen im Stande ist" (ebenda).

Insgesamt betrachtet, erweitert v. Wright seinen bisherigen Problemhorizont durch die explizite Einbeziehung von "externen Determinanten" erheblich. Diese Einbeziehung "externer Handlungsdeterminanten" führte bei v. Wright dazu, daß er die Relevanz der "teleologischen Erklärung" für die Humanwissenschaften erheblich relativierte. Wie umfangreich die Erweiterung seines Problemhorizonts ausfällt, läßt sich primär daran ablesen, daß v. Wright bezüglich der Frage nach den möglichen Beziehungen zwischen "internen" und "externen Determinanten" alle vier Alternativen erwägt. Die jeweilige Bedeutung dieser vier Alternativen wird in den einzelnen Arbeiten zwar unterschiedlich gewichtet, doch es ist durchaus denkbar, daß bei Betrachtung aller handlungstheoretischer Arbeiten, dies auf eine Art >Lernprozeß< zurückzuführen ist.

Zu (2): Der zweite Bereich, auf den sich die tiefgreifenden Veränderungen des "intentionalistischen Standpunktes" beziehen, ist das "Logische Verknüpfungs-Argument". In "Determinismus in den ..." korrigiert v. Wright seine Sichtweise des "Logischen Verknüpfungs-Arguments", welche er in "Erklären und Verstehen" eingenommen hatte: "So halte ich es für einen Fehler - dessen ich mich wie andere schuldig gemacht habe - den intentionalistischen Standpunkt so zu verstehen, daß die Konklusion eines praktischen Schlusses in dessen Prämissen logisch enthalten sei."[232] Die Beziehung zwischen Handlungsdeterminante (Intention, kognitive Einstellung) und Handlung sei "weder eine logische Inklusion noch eine Kausalbeziehung", sondern diese Beziehung könne als "begrifflich" bezeichnet werden.[233] In "Das menschliche Handeln ..." lehnt v. Wright allerdings einen "begrifflichen Zusammenhang" ab.[234] Da v. Wright in dieser Arbeit das "begriffliche Verhältnis" als "logische Konsequenzbeziehung" betrachtet[235] und somit dem "Logischen Verknüpfungs-Argument" gleichsetzt, unterscheidet sich die "begriffliche" Beziehung in "Determinismus in den ..." vom "begrifflichen Zusammenhang" in "Das menschliche Handeln ..." jedoch grundlegend.[236] Beides als "begrifflich" zu bezeichnen, wie es v. Wright tut, ist daher irreführend und unnötig.

In "Das menschliche Handeln ..." sind Handlungsdeterminanten weder "kausale Ursachen" noch "begriffliche Gründe", sondern sie sind "Determi-

---

[232] Von Wright, G. H. (Determinismus), S. 138. Von Wright verweist hier ausdrücklich auf "Erklären und Verstehen", S. 93 - 110.

[233] Ebenda, S. 139.

[234] Vgl. (Handeln), S. 426.

[235] Vgl. ebenda, S. 423.

[236] Bereits in "Erklären und Verstehen" verwendete v. Wright die Termini "begrifflich" und "logisch" synonym (vgl. u.a. S. 102).

nanten *anderer Art*. Ich weiß nicht, ob man sagen sollte: Determinanten *dritter Art*."[237] Was aber sind "Determinanten dritter Art"? Von Wright klassifiziert zwar "Determinanten" in "interne" und "externe Determinanten" und erwägt mögliche Beziehungen zwischen ihnen (s.o.), dennoch vermag er diese Frage nicht zu beantworten: "Denn es könnte ja sein, daß diese Determinanten auch untereinander sehr verschieden sind, ein buntes Gemisch von verschiedenen Dingen darstellen, so daß man hier noch Unterschiede machen müßte. Aber jedenfalls sind sie weder »nomische« Ursachen noch deduktive Gründe."[238] Die Verbindung zwischen Handlungsdeterminante und Handlung habe "ihr Wahrheitskriterium nicht mehr in einer Relation, in einer Beziehung zwischen diesen beiden Tatbeständen [Determinante - Handlung; U. K.] für sich betrachtet, sondern in einem *größeren* Zusammenhang von Tatbeständen"[239]; das "Kriterium der Wahrheit [...] ist somit eine Art von *Kohärenz der Tatsachen*."[240] In seinen neueren Arbeiten betrachtet v. Wright daher Handlungen durchweg "im Lichte" ihrer Determinanten und der sie umgebenden "Tatsachen". Dabei vermag es v. Wright nicht, diese "Determinanten" (einschließlich ihrer möglichen Beziehungen zueinander) >positiv< zu bestimmen, sondern nur >negativ< in dem Sinne auszugrenzen, daß sie "weder auf Gesetzmäßigkeiten beruhende Ursachen noch deduktive Gründe" sind.[241]

Wurde dieser Aspekt der metawissenschaftlichen Entscheidungssituation in v. Wrights früheren Arbeiten durch den Gegensatz "kausale Ursache - logischer Grund" gekennzeichnet, so dürfte der neue Gegensatz nun lauten: "kausale Ursache" - "Determinante dritter Art". Dieser neue Gegensatz ist für v. Wright eng mit dem Determinismusproblem bzw. dem "Problem der Willensfreiheit" verbunden, d.h. daß sich der Gegensatz: "kausale Ursache" - "Determinante dritter Art" bei v. Wright in dem Gegensatz von naturwissenschaftlichem und humanwissenschaftlichem Determinismus niederschlägt:[242]

- Ein "Determinismus im naturwissenschaftlichen Sinne" sei ein "Determinismus durch gesetzmäßig wirkende Ursachen"[243]. Derartige Vorstellungen in den Naturwissenschaften seien verknüpft mit "solchen

[237] Ebenda, S. 425, Hervorhebungen im Original.

[238] Ebenda, S. 425 f.

[239] Ebenda, S. 427, Hervorhebung im Original.

[240] Ebenda, Hervorhebung im Original.

[241] Ebenda, S. 425.

[242] Unter "Determinismus" versteht v. Wright "alle jene Vorstellungen, nach denen das, was »ist«, (in irgendeiner Weise) *sein* »muß«" (Determinismus), S. 131, Hervorhebungen im Original.

[243] Von Wright, G. H. (Handeln), S. 429.

Vorstellungen, wie der allgemeinen Regelmäßigkeit, der Wiederholbarkeit und der experimentellen Überprüfung"[244]. Ein solcher Determinismus sei mit "Willensfreiheit", d.h. mit "Freiheit und Verantwortlichkeit unvereinbar."[245]

- Deterministische Vorstellungen der Humanwissenschaften stünden dagegen im "unmittelbaren Zusammenhang [...] mit Vorstellungen wie Motivation, sozialer Druck, Zielgerichtetheit und Intentionalität."[246] Da durch "Determinanten dritter Art" bestimmte Handlungen "weder kausal noch logisch notwendig sind, sind sie, würde ich sagen, *im Lichte ihrer Determinanten gesehen,* eben das, was man freies Handeln nennt."[247] Eine derartige "Determiniertheit" sei "eine Voraussetzung der Verantwortlichkeit"[248].

Aufgrund dieser >Negativ<-Bestimmung von "Determinanten dritter Art" lassen sich keine Ansatzpunke für eine immanent-systematische Analyse finden, denn hierfür wäre eine >Positiv<-Bestimmung erforderlich. Aufschlußreich ist in diesem Zusammenhang allerdings v. Wrights Alternativeneinschränkung: Einerseits ist v. Wright nicht in der Lage, die >Natur< seiner "Determinanten", sowie ihrer möglichen Beziehungen näher bestimmen zu können, andererseits läßt er aber auch keine weiteren Determinismus-Alternativen im Rahmen seiner Entscheidungssituation zu; denn wenn es keine Determiniertheit aufgrund "Determinanten dritter Art" gäbe, "dann wäre menschliches Verhalten entweder ganz unverständlich oder nur kausal-deterministisch zu begreifen. Von menschlicher Freiheit wäre dann gar nicht die Rede."[249]

Zu (3): Der dritte Bereich der tiefgreifenden Veränderungen betrifft die Beziehung zwischen "Verstehen" und "Erklären". In v. Wrights früheren handlungstheoretischen Arbeiten konnte eine Handlung erst dann "erklärt" werden, wenn sie zuvor als Handlung "verstanden" worden ist. Diese Beziehung zwischen "Verstehen" und "Erklären" wurde als >komplementär< bezeichnet (s.o.). In "Probleme des ..." gibt v. Wright diese Unterscheidung auf, denn das "Verstehen" einer Handlung sei das "Erklären" dieser Handlung: Eine "Handlung erklären [heißt] sie im Lichte ihrer Gründe verstehen"[250].

---

[244] Von Wright, G. H. (Determinismus), S. 131.

[245] Von Wright, G. H. (Handeln), S. 429, Hervorhebung im Original.

[246] Von Wright, G. H. (Determinismus), S. 131.

[247] Von Wright, G. H. (Handeln), S. 429, Hervorhebung im Original.

[248] Ebenda.

[249] Ebenda, S. 428 f.

[250] Von Wright, G. H. (Probleme), S. 13.

Der "Akt des Verstehens" schafft das "»Band« zwischen der Handlung und dem (wirksamen) Grund bzw. den (wirksamen) Gründen"[251]. Damit wird fraglich, ob für v. Wright überhaupt noch ein Unterschied zwischen "Verstehen" und "Erklären" besteht. Die beiden folgenden Aussagen v. Wrights sollen zeigen, daß er zwischen "Verstehen" und "Erklären" keine nennenswerten Unterschiede mehr macht:

- Bei "verstehenden Erklärungen" würden "Handlungen mit der Annahme erklärt *oder* verstanden, sie seien aus gewissen Gründen oder Motiven hervorgegangen."[252]
- Bei der Frage, ob die "Verbindung" zwischen Grund und Handlung "erklärt" oder "verstanden" werden könne, heißt es: "Hier ist es tatsächlich besser, vom "Verstehen" als vom "Erklären" zu reden, aber auch der zweite Ausdruck könnte angewendet werden."[253]

"Verstehen" und "Erklären" sind als "Erkenntnisformen" demnach austauschbar; ein Unterschied zwischen ihnen ist nicht mehr feststellbar. Somit steht diese Gleichheitsauffassung im Widerspruch zur >komplementären< Beziehung zwischen "Verstehen" und "Erklären". Von Wrights gesamte frühere Argumentation bezüglich der Abgrenzung zwischen "Verstehen" und "Erklären" dürfte damit bedeutungslos geworden sein. Da v. Wright bedauerlicherweise auf diese doch einschneidende Änderung seiner Position in keinster Weise eingeht, ist eine immanent-systematische Rekonstruktion seiner veränderten Auffassung hinsichtlich der Beziehung zwischen "Verstehen" und "Erklären" nicht möglich. Diese tiefgreifende Veränderung fällt sozusagen >vom Himmel<.

Diese drei tiefgreifenden Veränderungen des "intentionalistischen Standpunktes" führen zu einer Neuformulierung der metawissenschaftlichen Entscheidungssituation auf der Verstehen-Erklären-Ebene. Da v. Wright seine Auffassung bezüglich des "kausalistischen Standpunktes" aus früheren Arbeiten unverändert übernommen hat, kann diese Neuformulierung folgendermaßen dargestellt werden:

---

[251] Ebenda, S. 3.

[252] Ebenda, S. 4, Hervorhebung nicht im Original.

[253] Von Wright, G. H. (Handeln), S. 425.

Tabelle 18

Die metawissenschaftliche Entscheidungssituation als Verstehen-Erklären-Problem in v. Wrights neueren Arbeiten

	Verstehen	Erklären
Naturalismus	"kausales Verstehen"	"Subsumptions-Theorie der Erklärung"
Dualismus	"verstehende Erklärung"	

Die drei tiefgreifenden Veränderungen des "intentionalistischen Standpunktes" führen zwar bei v. Wright zu einer Neuformulierung der metawissenschaftlichen Entscheidungssituation in seinen neueren handlungstheoretischen Arbeiten, sie kann aber über weite Teile nicht immanent-systematisch rekonstruiert werden. Da sich v. Wright zur Entstehungsgeschichte dieser tiefgreifenden Veränderungen seiner früheren Position so gut wie gar nicht äußert, kann darüber nur spekuliert werden. Eine Ausnahme bildet v. Wrights Erwägungen möglicher Beziehungen zwischen "internen" und "externen Determinanten"; wobei aber zu berücksichtigen ist, daß v. Wright es nicht vermag, seine "Determinanten dritter Art", einschließlich ihrer möglichen Beziehungen zueinander, >positiv< zu bestimmen.

Die Neuformulierung der metawissenschaftlichen Entscheidungssituation auf der Verstehen-Erklären-Ebene wird durch bestimmte >Dunkelheiten< belastet (s.o.). Diese >Dunkelheiten<, die einerseits durch die bisherige immanent-systematische Analyse aufgedeckt werden konnten, die andererseits jedoch eine weitergehendere immanent-systematische Analyse verhinderten, werfen Fragen auf, die von v. Wright bisher noch nicht thematisiert wurden. Insbesondere handelt es sich um folgende drei Fragenkomplexe:

- Die Erweiterung des v. Wrightschen Problemhorizonts durch die Einbeziehung "externer Determinanten" läßt seine bisherige handlungstheoretische Argumentation nicht unberührt. Insofern nämlich "externe Determinanten" nicht "internalisiert" werden können, bedeutet ihre Berücksichtigung insbesondere, "daß nicht alles, was wir im echten Sinne als Handeln auffassen können, mit einer Absicht verbunden und somit zielgerichtet sein muß."[254] D.h. daß v. Wright den Handlungsbegriff nun

[254] Von Wright, G. H. (Erwiderungen), S. 300.

auch auf nicht-intentionales Verhalten bezieht. Da in seinen früheren Arbeiten das "Verstehen"/"Erklären" ausschließlich auf (intentionales) Handeln bezogen wurde, stellt sich die Frage, welche Auswirkungen die Ausdehnung des Handlungsbegriffs auf "Verstehen"/"Erklären" hat.

In "Erklären und Verstehen" führte der "intentionale" und "nicht-intentionale Charakter" von Gegenständen zur Unterscheidung "zwischen zwei Typen des Verstehens und des Erklärens"[255] und somit zu einer Unterscheidung zwischen Human- und Naturwissenschaften. Da v. Wrights Auffassung bezüglich des "kausalistischen Standpunktes" unverändert geblieben ist und er den Handlungsbegriff in seinen neueren Arbeiten auch auf nicht-intentionales Verhalten bezieht, wird diese Unterscheidung zwischen Human- und Naturwissenschaften fragwürdig. Wenn v. Wright davon ausgeht, daß bestimmte Merkmale von Gegenstandsbereichen zu bestimmten methodologischen Konzeptionen führen, dann stellt sich doch die Frage, worin sich für v. Wright natur- und humanwissenschaftlicher Gegenstandsbereich in seinen neueren Arbeiten unterscheiden, wenn der Gegensatz von "kausaler" und "verstehender Handlungserklärung" von diesem Unterschied getragen werden soll.

Sollte v. Wright nun *keinen* Unterschied mehr sehen, dann dürfte seine gesamte Konstruktion der metawissenschaftlichen Entscheidungssituation zusammenbrechen. Sollte v. Wright auch weiterhin einen Unterschied sehen, dann ist aus der Sicht seiner neueren handlungstheoretischen Arbeiten die metawissenschaftliche Entscheidungssituation (als Verstehen-Erklären-Problem) keine echte Entscheidungssituation; denn Handlungen können auch nicht-intentionalen Charakter besitzen. Im Rahmen einer Auseinandersetzung mit G. Meggle in "Erwiderungen", also in der Arbeit, in der Handlungen auch auf nicht-intentionales Verhalten bezogen werden, heißt es: "Meggle vertritt die These, daß Verstehen menschlicher Handlungen eine gegenüber dem Verstehen von Naturphänomenen eigenständige Form der Erkenntnis darstellt. [...] Dieser Auffassung kann ich nur zustimmen."[256] Demnach hält v. Wright auch angesichts seines erweiterten Handlungsbegriffs an einer Unterscheidung zwischen dem "Verstehen menschlicher Handlungen" und dem "Verstehen von Naturphänomenen" fest. Die sich aufdrängende Frage, worin dieser Unterschied besteht, bleibt unbeantwortet.

---

[255] Vgl. die Ausführungen in "(1) Problemformulierung in v. Wrights früheren Arbeiten.

[256] Von Wright, G. H. (Erwiderungen), S. 299.

- Von Wright beschränkte sich bei seinen Betrachtungen auf die "Methodologie" und versuchte dies damit zu begründen, daß man zwischen den "Phänomenen", die die Biologie untersucht und den "Phänomenen", die die Humanwissenschaften untersuchen, keine "scharfe Grenze ziehen kann".[257] Demnach ist für v. Wright eine gegenstandsbezogene Betrachtung der metawissenschaftlichen Entscheidungssituation kaum möglich; denn gemäß dieser Auffassung kann es keine "scharfe Grenze" zwischen "menschlichen Handlungen" und "Naturphänomenen" geben, so daß das jeweilige "Verstehen"/"Erklären" in den Human- und Naturwissenschaften vermutlich nicht vom jeweiligen Gegenstandsbereich begründet werden kann. Aber genau dies hielt v. Wright in "Erklären und Verstehen" für möglich (s.o.).
- Auf der Traditionenebene wurde die "aristotelische Tradition" durch die "teleologische" bzw. "intentionalistische Erklärung" charakterisiert.[258] Da aber die "teleologische" bzw. "intentionalistische Erklärung" in v. Wrights neueren Arbeiten nicht mehr die zentrale Bedeutung früherer Arbeiten besitzt, stellt sich die Frage, inwiefern die "verstehende Erklärung" noch eindeutig der "aristotelischen Tradition" zugeordnet werden kann. Insofern eine eindeutige Zuordnung nicht möglich ist, kann dies als ein weiterer Hinweis dafür angesehen werden, daß die von v. Wright als Traditionenproblem formulierte metawissenschaftliche Entscheidungssituation zu eng ist.

9.3.2 Problemlösungsansatz

Von Wright ist >Dualist<, d.h. für ihn bestehen prinzipielle Unterschiede zwischen human- und naturwissenschaftlichen Untersuchungen, die er folgendem Ursprung zuschreibt: "Naturwissenschaften lassen sich kennzeichnen als Untersuchungen von Phänomenen unter der "Herrschaft" von Naturgesetzen; Sozialwissenschaften dagegen stellen in erster Linie eine Untersuchung von Phänomenen unter der "Herrschaft" von sozialen Institutionen und Regeln dar. In diesem Sinne werde ich für eine Art "methodologischen Parallelismus" [...] eintreten."[259] Seinen Problemlösungsansätzen auf der Traditionen- und Paradigmenebene zufolge wäre zu erwarten, daß v. Wright seinen "methodologischen Parallelismus" >dezisionistisch< begründet bzw. die als Verstehen-Erklären-Problem formulierte metawissen-

[257] Vgl. Abschnitt 7.2.

[258] Vgl. Abschnitt 9.1.1.

[259] Von Wright, G. H. (Determinismus), S. 131.

schaftliche Entscheidungssituation >dezisionistisch< auflöst. Inwiefern eine solche Begründung bzw. Auflösung auch tatsächlich vorliegt, soll in diesem Abschnitt überprüft werden.

In "Erklären und Verstehen" hält es v. Wright noch für möglich, die Prämissen und die Konklusion eines "praktischen Schlusses" "auf der Basis empirischer Beobachtungen und Tests zu verifizieren und zu falsifizieren"[260]. Dieses Vorhaben bezeichnet v. Wright als "Verifikationsproblem" und behauptet: "Ich werde zu beweisen versuchen, daß eine Lösung dieses Problems auch zu einer Antwort auf die Frage nach der »Verbindung« und somit der Gültigkeit des Schlusses führt."[261] Letztlich sieht v. Wright in einer "wechselseitigen Abhängigkeit der Verifikation von Prämissen und der Verifikation von Conclusionen praktischer Syllogismen [...] die Wahrheit des Logischen Verknüpfungs-Arguments."[262] Vermutlich liegt hier für v. Wright auch der "Nachweis" dafür, daß ein "prinzipieller Unterschied zwischen einer Erklärung in den Naturwissenschaften und einer Erklärung in den Geschichts- und Sozialwissenschaften" besteht; denn durch die Lösung des "Verifikationsproblems" dürfte "die logische Natur des praktischen Denkens" nicht mehr im "Dunkeln" liegen.[263] Nun hat v. Wright in seinen neueren handlungstheoretischen Arbeiten das "Logische Verknüpfungs-Argument" selbst weitgehend verworfen, so daß dieser "Nachweis" als bisher noch nicht erbracht angesehen werden kann.

Die Voraussetzungen für eine "verstehende Handlungserklärung" sind für v. Wright, "daß die Handlung richtig identifiziert worden ist und daß die vorgegebenen Gründe tatsächlich bestehen."[264] Diese beiden Voraussetzungen sind für v. Wright keineswegs "trivial, sondern eher problematisch"[265]. Was aber ist, wenn diese Voraussetzungen nicht vorliegen? Führt dies dazu, daß nur einige bestimmte "verstehende Handlungserklärungen" in Frage gestellt werden oder steht dabei die gesamte Konzeption der "verstehenden Erklärung" zur Debatte?

Für v. Wright ist es ein "Vorurteil, von dem man sich befreien sollte, *alles* ließe sich im Bereich unserer Handlungen erklären."[266] Damit sind für ihn von vornherein keine vollständigen Handlungserklärungen möglich. Zwar

---

[260] Von Wright, G. H. (Erklären), S. 102.

[261] Ebenda.

[262] Ebenda, S. 109.

[263] Vgl. (Schließen), S. 61, sowie Abschnitt 7.2.

[264] Von Wright, G. H. (Probleme), S. 12.

[265] Ebenda.

[266] Von Wright, G. H. (Handeln), S. 419, Hervorhebung im Original.

führten "»Launenhaftigkeit«, »Unzulänglichkeit« oder gar »Irrationalität«" dazu, daß wir den Handelnden nicht "angemessen" verstehen,[267] nicht aber dazu, daß die entsprechende Handlungserklärung in Frage gestellt wird. Bestimmte (konkrete) Handlungserklärungen können nach v. Wrights Auffassung nicht in nicht-revidierbarer Weise legitimiert werden: "Weder das Subjekt selbst noch der außenstehende Beobachter kann mit zwingenden philosophischen Gründen Ansprüche auf höchste Autorität beim Erklären von Handlungen legitimieren."[268] In diesem Zusammenhang verweist v. Wright auf das Fehlen einer "objektiven Wahrheit", "einer Wahrheit, die unabhängig davon besteht, wie der eine oder der andere eine Handlung aus ihren Gründen zu erklären versucht."[269] - Die Möglichkeit einer >pragmatischen< Legitimierung hat v. Wright in diesem Zusammenhang nicht erwogen.

Wie rechtfertigt v. Wright nun seine Entscheidung für die Konzeption der "verstehenden Handlungserklärung" gegenüber dem "Kausalismus"? Von Wright behauptet, "daß die verstehende Handlungserklärung keinen Wahrheitsgrund (kein Kriterium für ihre Richtigkeit) *außerhalb* der Verbindung besitzt, die im Akte des Verstehens zwischen der Handlung und ihren Gründen geschlagen wird."[270] Die "verstehende Handlungserklärung" sei "überhaupt nicht wahr oder falsch [...]; sie fällt sozusagen nicht unter die Kategorie des Wahren oder Falschen".[271] Wenn die "verstehende Handlungserklärung" weder "wahr" noch "falsch" sein kann, dann kann sie (wissenschaftlich) auch nicht in Frage gestellt werden. Wenn dies auch für die Zukunft gelten soll, dann begründet v. Wright die Entscheidung für oder gegen die Konzeption der "verstehenden Handlungserklärung" und damit die Auflösung der metawissenschaftlichen Entscheidungssituation als Verstehen-Erklären-Problem >dezisionistisch<. Diese Auflösung befindet sich dann im Einklang mit den Problemlösungsansätzen auf der Traditionen- und Paradigmenebene. Diese >dezisionistische< Auflösung impliziert aber auch, daß es für v. Wright keinen (wissenschaftlichen) "Nachweis" im Sinne einer begründeten Entscheidung für einen "prinzipiellen Unterschied zwischen einer Erklärung in den Naturwissenschaften und einer Erklärung in den Geschichts- und Sozialwissenschafen" geben kann (s.o.).

An sich wäre damit v. Wrights Problemlösungsansatz auf dieser Betrachtungsebene hinreichend rekonstruiert, da nicht davon auszugehen ist,

[267] Vgl. v. Wright, G. H. (Determinismus), S. 141 f.

[268] Von Wright, G. H. (Probleme), S. 18.

[269] Ebenda, S. 18 f.

[270] Ebenda, S. 12; Hervorhebung nicht im Original.

[271] Ebenda.

daß v. Wright bezüglich der Ablehnung des "Kausalismus" eine andere als >dezisionistische< Auflösung anführt. Tatsächlich finden sich aber in verschiedenen seiner Arbeiten Äußerungen, die darauf hinweisen, daß v. Wright gegenüber dem "kausalistischen Standpunkt" eine nicht->dezisionistische< Grundposition einnimmt.

In "Erklären und Verstehen" finden sich die folgenden zwei Aussagen, die auf die Möglichkeit einer >fundamentalistischen< Auflösung der metawissenschaftlichen Entscheidungssituation als Verstehen-Erklären-Problem hinweisen:

- "Der Anspruch, die Subsumptions-Theorie der Erklärung besitze universelle Gültigkeit, läßt sich primär daran testen, ob das Gesetzesschema der Erklärung auch teleologische Erklärungen erfaßt."[272]
- "Der endgültige Test für universelle Gültigkeit der Subsumptions-Theorie der Erklärung ist daher, ob sie auch für die Erklärung von Handlungen zutrifft."[273]

Beide Aussagen stehen im deutlichen Widerspruch zu seiner >dezisionistischen< Grundhaltung. Allerdings kann aufgrund seiner neueren Arbeiten davon auszugangen werden, daß v. Wright diese in "Erklären und Verstehen" vertretene >fundamentalistisch< orientierte Auffassung mittlerweile nicht mehr aufrecht erhält.

In "Determinismus in den ..." erachtete v. Wright den >Naturalismus< als eine "unzulässige Übertragung naturwissenschaftlicher Begriffe und Vorstellungen auf die Sozialwissenschaften" und beurteilte diese "unzulässige Übertragung" als ein "schwerwiegendes »methodologisches Mißverständnis«"[274]. Dies versucht v. Wright an drei Beispielen zu zeigen:

(1) Das erste Beispiel bezieht sich auf die Gleichsetzung von "Determinismus in den Sozialwissenschaften" und "Determinismus in den Naturwissenschaften". Das "theoretische Ziel der Sozialwissenschaften" bestünde dann "in der Entdeckung von Gesetzen, die [...] faktische Regularitäten sowohl individuellen und kollektiven Verhaltens als auch des Institutionenwandels zum Ausdruck bringen."[275] In "Erklären und Verstehen" beurteilt v. Wright es als "falsch", den "sozialwissenschaftlichen Determinismus" dem "Determinismus kausaler Notwendigkeit anzugleichen, und jede Behauptung, daß menschliche Handlungen in diesem Sinne deter-

[272] Von Wright, G. H. (Erklären), S. 28.

[273] Ebenda, S. 33.

[274] Vgl. Abschnitt 7.2..

[275] Von Wright, G. H. (Determinismus), S. 132.

miniert sind, wären ebenso falsch."[276] Von Wrights Einschätzung dieser Position als "falsch" und "schwerwiegendes »methodologisches Mißverständnis«" ist vor dem Hintergrund seiner >dezisionistischen< Grundposition unverständlich. Interessant ist allerdings, daß v. Wright in "Das menschliche Handeln ..." die "kausale Determiniertheit durch Gesetze" in Bezug auf "Handlungen" nicht vollständig ausschließt: "Denn diese, also kausale Determiniertheit durch Gesetze, ist tatsächlich mit Freiheit und Verantwortlichkeit unvereinbar. Aber wenn wir von Handlungen reden, besteht dieser Determinismus entweder gar nicht »oder nur sehr selten«"[277].

(2) Das zweite Beispiel bezieht sich auf den >naturalistischen< Standpunkt: "Gesetze oder ihre Anwendungsbedingungen seien so komplex, daß es bislang nicht möglich gewesen sei, sie exakt zu formulieren; die Sozialwissenschaften seien noch zu jung und wir dürften von ihnen in diesem Frühstadium nicht zu viel verlangen."[278] Auch diese Position als "schwerwiegendes »methodologisches Mißverständnis«" zu beurteilen, ist unverständlich: Diese >naturalistische< Argumentation mag zwar sehr unbefriedigend sein, besonders für >Dualisten<, dennoch dürfte sie nur sehr schwer, wenn überhaupt, zu widerlegen sein. Von Wrights Einschätzung dieser >naturalistischen< Argumentation dürfte mit seiner >dezisionistischen< Grundhaltung kaum vereinbar sein.

(3) Beim dritten Beispiel geht es um die Frage nach der Beziehung zwischen mentalen und neuralen Zuständen. Eine "neurologische Deutung voluntativer und kognitativer Einstellungen", die die "nicht-triviale Deutung des kausalistischen Standpunktes" repräsentiere, ist für v. Wright "eine weitere unzulässige Übertragung eines für die Naturwissenschaften [...] angemessenen Ansatzes in einem fremden Bereich."[279] Von Wright ist davon überzeugt, daß die Beziehung zwischen intentionalen/kognitiven Zuständen und "entsprechenden Gehirnzuständen" eine "kontingente Beziehung" ist, die "keineswegs jedoch einen notwendigen Zusammenhang" darstellt.[280] Diese "Feststellungen" reichen für v. Wright aus, "die nicht-triviale kausalistische These über die Beziehung zwischen Intentionen und Handlungen zu Fall zu bringen."[281] Da v. Wright in keiner seiner Arbeiten, in denen er dieses Problem themati-

[276] Von Wright, G. H. (Erklären), S. 149.

[277] Von Wright, G. H. (Handeln), S. 429; Hervorhebung nicht im Original.

[278] Von Wright, G. H. (Determinismus), S. 132.

[279] Ebenda.

[280] Vgl. ebenda, S. 138.

[281] Ebenda.

siert,[282] Angaben (z.B. Literaturhinweise) darüber macht, worauf sich seine "Feststellungen" stützen, ist zu vermuten, daß v. Wright mit seinen "Feststellungen" möglicherweise Vorentscheidungen trifft, die im Rahmen des sogenannten "psycho-physischen Problems" ("Leib-Seele-Problem") noch kontrovers diskutiert werden.[283] In "Probleme des ..." heißt es zwar: "Die Idee einer "Korrespondenz" zwischen mentalen und neuralen Zuständen ist unklar, und über den tatsächlichen Zusammenhang der beiden wissen wir zwar etwas, aber nicht sehr viel"[284] - dennoch scheint v. Wright so viel zu wissen, daß nicht "die neuralen Tatsachen mit dem Beweggrund der Handlung identisch sind."[285]

Diese Versuche v. Wrights, die Ablehnung des "kausalistischen Standpunktes" für die Humanwissenschaften in nicht->dezisionistischer< Weise wissenschaftlich begründen zu wollen, stehen nicht nur im Widerspruch zu seiner >dezisionistischen< Grundhaltung, sondern lassen darüberhinaus eine Voreingenommenheit für seinen "methodologischen Parallelismus" erkennen. Diese Voreingenommenheit besteht darin, daß für v. Wright einerseits die Gültigkeit seines dualistischen Standpunktes >fundamentalistisch< nicht nachgewiesen werden kann, daß aber andererseits Äußerungen von ihm nachhaltig den Eindruck erwecken, als gäbe es einen derartigen Nachweis für die Ablehnung des "kausalistischen Standpunktes". Eine derartige Voreingenommenheit ist jedoch mit seiner >dezisionistischen< Grundhaltung nicht vereinbar.

9.4 Resultate der immanent-systematischen Analyse

Ausgangspunkt des 9. Kapitels war zum einen die Krise der herrschenden Volkswirtschaftslehre mit ihren beiden zentralen Krisenursachen (Bewußtseinsdefizite bezüglich der metawissenschaftlichen Entscheidungssituation und Vorurteilsbeladenheit im Umgang mit der Wissenschaftstheorie), zum anderen v. Wrights Anspruch, (1) einen "Nachweis" für einen prinzi-

---

[282] Insbesondere: (Determinismus), S. 132 u. 138; (Handeln), S. 424; (Probleme), S. 11 f.

[283] Hierzu stellvertretend K. R. Popper/J. C. Eccles: "Das Problem der Beziehung zwischen Körper und Geist und besonders des Zusammenhangs zwischen den Strukturen und Prozessen des Gehirns einerseits und geisten, bewußtseinsmäßigen Anlagen und Vorgängen andererseits ist außerordentlich schwierig. Ohne zu beanspruchen, künftige Entwicklungen vorauszusehen, halten es beide Autoren dieses Buches für unwahrscheinlich, daß das Problem jemals in dem Sinne gelöst werden könnte, daß wir diese Beziehung wirklich verstehen" (Geist), S. 13.

[284] Von Wright, G. H. (Probleme), S. 11.

[285] Ebenda.

piellen Unterschied zwischen Human- und Naturwissenchaften zu erbringen und (2) mit seiner Handlungstheorie "eine seit langem bestehende methodologische Lücke der Humanwissenschaften" zu schließen. Von daher ergab sich die Frage, ob v. Wrights handlungstheoretischer Ansatz in der Lage sei, die Krise der herrschenden Volkswirtschaftslehre zu bewältigen. Im Rahmen einer immanent-systematischen Analyse sollte insbesondere geklärt werden, ob v. Wrights Ansatz ein >Beitrag< zur Krisenbewältigung darstellt und wie gegebenenfalls die Qualität dieses >Beitrags< zu beurteilen ist.

Vor dem Hintergrund einer einseitig naturwissenschaftlichen Orientierung der herrschenden Volkswirtschaftslehre, bei der nicht selten das "Hempel-Oppenheim-Schema der Erklärung" im Mittelpunkt dieser Orientierung steht, stellt v. Wrights Handlungstheorie, einschließlich seiner metawissenschaftlichen Auseinandersetzungen, zweifellos einen >Beitrag< zur Krisenbewältigung dar:

- Die metawissenschaftliche Entscheidungssituation steht im Mittelpunkt seiner handlungstheoretischen Überlegungen. Auf jeder der drei Betrachtungsebenen wird von ihm die metawissenschaftliche Entscheidungssituation sowohl als Problem formuliert, als auch ein entsprechender Problemlösungsansatz angeboten.
- Identifizierung und inhaltliche Bestimmung der metawissenschaftlichen Entscheidungssituation erfordern thematisch-reflexives Denken in Form von wissenschaftstheoretischem Denken. Von Wright leistet dies insbesondere durch seine methodologische Auseinandersetzung mit der metawissenschaftlichen Entscheidungssituation.

Sollte v. Wrights Handlungstheorie jemals die Chance erhalten, als alternative Leitlinie für ein neues Theoretisieren innerhalb der herrschenden Volkswirtschaftslehre akzeptiert zu werden, dann würde damit nicht nur das degenerierte Problembewußtsein für die metawissenschaftliche Entscheidungssituation belebt werden, sondern es könnte sich auch ein wissenschaftstheoretisches (insb. methodologisches) Bewußtsein entwickeln, welches die Vorurteilsbeladenheit gegenüber der Wissenschaftstheorie abbaut. Vor diesem Hintergrund sind zunächst sämtiche Bestrebungen zu begrüßen, die v. Wrights Handlungstheorie als ein neues Theoretisierungskonzept für die Volkswirtschaftslehre vorschlagen und fordern.[286]

Eine kritiklose, unreflektierte Übernahme der v. Wrightschen Handlungstheorie in den Bereich der Volkswirtschaftslehre würde aber gleichzeitig dessen Schwächen übersehen und diese mitübernehmen. Damit ist die

---

[286] So für den Bereich der (ökonomischen) Osteuropaforschung: Assenmacher, M./Dobias, P. (Methodologie).

Qualität des v. Wrightschen >Beitrags< zur Krisenbewältigung angesprochen, deren Beurteilung ebenfalls im Rahmen der immanent-systematischen Analyse erfolgen sollte. Insbesondere sollte festgestellt werden, ob v. Wright bei seiner Auseinandersetzung mit der metawissenschaftlichen Entscheidungssituation das >systematische Anspruchsniveau< (adäquates Problembewußtsein) realisieren kann oder ob er bestimmte Voreingenommenheiten besitzt. Voreingenommenheiten stellen dabei Vorurteilsdispositionen dar,[287] wobei eine Vorurteilsdisposition bereits dann vorliegt, wenn das >systematische Anspruchsniveau< nicht erreicht wird. Dieses >systematische Anspruchsniveau<, d.h. die Anzahl derjenigen Alternativen, die vom v. Wrightschen Standpunkt aus betrachtet kombinatorisch möglich und sinnvoll sind, wird im Rahmen der immanent-systematischen Analyse als Qualitätsmaßstab genutzt. Ein Vergleich der von v. Wright erwogenen Alternativen (v. Wrights realisiertes Anspruchsniveau) mit dem >systematischen Anspruchsniveau< gibt Aufschluß über die Qualität des v. Wrightschen >Beitrags< zur Krisenbewältigung; wobei bei einem Auseinanderklaffen von realisiertem und >systematischen Anspruchsniveau< nach möglichen Gründen hierfür zu fragen wäre.[288]

Insgesamt betrachtet, scheint eine Voreingenommenheit bzw. Vorurteilsdisposition v. Wrights bezüglich der von ihm vertretenen, dualistischen Position vorzuliegen. Wie ausgeprägt diese Voreingenommenheit bzw. Vorurteilsdisposition tatsächlich ist, läßt sich anhand der (immanent-systematischen) Analyseergebnisse, die auf den einzelnen Betrachtungsebenen gewonnen wurden, ablesen:

- Bei der Formulierung der metawissenschaftlichen Entscheidungssituation auf der Traditionenebene berücksichtigt v. Wright lediglich "galileische" und "aristotelische Tradition", obwohl aufgrund des von ihm verwendeten Zeitkriterium (Vergangenheit/Zukunft) insgesamt vier "Traditionen" unterschieden werden können und deren Erwägung für die Realisierung des >systematischen Anspruchsniveaus< notwendig ist. Eine weitere Problemverkürzung besteht darin, daß v. Wright die "aristotelische Tradition" als eine ausschließlich humanwissenschaftliche Tradition erachtet, die für die Naturwissenschaften keine Bedeutung (mehr) zu besitzen scheint. Da aber v. Wright die "aristotelische Tradition" auch auf die gegenwärtige "Wissenschaft" insgesamt bezieht,[289] hätte er auch die Position des >aristotelischen Zentrismus< erwägen müssen. Dies auch insofern, weil eine Berücksichtigung der Alternative

---

[287] Vgl. Abschnitt 5.1.1.

[288] Vgl. Abschnitt 8.2.2.

[289] Vgl. v. Wright, G. H. (Erklären), S. 17.

>aristotelischer Zentrismus< für die Hinterfragung und damit für die Plausibilität des >Dualismus< mit maßgeblich ist. Eine zu enge Formulierung dieser metawissenschaftlichen Entscheidungssituation deutet sich auch dadurch an, daß die "verstehende Erklärung" nicht ohne weiteres der "aristotelischen Tradition" zugeordnet werden kann. Die Problemverkürzungen auf der Traditionenebene bilden den Rahmen für die Betrachtungen der metawissenschaftlichen Entscheidungssituation auf den beiden nachfolgenden Betrachtungsebenen. Von Wright hat diese Problemverkürzungen weder begründet noch thematisiert.

- Die Formulierung der metawissenschaftlichen Entscheidungssituation auf der Paradigmenebene erfolgt ausschließlich innerhalb der "aristotelischen Tradition"; also der "Tradition", die für v. Wright auf der Traditionenebene für seinen >Dualismus< konstitutiv ist. Die Problemverkürzung besteht darin, daß auch der >galileische Naturalismus< aristotelisch formuliert wird. Auf dieser Betrachtungsebene sind die fehlenden Ansatzpunkte für eine immanent-systematische Analyse zum einen durch eine unzureichende Begriffsklärung ("Paradigma"/"Korpus von Paradigmen") bedingt, zum anderen durch eine vermutlich vollständige Übernahme von Wittgensteins Weltbildkonzeption bei der Betrachtung der "Unterschiede zwischen den Naturwissenchaften und den Wissenchaften vom Menschen". Dieser prägende Einfluß Wittgensteins auf v. Wright führt nicht nur zur "Ausarbeitung" des Kuhnschen Paradigmenkonzeptes, sondern auch dazu, daß v. Wright keine >eigene< Position entwickelt.

- Auf der Verstehen-Erklären-Ebene kann zunächst festgestellt werden daß v. Wrights realisiertes Anspruchsniveau in seinen früheren handlungstheoretischen Arbeiten ungleich höher ist als in seinen neueren Arbeiten. So kann v. Wrights Alternativenerwägung bezüglich des "Verstehens"(sowohl des "kausalen" als auch des "intentionalen") als "Erkenntnisform" nahezu als adäquat beurteilt werden, während das "Verstehen" in seinen neueren Arbeiten (immanent-systematisch) nicht rekonstruierbar ist.

Die (immanent-systematische) Analyse des "Kausalismus", der sowohl in v. Wrights früheren als auch in seinen späteren Arbeiten gleichermaßen vertreten wird, führte zu folgenden Resultaten: Von Wrights Begründung für die Wahl seines "aktionistischen Kausalitätsbegriffs" schließt eine Erwägung alternativer Kausalitätsbegriffe nicht mit ein, obwohl er mit der Kausalitätsproblematik vertraut zu sein scheint.[290] Ein von ihm angedeutetes, adäquates Problembewußtsein bezüglich der

[290] Vgl. Abschnitt 9.3.1.

Möglichkeiten von kausalen Beziehungskonstellationen wird nicht realisiert, da v. Wright von insgesamt sieben möglichen Beziehungskonstellationen (Verortung der "Humeschen Kausalrelation") nur drei erwägt; wobei seine Äußerungen bezüglich dieser drei Beziehungskonstellationen nicht durchgängig konsistent sind.

Von Wrights tiefgreifende Veränderungen seines "intentionalistischen Standpunktes" führen zu einer Neuformulierung der metawissenschaftlichen Entscheidungssituation. Diese Neuformulierung ist bis auf eine Ausnahme (Beziehungsmöglichkeiten zwischen "internen" und "externen Determinanten") nicht immanent-systematisch rekonstruierbar. Dies betrifft zum einen die "Determinanten dritter Art", die v. Wright nur insofern bestimmt, als daß sie weder "kausale Ursachen" noch "begrifflich-logische Gründe" darstellen, zum anderen betrifft es seine grundlegend veränderte Sichtweise hinsichtlich der Beziehung zwischen "Verstehen" und "Erklären" (Gleichheitsbeziehung), die nicht nur im deutlichen Gegensatz zu seiner früheren Auffassung steht (>komplementäre< Beziehung), sondern sich auch dadurch auszeichnet, daß auf eine jegliche Alternativenerwägung verzichtet wird. Diese >Dunkelheiten< werfen ihrerseits Fragen auf, die bei v. Wright eigentlich zu einer erneuten Auseinandersetzung mit der metawissenschaftlichen Entscheidungssituation auf den drei Betrachtungsebenen hätte führen müssen. Stattdessen bemüht sich v. Wright in seinen jüngsten handlungstheoretischen Arbeiten um eine inhaltlich differenzierte Ausarbeitung seiner "verstehenden Handlungserklärung". Sein unmittelbares Interesse an einer metawissenschaftlichen Auseinandersetzung ist daher in den Hintergrund gerückt. Aus der Sicht der immanent-systematischen Analyse ist v. Wrights Voreingenommenheit bzw. Vorurteilsdisposition bezüglich seines "methodologischen Parallelismus" in seinen neueren Arbeiten am stärksten ausgeprägt, da hier so gut wie keine Alternativenerwägung mehr stattfindet.

Auf allen drei Betrachtungsebenen lassen sich (immanente) Problemverkürzungen feststellen, die, insgesamt gesehen, eine ausgeprägte Voreingenommenheit bzw. Vorurteilsdisposition v. Wrights bezüglich seines dualistischen Standpunktes zeigen. Inwiefern läßt sich nun diese Voreingenommenheit bzw. Vorurteilsdisposition für seinen Dualismus aufgrund seiner >dezisionistischen< Problemlösungsansätze rechtfertigen?

In seinen Problemlösungsansätzen vertritt v. Wright fast durchgängig eine >dezisionistische< Grundposition. Der >Dezisionismus< erachtet eine nicht-revidierbare Rechtfertigung bestimmter Positionen (Theorien, Modelle, Paradigmen etc.) im Sinne einer >fundamentalistischen< Auflösung von Entscheidungssituationen auch in Zukunft nicht für realisierbar.[291] Von Wrights Voreingenommenheit bzw. Vorurteilsdisposition hinsichtlich seines Dualismus' wird durch seine >dezisionisitsiche< Grundhaltung allerdings insofern gerechtfertigt, als daß auch eine Erwägung und Auseinandersetzung mit alternativen Positionen nicht zu einer >fundamentalistischen< Rechtfertigung seiner eigenen dualistischen Position führen kann. Auf v. Wrights eigenen Anspruch bezogen, bedeutet dies

- daß er seine "verstehende Erklärung" sehr wohl als "deutliche Alternative zum subsumptionstheoretischen Gesetzesschema der Erklärung" vorlegen, aber die "Wahrheit" der "verstehenden Erklärung" bzw. die "Widerlegung" der "kausalen Erklärung" wissenschaftlich niemals begründen kann;
- daß es einen wissenschaftlichen "Nachweis" für einen prinzipiellen Unterschied zwischen Human- und Naturwissenschaften gar nicht geben kann; es sei denn, daß es sich um einen >dezisionistischen< "Nachweis" handelt.

Eine Rechtfertigung der ausgeprägten Voreingenommenheit v. Wrights setzt allerdings einen konsequenten >Dezisionismus< voraus. Wie sind dann aber v. Wrights Versuche zu verstehen, den "kausalistischen Standpunkt" "zu Fall zu bringen", ihn als "schwerwiegendes »methodologisches Mißverständnis«" oder gar als "falsch" zu qualifizieren? Hier handelt es sich offensichtlich um Bestrebungen, die dualistische Position doch noch als >Sieger< erscheinen zu lassen, obwohl es einen >Sieger< aufgrund der >dezisionistischen< Grundposition gar nicht geben kann. Sollte v. Wright die "Wahrheit" seines dualistischen Standpunktes >dezisionistisch<, die "Widerlegung" des naturalistischen Standpunktes jedoch nicht->dezisionistisch< begründen wollen, dann wäre dies nicht nur eine >dezisionistische< Inkonsequenz, sondern dann läge auch auf der Problemlösungsebene eine ausgeprägte Voreingenommenheit bzw. Vorurteilsdisposition hinsichtlich seines >Dualismus'< vor.

Selbst wenn sich v. Wright auf einen konsequenten >Dezisionismus< berufen würde, wäre die Rechtfertigung für seine Voreingenommenheit nicht unumstößlich: Der >Dezisionismus< wird von einer >Gewißheit der Nicht-Gewißheit< getragen. Ein nicht-revidierbarer Nachweis für diese >Gewißheit< konnte bisher nicht erbracht werden.[292] Vermutlich beruht v. Wrights >Gewißheit der Nicht-Gewißheit< auf den bislang vergeblichen Versuchen, eine >fundamentalistische< Auflösung von Entscheidungssituationen herbeizuführen. So lange aber dieser Nachweis noch aussteht,

---

[291] Vgl. Abschnitt 5.1.1.

[292] Vgl. die Ausführungen zum >Pragmatismus< in Abschnitt 5.1.1.

muß auch der >Dezisionismus< als hypothetisch angesehen werden. Dann ist aber eine pauschale Ablehnung des >Fundamentalismus< und damit auch eine Ablehnung des >Pragmatismus< nicht überzeugend, denn ein starres Festhalten am >Dezisionismus< könnte sich ja als ein Vorurteil entpuppen. - Insgesamt betrachtet, vertritt v. Wright keinen konsequenten >Dezisionismus<; eine ausgeprägte Voreingenommenheit bzw. Vorurteilsdisposition in Bezug auf seine dualistische Position ist nicht nur bei den Problemformulierungen, sondern auch bei den Problemlösungen feststellbar.

Die immanent-systematische Analyse der v. Wrightschen Handlungstheorie hatte sich die Beantwortung der Fragen zum Ziel gesetzt, ob v. Wrights Ansatz ein >Beitrag< zur Krisenbewältigung darstellt und wie gegebenenfalls die Qualität dieses >Beitrages< zu beurteilen ist. Bezüglich des ersten Zieles konnte eindeutig festgestellt werden, daß v. Wrights handlungstheoretischer Ansatz ein >Beitrag< zur Krisenbewältigung darstellt; vorausgesetzt, daß diese Handlungstheorie jemals eine faire Chance erhält, innerhalb der herrschenden Volkswirtschaftslehre als alternative Leitlinie für ein neues Theoretisieren ernst genommen zu werden. Bei der zweiten Zielsetzung kam es weniger auf eine immanent-systematische Analyse der dualistischen Position v. Wrights ("verstehende Erklärung") an, sondern vielmehr auf v. Wrights Auseinandersetzung mit der metawissenschaftlichen Entscheidungssituation. Von Wrights unzureichende Alternativenerwägung bezüglich der metawissenschaftlichen Entscheidungssituation auf den drei Betrachtungsebenen erweist sich als ausgeprägte Voreingenommenheit bzw. Vorurteilsdisposition bezüglich seines "methodologischen Parallelismus".

Insgesamt betrachtet, führt diese Voreingenommenheit v. Wrights zu einem deutlichen Zurückbleiben des von ihm realisierten Anspruchsniveaus gegenüber dem >systematischen Anspruchsniveau<. Ob v. Wright die Realisierung eines höheren Anspruchsniveaus anstrebt, ist aufgrund seiner vorliegenden handlungstheoretischen Arbeiten nicht feststellbar bzw. muß aufgrund bestehender >Dunkelheiten< sogar bezweifelt werden. Der mögliche Einwand, daß für v. Wright das >systematische Anspruchsniveau< gar nicht erreichbar sei, weil die Anzahl der Alternativen nicht überschaubar wären, wird durch die vorliegende immanent-systematische Analyse entkräftet. Denn zur Realisierung des >systematischen Anspruchsniveaus< wäre bei den jeweils vorliegenden Fragestellungen lediglich eine hinreichende Erwägung von drei bis vier, maximal jedoch sieben Alternativen erforderlich gewesen. Eine gewisse Rechtfertigung für das Zurückbleiben des von v. Wright realisierten Anspruchsniveaus wäre zwar durch seine >dezisionistische< Grundhaltung gegeben, da v. Wright aber seinen >Dezisionismus< nicht konsequent vertritt, ja sogar auf der Problemlösungsebene eine Voreingenommenheit bzw. Vorurteilsdisposition bezüglich seines Dualismus' vorliegt, kann dies keineswegs als eine überzeugende Rechtfertigung akzeptiert werden.

Diese durch die immanent-systematische Analyse aufgedeckten Defizite sind gleichsam v. Wrights Argumentations- bzw. Begründungsdefizite für seinen "methodologischen Parallelismus". Ein Abbau dieser Argumentations- bzw. Begründungsdefizite und damit ein Abbau der Vorurteilsdisposition in Bezug auf seinen Dualismus kann nur durch eine erneute und vor allem intensivere Auseinandersetzung mit der metawissenschaftlichen Entscheidungssituation erfolgen und zwar auf allen drei Betrachtungsebenen. Wenn auch v. Wrights Handlungstheorie unbestritten ein >Beitrag< zur Bewältigung der Krise der herrschenden Volkswirtschaftslehre darstellt, so leidet die Qualität dieses >Beitrags< darunter, daß v. Wright seinen dualistischen Standpunkt nicht so überzeugend vertreten kann, wie es in seinen eigenen Ansprüchen zum Ausdruck kommt.

10. Zusammenfassung

In dieser Arbeit wurde ein langer Weg zurückgelegt, so daß zum Schluß die wesentlichen Überlegungen noch einmal zusammengefaßt werden sollen. Diese Zusammenfassung orientiert sich dabei an den drei Zielsetzungen, die im "Vorwort" formuliert wurden:

(1) >*Diagnose*<: Die Erstellung einer >Diagnose< erfolgte im 1. Kapitel auf der Grundlage bisher vorliegender >Befunde< (Krisenerklärungen der Kritiker der herrschenden Volkswirtschaftslehre). Da sämtliche >Befunde< auf eine ernsthafte >Erkrankung< (Krise) des >Patienten< (herrschende Volkswirtschaftslehre) hinwiesen, bereitete die Erstellung der >Diagnose< (Krise der herrschenden Volkswirtschaftslehre) keinerlei Probleme. Dennoch war nicht zu übersehen, daß die einzelnen >Befunde< unterschiedliche >Krankheitssymptome< (mechanistisches Denken, fehlende Interdisziplinarität, methodologische Schwächen, ideologische Befangenheiten etc.) als wesentlich erachteten, so daß sich die entsprechenden >ätiologischen< Ansätze doch erheblich voneinander unterschieden. Angesichts einer einheitlichen >Diagnose< mit teilweise erheblich voneinander abweichenden >Ätiologien< stellte sich die Frage, ob es nicht zwischen diesen >Befunden< Gemeinsamkeiten und Zusammenhänge geben könnte, die eine einheitlichere >Ätiologie< ermöglichen.

(2) >*Ätiologie*<: Eine historische Betrachtung bedeutender volkswirtschaftlicher Kontroversen ("Schmoller-Menger-Kontroverse", "Werturteilsstreit" und "Keynesianismus-Monetarismus-Kontroverse") führte zu dem Ergebnis, daß die Frage nach dem prinzipiellen Verhältnis zwischen Human- und Naturwissenschaften ein Grundproblem der Volkswirtschaftslehre darstellt (Kapitel 2). Eine eingehendere Betrachtung dieses Grundproblems, das im 3. Kapitel als >metawissenschaftliche Entscheidungssituation< formuliert wurde (Abschnitt 3.1), ergab, daß es sich hierbei um ein äußerst verwickeltes Problem handelt. Insbesondere konnte festgestellt werden, daß

- es keine einheitliche Auffassung darüber gibt, welche Merkmale für Human- und Naturwissenschaften charakteristisch sind und daß sich neben dieser Charakterisierungsvielfalt die einzelnen Merkmale (Objektivität, Kausalität etc.) in ihrer inhaltlichen Bedeutung erheblich voneinander unterscheiden (Abschnitt 3.2);

- die metawissenschaftliche Entscheidungssituation vermutlich ein Grundproblem *aller* Humanwissenschaften darstellt, das nicht nur eine akademische, sondern vor allem eine praktisch-existentielle Relevanz besitzt (Abschnitt 3.3).

Die historische Entwicklung des Problembewußtseins der herrschenden Volkswirtschaftslehre in bezug auf die metawissenschaftliche Entscheidungssituation ließ sich als ein Prozeß zunehmender >Bewußtseinslosigkeit< beschreiben (Abschnitt 2.3), so daß gegenwärtig nur noch ein degeneriertes Problembewußtsein festgestellt werden kann. Selbst unter Einbeziehung des Problembewußtseins, das die Kritiker der herrschenden Volkswirtschaftslehre an den Tag legen, zeigte sich, daß ihr Problembewußtsein in unterschiedlichem Maße ausgeprägt ist. Insgesamt gesehen, verfügen sie zwar im Vergleich zu den Vertretern der herrschenden Volkswirschaftslehre über ein erheblich höheres Problembewußtsein, das aber dennoch nicht als problemadäquat beurteilt werden konnte (Kapitel 4).

Neben diesem defizitären Problembewußtsein der herrschenden Volkswirtschaftslehre in bezug auf die metawissenschaftliche Entscheidungssituation konnte als zweite grundlegende >Krankheitsursache< ihre Vorurteilsbeladenheit im Umgang mit der Wissenschaftstheorie ausgemacht werden. Insbesondere zeigte sich, daß die nahezu kategorische Ablehnung (in >offener< oder >versteckter< Form) der herrschenden Volkwirtschaftslehre, sich mit Wissenschaftstheorie zu beschäftigen, keineswegs zu einer Eliminierung der Wissenschaftstheorie aus dem Bereich der Volkswirtschaftslehre führt, sondern eine Immunisierung der von ihr (oft unbewußt) vertretenen und meist längst überholten wissenschaftstheoretischen Positionen (Positivismus/Neo-Positivismus) zur Folge hat (Kapitel 5).

Sofern nun "wissenschaftliche" Ideologien Paradigmen im Kuhnschen Sinne darstellen, sind sie einer wissenschaftstheoretischen Betrachtung prinzipiell zugänglich (Abschnitt 6.1). Damit erwiesen sich die beiden >Krankheitsursachen< gegenüber den bisherigen >Befunden< als grundlegend, d.h. daß sich die bisher vorgelegten, heterogenen >Befunde< auf die >Bewußtseinsdefizite< und die >Vorurteilsbeladenheit< zurückführen lassen. Ein bestehender Zusammenhang zwischen >Bewußtseinsdefiziten< und >Vorurteilsbeladenheit< eröffnete darüberhinaus die Möglichkeit, neben einer einheitlichen >Diagnose< auch eine einheitlichere >Ätiologie< (Krisenerklärungsversuch) vorzulegen: Da vermutlich ohne wissenschaftstheoretische Reflexionen, die eine Ideologiekritik grundsätzlich mit einschließen, gegenwärtig kein Problembewußtsein für die metawissenschaftliche Entscheidungssituation existieren würde, erklärte die Vorurteilsbeladenheit der herrschenden Volkswirtschaftslehre im Umgang mit der Wissenschaftstheorie, warum der >Patient< unter diesen >Bewußtseinsdefiziten< leidet bzw. warum ein adäquates Problembewußtsein für die metawissenschaftliche Entscheidungssituation gar nicht erst entstehen kann (Abschnitt 6.2). Dabei wird eine >Genesung< des >Patienten< durch das Fehlen wissenschaftstheoretischer Reflexionen nicht nur behindert, sondern dürfte den >Krankheitszustand< geradezu stabilisieren. Denn dieser bestand in einer geradezu gefährlichen Verengung des wissenschaftlichen Blickwinkels des >Patienten< und kann durch P. K. Feyerabends "Grundzug geistiger Störung"[1] treffend zum Ausdruck gebracht werden. Die herrschende Volkswirtschaftslehre ist durch Illusionen und Immunisierungstendenzen gekennzeichnet, so daß das Motto dieser Studie, nämlich E. H. P. Browns Vermutung, "daß eine Ausbildung in fortgeschrittener [herrschender] Volkswirtschaftslehre für Ökonomen ausgesprochen schädlich ist"[2], seine Bestätigung fand.

(3) *Analyse eines >Therapievorschlags<:* Vor dem Hintergrund des bestehenden >Krankheitsbildes< erschien der handlungstheoretische >Therapievorschlag< von >Doktor< G. H. v. Wright deshalb als interessant, weil seine >Therapie< genau bei den grundlegenden >Krankheitsursachen< ansetzt, die durch die >ätiologischen< Untersuchungen identifiziert und inhaltlich bestimmt werden konnten (Kapitel 7). Eine immanent-systematische Analyse, deren Konzeption im 8. Kapitel entwickelt wurde, sollte herausfinden, ob es sich bei diesem >Therapievorschlag< um eine geeignete >Therapie< handelt und wie gegebenenfalls die Qualität dieser >Therapie< (immanent-systematisch) zu beurteilen ist. Bei dieser Qualitätsbeurteilung ging es in erster Linie darum festzustellen, ob das von v. Wright erhobene Anspruchsniveau, das in seinen explizit formulierten Ansprüchen bzw. Zielsetzungen implizit enthalten ist, von ihm auch realisiert wird; wobei ein >systematisches Anspruchsniveau< als Beurteilungsmaßstab dienen sollte.

Die immanent-systematische Analyse ergab, daß angesichts des bestehenden >Krankheitsbildes< v. Wrights handlungstheoretischer Ansatz grundsätzlich eine geeignete >Therapie< darstellt, daß aber eine unreflektierte Anwendung dieser >Therapie< ihre Schwächen außer Acht lassen würde. Insgesamt betrachtet, führten diese Schwächen zu einem deutlichen Zurückbleiben des von v. Wright realisierten Anspruchs-

---

1 Vgl. Vorwort.

2 Vgl. S. 1.

niveaus hinter dem >systematischen Anspruchsniveau<. Insbesondere v. Wrights Verkürzungen bei den Problemformulierungen der metawissenschaftlichen Entscheidungssituation auf den drei Betrachtungsebenen (Traditionen-, Paradigmen- und Verstehen-Erklären-Ebene) ließen eine ausgeprägte Voreingenommenheit (Vorurteilsdisposition) bezüglich seiner dualistischen >Therapie< deutlich werden. Diese Voreingenommenheit konnte auch auf der Problemlösungsebene festgestellt werden, indem nämlich v. Wright die "Wahrheit" seines eigenen dualistischen Standpunktes >dezisionistisch<, die "Widerlegung" des >naturalistischen< Standpunktes nicht->dezisionistisch< zu begründen versuchte (Abschnitt 9.3.2). Insgesamt ließ sich feststellen, daß v. Wrights handlungstheoretischer >Therapievorschlag< trotz seiner grundsätzlichen Eignung als >Therapie< für die Krise der herrschenden Volkswirtschaftslehre nicht in dem Maße überzeugen konnte, wie es in seinen eigenen Ansprüchen zum Ausdruck kam (Abschnitt 9.4). Bei Anwendung der v. Wrightschen >Therapie< ist eine Besserung des >Krankheitszustandes< des >Patienten< durchaus zu erwarten. Ob es allerdings zu einer völligen >Genesung< kommen wird, muß aufgrund des von v. Wright realisierten Anspruchsnivaus zunächst bezweifelt werden; sie kann aber letztlich auch nicht ausgeschlossen werden.

Allerdings ist in diesem Zusammenhang zu bedenken, daß die Entscheidung, ob eine bestimmte >Therapie< angewendet wird oder nicht, nicht nur von der Qualität der jeweiligen >Therapie< abhängt, sondern in erster Linie vom >Patienten< selbst bestimmt wird. Von daher dürften die Chancen, daß v. Wrights Handlungstheorie überhaupt als alternative Leitlinie für ein neues Theoretisieren innerhalb der herrschenden Volkswirtschaftslehre volle Anerkennung finden wird, gering sein. Denn während Kritiker den gegenwärtigen Zustand der herrschenden Volkswirtschaftslehre übereinstimmend, wenn auch aus unterschiedlichen Gründen, als krisenhaft >diagnostizieren<, fühlt sich die Betreffende keineswegs >krank<, sondern besonders leistungsfähig: Als "Königin der Sozialwissenschaften"[3] dokumentiert sie Selbstbewußtsein, indem sie auf die bisherige Anerkennung und Geschlossenheit ihrer Theorien verweist und nach außen hin die Überzeugung vertritt, daß die bestehenden >praktischen< Probleme innerhalb des bereits vorliegenden theoretischen Rahmens in jedem Fall hinreichend gelöst werden können. Wenn es aber zutrifft, daß die herrschende Volkswirtschaftslehre unter dem von Feyerabend charakterisierten "Grundzug geistiger Störung" leidet und vorausgesetzt, daß das von ihr an den Tag gelegte

---

3 Samuelson, P. A. (Volkswirtschaftslehre), S. 22.

Selbstbewußtsein >echt< ist,[4] wäre dann nicht auch zu bedenken, daß "geistig Gestörte" oft davon überzeugt sind, alle anderen seien "geistig gestört", nur sie selbst nicht?

[4] Ein >unechtes< Selbstbewußtsein könnte mit dem Bild verglichen werden, das W. Vogt in Anlehnung an J. Robinson beschreibt: "Daneben gibt es freilich, [...], in den höheren Regionen der Profession noch die hohen Priester [...], die ihre Nasen hinter dem Altar zusammenstecken und sich zugestehen, daß ihr Evangelium eigentlich so ernst nicht genommen werden dürfte, während gleichzeitig vor dem Altar [...] die Zöglinge die Messe zelebrieren" (Einleitung), S. 11.

Literatur

Albert, H. (Diskussionsbeitrag), Diskussionsbeitrag zu "Diskussion über »Wertfreiheit und Objektivität«"; in: Stammer, O. (Hrsg.), Max Weber und die Soziologie heute, Tübingen 1965, S. 70 - 74.

- (Probleme), Probleme der Wissenschaftslehre in der Sozialforschung; in: König, R. (Hrsg.), Handbuch der empirischen Sozialforschung, Bd. I, Stuttgart 1967, S. 38 - 63.

- (Nationalökonomie), Nationalökonomie und Sozialphilosophie: Zur Kritik des Normativismus in den Sozialwissenschaften; in: Ders., Marktsoziologie und Entscheidungslogik. Ökonomische Probleme in soziologischer Perspektive, Neuwied/Berlin 1967, S. 140 - 174.

- (Modell-Platonismus), Modell-Platonismus. Der neoklassische Stil des ökonomischen Denkens in kritischer Beleuchtung; in: Topitsch, E. (Hrsg.), Logik der Sozialwissenschaften, 10., veränderte Auflage, Königstein/Ts. 1980, S. 352 - 380.

- (Traktat), Traktat über kritische Vernunft, 4., verbesserte Auflage, Tübingen 1980.

- (Hermeneutik), Hermeneutik und Realwissenschaft. Die Sinnproblematik und die Frage der theoretischen Erkenntnis; in: Ders., Kritische Vernunft und menschliche Praxis, Stuttgart 1984, S. 127 - 179.

Allport, G. W. (Natur des Vorurteils), Die Natur des Vorurteils, Köln 1971.

Apel, K. O. (Szientismus), Szientismus oder transzendentale Hermeneutik? Zur Frage nach dem Subjekt der Zeicheninterpretation in der Semiotik des Pragmatismus; in: Bubner, R./Cramer, K./Wiehl, R. (Hrsg.), Hermeneutik und Dialektik. Aufsätze I, Tübingen 1970, S. 105 - 144.

- (Erklären:Verstehen-Kontroverse), Die Erklären:Verstehen-Kontroverse in transzendentalpragmatischer Sicht, Frankfurt/M. 1979.

Arndt, H. (Irrwege), Irrwege der Politischen Ökonomie, München 1979.

Aschenbach, G. (Erklären), Erklären und Verstehen in der Psychologie, Bad Honnef 1984.

Assenmacher, M./*Dobias*, P. (Methodologie), Zur Methodologie der Analyse sozialistischer Wirtschaftssyseme; in: Jahrbuch der Wirtschaft Osteuropas, Bd. 11, 2. Halbband, 1986, S. 9 - 36.

Baier, H. (Soziale Technologie), Soziale Technologie und soziale Emanzipation? Zum Streit zwischen Positivisten und Dialektikern über die Aufgaben der Soziologie; in: Schäfers, B. (Hrsg.), Thesen zur Kritik der Soziologie, Frankfurt/M. 1969, S. 9 - 25.

Barion, J. (Ideologie), Was ist Ideologie? Studie zu Begriff und Problematik, 3., erweiterte Auflage, Bonn 1974.

Beauchamp, T. L./*Robinson*, D. N. (Backward Causation), On von Wrights Argument for Backward Causation; in: Ratio, Vol. XVIII, No. 1, 1975, S. 99 - 103.

Beck, U. (Objektivität), Objektivität und Normativität. Die Theorie-Praxis-Debatte in der modernen deutschen und amerikanischen Soziologie, Reinbek b. Hamburg 1974.

Berger, G. (Physikalismus), Physikalismus; in: Speck, J. (Hrsg.), Handbuch wissenschaftstheoretischer Begriffe, Bd. 2: G - Q, Göttingen 1980, S. 480 - 481.

Blaas, W. (Institutionen), Zur Rolle der Institutionen in der ökonomischen Theorie; in: Leipert, C. (Hrsg.), Konzepte einer humanen Wirtschaftslehre. Beiträge zur institutionellen Ökonomie und zur Integration der Sozialwissenschaften, Frankfurt/M. 1982, S. 263 - 292.

Blanck, B. (Ansätze), Ansätze für eine systematische Alternativen abwägende Erörterung des psychophysischen Problems. Exemplarische Darlegung in einer Auseinandersetzung mit M. Bunge; in: Conceptus. Zeitschrift für Philosophie, Jahrg. XXII, Nr. 55, 1988, S. 3 - 28.

Blaug, M. (Methodology), The Methodology of Economics. Or how Economists explain, Cambridge/London/New York/New Rochelle/Melbourne/Sydney 1980.

Bökenkamp, J. (Methodologische Betrachtungen), Methodologische Betrachtungen der Annahmen zum menschlichen Verhalten aus der Sicht der Volkswirtschaftslehre. Das "Konzept alternativer Rationalitätsgrade", Göttingen 1985.

Bohnen, A. (Empirismus), Zur Kritik des modernen Empirismus; in: Albert, H. (Hrsg.), Theorie und Realität, 2., veränderte Auflage, Tübingen 1972, S. 171 - 190.

Borner, S. (Grundlagen), Auf der Suche nach neuen Grundlagen der Wirtschaftspolitik, Diessenhofen 1975.

Boudon, R. (Ideologie), Ideologie. Geschichte und Kritik eines Begriffs, Reinbek b. Hamburg 1988.

Boulding, K. E. (Economics of Knowledge), The Economics of Knowledge and Knowledge of Economics; in: American Economic Review, Papers and Proceedings, Vol. LVI, No. 2, 1966, S. 1 - 13.

- (Ökonomie), Ökonomie als Wissenschaft, München 1976.

Braun; G. (Gestaltung), Die Gestaltung des ökonomischen Wandels; in: Hauf, T./Hättisch, M./Hilligen, W./Vente, R. E./Zwiefelhofer, H. (Hrsg.), Sozialer Wandel, Bd. 1, Frankfurt/M. 1975 S. 107 - 128.

Brown, E. H. P. (Rückständigkeit), Die Rückständigkeit der Ökonomie; in: Vogt, W. (Hrsg.), Seminar: Politische Ökonomie. Zur Kritik der herrschenden Nationalökonomie, Frankfurt/M. 1973, S. 21 - 36.

Brunner, J. K. (Kausalität), Kausalität und ökonomische Theorie, Wien 1983.

Brunner; K. (Geldtheorie), Die "Monetaristische Revolution" der Geldtheorie; in: Kalmbach, P. (Hrsg.), Der neue Monetarismus, München 1973, S. 70 - 103.

Bühl; W. L. (Reduktionismus), Einleitung: Reduktionismus - die Soziologie als Naturwissenschaft?; in: Ders. (Hrsg.), Reduktionistische Soziologie. Die Soziologie als Naturwissenschaft?, München 1974, S. 9 - 109.

Bunge, M. (Method), Method, Model and Matter; Dordrecht/Boston 1973.

- (Leib-Seele-Problem), Das Leib-Seele-Problem. Ein psychobiologischer Versuch, Tübingen 1984.

Clauß, F.-J. (Wissenschaftslogik), Wissenschaftslogik und Sozialökonomie. Über die formalistische Degeneration einer Wissenschaft, Berlin 1981.

Clemenz, M. (Reflexion), Soziologische Reflexion und sozialwissenschaftliche Methode. Zur Konstruktion und Begründung soziologischer Modelle und Theorien, Frankfurt/M. 1970.

D'Avis, W. (Einheit), Neue Einheit der Wissenschaften. Methodologische Konvergenzen zwischen Natur- und Sozialwissenschaften, Frankfurt/M./New York 1984.

Dahrendorf, R. (Anmerkungen), Anmerkungen zur Diskussion; in: Adorno, T. W. u.a., Der Positivismusstreit in der deutschen Soziologie, 3. Auflage, Neuwied/Berlin 1971, S. 145 - 153.

- (Homo Sociologicus), Homo Sociologicus. Ein Versuch zur Geschichte, Bedeutung und Kritik der Kategorie der sozialen Rolle, 15. Auflage, Opladen 1977.

Diemer, A. (Hrsg.) (Theorienpluralismus), Der Methoden- und Theorienpluralismus in den Wissenschaften, Meisenheim a. Glan 1971.

Dilthey, W. (Aufbau), Der Aufbau der geschichtlichen Welt in den Geisteswissenschaften; in: Gesammelte Schriften, Bd. VII, 4.,unveränderte Auflage, Stuttgart/Göttingen 1965.

Eucken, W. (Grundlagen), Die Grundlagen der Nationalökonomie, 8. Auflage, Berlin/Heidelberg/New York 1965.

Ehrlicher, W. (Monetarismus-Diskussion), Zur Monetarismus-Diskussion in "Kredit und Kapital"; in: Ehrlicher, W./Becher, W.-D., Die Monetarismus-Kontroverse. Eine Zwischenbilanz, Beiheft zu Kredit und Kapital, Heft 4, Berlin 1978, S. 217 - 246.

- (Methodenstreit), Ein neuer Methodenstreit?; in: Jahrbuch für Sozialwissenschaft, Bd. 36, 1985, S. 109 - 127.

Feyerabend, P. K. (Empirist), Wie wird man ein braver Empirist? Ein Aufruf zur Toleranz in der Erkenntnistheorie; in: Krüger, L. (Hrsg.), Erkenntnisprobleme der Naturwissenschaften, Köln/Berlin 1970, S. 302 - 335.

- (Realismus), Der wissenschaftstheoretische Realismus und die Autorität der Wissenschaften. Ausgewählte Schriften, Bd. 1, Braunschweig/Wiesbaden 1978.

- (Methodenzwang), Wider dem Methodenzwang. Skizze einer anarchistischen Erkenntnistheorie, Frankfurt/M. 1981.

- (Wissenschaft), Wissenschaft als Kunst, Frankfurt/M. 1984.

Frank, J. (Kritische Ökonomie), Kritische Ökonomie. Einführung in Grundsätze und Kontroversen wirtschaftswissenschaftlicher Theoriebildund, Reinbek b. Hamburg 1976.

Frey, B. S. (Ökonomie), Ökonomie als Verhaltenswissenschaft. Ansatz, Kritik und der europäische Beitrag; in: Jahrbuch für Sozialwissenschaft, Bd. 31, 1980, S. 21 - 35.

Frey, B. S./*Stroebe*, W. (Homo Oeconomicus), Ist das Modell des Homo Oeconomicus "unpsychologisch"?; in: Zeitschrift für die gesamte Staatswissenschaft, Bd. 136, 1980, S. 82 - 97.

Friedman, M. (Gegenrevolution), Die Gegenrevolution in der Geldtheorie; in: Kalmbach, P. (Hrsg.), Der neue Monetarismus, München 1973, S. 47 - 69.

Fromm, E. (Science of Man), Institute for the Science of Man, ohne Ortsangabe, 1957.

- (Psychoanalyse), Sigmund Freuds Psychoanalyse - Größe und Grenzen; in: Gesamtausgabe, Bd. VIII, Stuttgart 1981, S. 259 - 362.

- (Haben), Haben oder Sein. Die seelischen Grundlagen einer neuen Gesellschaft, München 1986.

Galtung; J. (Okzidentalismus), Ökonomismus als Okzidentalismus; in: Jarre, J. (Hrsg.), Die Zukunft der Ökonomie. Wirtschaftswissenschaftliche Forschungsansätze im Vergleich, 2. Auflage, Loccum 1985, S. 165 - 177.

Georgescu-Roegen, N. (Materie), Was geschieht mit der Materie im Wirtschaftsprozeß?; in: Friends of the Earth u.a. (Hrsg.), Sonne! Eine Standortbestimmung für eine neue Energiepolitik, Frankfurt/M. 1979, S. 99 - 113.

Giersch, H. (Wirtschaftspolitik), Allgemeine Wirtschaftspolitik, Bd. I: Grundlagen, Wiesbaden 1961.

Giesen, B./*Schmid*, M. (Soziologie), Basale Soziologie: Wissenschaftstheorie, München 1976.

Gropp; R. O. (Grundlagen), Grundlagen des dialektischen Materialismus, 3., unveränderte Auflage, Berlin/O. 1971.

Grunberg, E. (Gegenstand), Gegenstand und externe Grenzen der Wirtschaftswissenschaft; in: Jochimsen, R./Knobel, H. (Hrsg.), Gegenstand und Methoden der Nationalökonomie, Köln 1971, S. 69 - 87.

Gut; B. J. (Relativitätstheorie), Immanent-logische Kritik der Relativitätstheorie, Oberwil b. Zug 1981.

Gutzmann, G. (Logik), Logik als Erfahrungswissenschaft, Berlin 1980.

Habermas, J. (Erkenntnis), Erkenntnis und Interesse; in: Ders., Technik und Wissenschaft als >Ideologie<, 11. Auflage, Frankfurt/M. 1981, S. 146 - 167.

- (Literaturbericht), Ein Literaturbericht (1967): Zur Logik der Sozialwissenschaften; in: Ders., Zur Logik der Sozialwissenschaften, erweiterte Ausgabe, Frankfurt/M. 1985, S. 89 - 330.

- (Diskussionsbemerkung), Eine Diskussionsbemerkung (1964): Wertfreiheit und Objektivität; in: Ders., Logik der Sozialwissenschaften, erweiterte Ausgabe, Frankfurt/M. 1985, S. 77 - 85.

Härtel, H.-H. (Leistungsfähigkeit), Entwicklung und Leistungsfähigkeit der wirtschaftspolitischen Beratung am Beispiel des Sachverständigenrates; in: Simmert, D. B. (Hrsg.), Wirtschaftspolitik - kontrovers, Köln 1980, S. 91 - 108.

Harrod, R. T. (Scope and Method), Scope and Method of Economics; in: Economic Journal 48, 1938, S. 383 - 412.

Hartmann, H. (Sozialforschung), Empirische Sozialforschung, München 1970.

Hartwig, K.-H. (Methodologie), Kritisch-rationale Methodolgie und ökonomische Forschungspraxis. Zum Gesetzesbegriff in der Nationalökomomie, Frankfurt a. M./Bern/ Las Vegas 1977.

Henderson, H. (Ende), Das Ende der Ökonomie. Die ersten Tage des nach-industriellen Zeitalters, München 1985.

Heisenberg; W. (Naturbild), Das Naturbild der heutigen Physik, Hamburg 1955.

Hickel, R. ("Gegengutachten"), "Gegengutachten" - Anstoß und konzeptionelle Entwicklung einer wirtschaftspolitischen Alternative; in: Simmert, D. B. (Hrsg.), Wirtschaftspolitik - kontrovers, Köln 1980, S. 129 - 157.

Hofmann, W. (Ideologisierung), Die Ideologisierung der ökonomischen Theorie; in: Studium Generale, Vol. 23, 1970, S. 1189 - 1196.

- (Ideologie), Universität, Ideologie, Gesellschaft. Beiträge zur Wissenssoziologie, 6. Auflage, Frankfurt/M. 1972.

Hummell; H. J./*Opp*, K.-D. (Reduzierbarkeit), Die Reduzierbarkeit von Soziologie auf Psychologie. Eine These, ihr Test und ihre theoretische Bedeutung, Braunschweig 1971.

Hussy, W. (Denkpsychologie), Denkpsychologie, Bd. 1: Geschichte, Begriffs- und Problemlösungsforschung, Intelligenz, Stuttgart/Berlin/Köln/Mainz 1984.

Huth, W. (Ideologie), Glaube, Ideologie und Wahn. Das Ich zwischen Realität und Illusion, Frankfurt a. M./Berlin 1988.

Izutsu, T. (Zen-Buddhismus), Philosophie des Zen-Buddhismus, Reinbek b. Hamburg 1986.

(Jahresgutachten 1987/88), Jahresgutachten 1987/88 des Sachverständigenrates zur Begutachtung der gesamtwirtschaftlichen Entwicklung, Bundestagsdrucksache 11/1317, Bonn 1987.

Jaspers, K. (Psychopathologie), Allgemeine Psychopathologie, 7. Auflage, Berlin/Göttingen/Heidelberg 1959.

- (Philosophie), Was ist Philosophie?, 4. Auflage, München 1986.

Jochimsen, R./*Knobel*, H. (Gegenstand), Zum Gegenstand und zur Methodik der Nationalökonomie; in: Dies. (Hrsg.), Gegenstand und Methoden der Nationalökonomie, Köln 1971, S. 11 - 66.

Jojima, K. (Ökonomie), Ökonomie und Physik. Eine neue Dimension der interdisziplinären Reflexion, Berlin 1985.

Kalmbach, P. (Monetarismus), Einleitung: Der neue Monetarismus; in: Ders. (Hrsg.), Der neue Monetarismus, München 1973, S. 9 - 46.

Kamper, D. (Anthropologie), Anthropologie; in: Speck, J. (Hrsg.), Handbuch wissenschaftstheoretischer Begriffe, Bd. 1: A - F, Göttingen 1980, S. 25 - 35.

Kapp, K. W. (Nationalökonomie), Nationalökonomie und rationale Humanisierung; in: Leipert, C. (Hrsg.), Konzepte einer humanen Wirtschaftslehre. Beiträge zur institutionellen Ökonomie und zur Integration der Sozialwissenschaften, Frankfurt/M. 1982, S. 103 - 131.

- (Enthumanisierung), Zum Problem der Enthumanisierung der "reinen Theorie" und der gesellschaftlichen Realität; in: Leipert, C. (Hrsg.), Konzepte einer humanen Wirtschaftslehre. Beiträge zur institutionellen Ökonomie und zur Integration der Sozialwissenschaften, Frankfurt/M. 1982, S. 73 - 102.

- (Erneuerung), Erneuerung der Sozialwissenschaften. Versuch zur Integration und Humanisierung, Frankfurt/M. 1983.

Kazmierski, U. (Theorienpluralismus), Theorienpluralismus - Eine "Reform des Empirismus"? Eine immanente Kritik des Kritischen Rationalismus, Paderborn 1986 (Arbeitspapiere des Fachbereichs Wirtschaftswissenschaft, Universität-Gesamthochschule Paderborn, Neue Folge Nr. 5).

Keynes, J. M. (General Theory), The General Theory of Employment, Interest and Money; in: The Collected Writings of John Maynard Keynes, Vol. VII, London/Basingstoke 1973.

- (Defence), The General Theory and After, Part II: Defence and Development; in: The Collected Writings of John Maynard Keynes, Vol. XIV, London/Basingstoke 1973.

Kimmerle, H. (Philosophie), Philosophie der Geisteswissenschaften als Kritik ihrer Methoden, Den Haag 1978.

Kirsch, G./*Mackscheid*, K./*Herder-Dorneich*, P./*Dettling*, W. (Markt), Jenseits von Markt und Macht. Eine Ordnung für den Menschen, Baden-Baden 1982.

Knorr-Cetina, K. D. (Methode), Soziale und wissenschaftliche Methode oder: Wie halten wir es mit der Unterscheidung zwischen Natur- und Sozialwissenschaften?; in: Bonß, W./Hartmann, H. (Hrsg.), Entzauberte Wissenschaft. Zur Relativität und Geltung soziologischer Forschung, Göttingen 1985, S. 275 - 297.

Körner, J. (Vorurteilsbereitschaft), Vorurteilsbereitschaft und autoritäres Verhalten, Stuttgart 1976.

Kötter, R. (Probleme), Zu einigen methodologischen Problemen der mikroökonomischen Gleichgewichtstheorie; in: Mittelstraß, J. (Hrsg.), Methodenprobleme der Wissenschaften vom gesellschaftlichen Handeln, Frankfurt/M. 1979, S. 409 - 438.

Kromphardt, J. (Konzeptionen), Konzeptionen und Analysen des Kapitalismus - von seiner Entstehung bis zur Gegenwart, Göttingen 1980.

Küng, H. (Christ sein), Christ sein, München 1974.

Kuhn, T. S. (Struktur), Die Struktur wissenschaftlicher Revolutionen, 2., revidierte Auflage, Frankfurt/M. 1976.

- (Postskriptum), Postskriptum - 1969; in: Ders., Die Struktur wissenschaftlicher Revolutionen, 2., revidierte Auflage, Frankfurt/M. 1976, S. 186 - 221.

- (Überlegungen), Neue Überlegungen zum Begriff des Paradigma; in: Ders., Die Entstehung des Neuen. Studien zur Struktur der Wissenschaftsgeschichte, Frankfurt/M. 1978, S. 389 - 420.

- (Objektivität), Objektivität, Werturteil und Theoriewahl; in: Ders., Die Entstehung des Neuen. Studien zur Struktur der Wissenschaftsgeschichte, Frankfurt/M. 1978, S. 421 - 445.

Lazarsfeld, P. F. (Wissenschaftslogik), Wissenschaftslogik und empirische Sozialforschung; in: Topitsch, E. (Hrsg.) Logik der Sozialwissenschaften, 10., veränderte Auflage, Königstein/Ts. 1980, S. 37 - 49.

Leijonhuvud, A. (Keynes), Keynes und die Keynesianer: Ein Interpretationsvorschlag; in: Brunner, K./Monissen, H. G./Neumann, M. J. M. (Hrsg.), Geldtheorie, Köln 1974, S. 208 - 218.

Lenk, H. (Philosophie), Pragmatische Philosophie, Hamburg 1975.

- (Wissenschaftstheorie), Wissenschaftstheorie zwischen Begründungs- und Bewährungsdenken; in: Ders., Zwischen Wissenschafstheorie und Sozialwissenschaft, Frankfurt/M. 1986, S. 11 - 39.

- (Szientismusproblem), Über das Szientismusproblem; in: Ders., Zwischen Wissenschaftstheorie und Sozialwissenschaft, Frankfurt/M. 1986, S. 91 - 103.

- (Handlungsinterpretationskonstrukte), Handlungsinterpretationskonstrukte: Zum Stand der philosophischen Handlungstheorie als eines Grundbausteins der Sozialwissenschaften; in: Ders., Zwischen Sozialpsychologie und Sozialphilosophie, Frankfurt/M. 1987, S. 207 - 226.

Lorenz, K. (komplex), "komplex"; in: Mittelstraß, J. (Hrsg.), Enzyklopädie Philosophie und Wissenschaftstheorie, Bd. 2: H - O, Mannheim/Wien/Zürich 1984, S. 427 - 428.

Lorenzen, P. (Szientismus), Szientismus versus Dialektik; in: Bubner, R./Cramer, K./Wiehl, R. (Hrsg.), Hermeneutik und Dialektik, Aufsätze I, Tübingen 1970, S. 57 - 72.

- (Wissenschaftstheorie), Konstruktive Wissenschaftstheorie; Frankfurt/M. 1974.

Loh, W. (Kombinatorische Systemtheorie), Kombinatorische Systemtheorie: Evolution, Geschichte und logisch-mathematischer Grundlagenstreit; Frankfurt a. M./New York 1980.

- (Versuch), Versuch einer theoretischen Bestimmung des evolutionären und geschichtlichen Ortes von Werten; in: Stachowiak, H./Ellwein, T. (Hrsg.), Bedürfnisse, Wert und Normen im Wandel, Bd. I: Grundlagen, Modelle und Prospektiven, München/Paderborn/Wien/Zürich 1982, S. 145 - 161.

- (Überwindung), Zur Überwindung neuzeitlicher Wissenschaftsauffassungen; in: Zeitschrift für allgemeine Wissenschaftstheorie, XIX/2, 1988, S. 266 - 289.

Luhmann, N. (Komplexität), Komplexität; in: Ritter, J./Gründer, K. (Hrsg.), Historisches Wörterbuch der Philosophie, Bd. 4: I - K, Darmstadt 1976, Sp. 939 - 941.

Marcuse, H./*Popper*, K. R. (Revolution), Revolution oder Reform? Eine Konfrontation, München 1971.

Markmann, H./*Simmert*, D. B. (Einleitung), "Einleitung"; in: Dies., (Hrsg.), Krise der Wirtschaftspolitik, Köln 1978, S. 9 - 13.

Maslow, A. H. (Psychologie der Wissenschaft), Die Psychologie der Wissenschaft. Neue Wege der Wahrnehmung und des Denkens, München 1977.

Masterman, M. (Natur), Die Natur eines Paradigmas; in: Lakatos, I./Musgrave, A. (Hrsg.), Kritik und Erkenntnisfortschritt, Braunschweig 1974, S. 59 - 88.

Mayer, T. (Monetarismus), Die Struktur des Monetarismus; in: Ehrlicher, W./Becker, W.-D., Die Monetarismus-Kontroverse. Eine Zwischenbilanz, Beihefte zu Kredit und Kapital, Heft 4, Berlin 1978, S. 9 - 55.

Meggle, G. (Einleitung), Einleitung; in: Ders. (Hrsg.), Analytische Handlungstheorie, Bd. 1: Handlungsbeschreibungen Frankfurt/M. 1985, S. VII - XXVIII.

Menger, C. (Untersuchungen), Untersuchungen über die Methode der Socialwissenschaften und der Politischen Ökonomie insbesondere (1883); in: Gesammelte Werke, Bd. II, 2. Auflage, Tübingen 1969.

- (Irrthümer), Die Irrthümer des Historismus in der deutschen Nationalökonomie; in: Gesammelte Werke, Bd. III, 2. Auflage, Tübingen 1970, S. 1 - 98.

Meißner, W. (Konzept), Das Konzept des Sachverständigenrats; in: Simmert, D. B. (Hrsg.), Wirtschaftspolitik - kontrovers, Köln 1980, S. 109 - 126.

Meyer-Abich, K. M. (Integration), Die Integration der Sozialwissenschaften und die Einheit der Wissenschaft; in: Leipert, C. (Hrsg.), Konzepte einer humanen Wirtschaftslehre. Beiträge zur institutionellen Ökonomie und zur Integration der Sozialwissenschaften, Frankfurt/M. 1982, S. 10 - 40.

Morgenstern; O. (Spieltheorie), Spieltheorie: Ein neues Paradigma der Sozialwissenschaft; in: Zeitschrift für Nationalökonomie, Bd. 28, 1968, S. 145 - 164.

Müller-Godeffroy, H. (Wissenschaftslogik), Wissenschaftslogik und Wissenschaftsprozeß: Zur Forderung nach Falsifizierbarkeit der Theorien der Nationalökonomie; in: Jahrbuch für Sozialwissenschaft, Bd. 36, 1985, S. 128 - 148.

Myrdal, G. (Objektivität), Objektivität in der Sozialforschung, Frankfurt/M. 1971.

- (Memoiren), Anstelle von Memoiren. Kritische Studien zur Ökonomie, Frankfurt/M. 1974.

Nagl-Docekal, H. (Objektivität), Die Objektivität der Geschichtswissenschaft. Systematische Untersuchungen zum wissenschaftlichen Status der Historie, Wien/München 1982.

Neldner, M. (Aspekte), Aspekte monetaristischer Theorie: Eine Erwiderung; in: Konjunkturpolitik, Bd. 21, 1975, S. 52 - 55.

Neurath, O. (Prognosen), Soziologische Prognosen; in: Erkenntnis, Bd. 6, 1936, S. 398 - 405.

Niessen, H.-J./*Rippe*, W. (Grundlagen), Grundlagen und Arbeitsgebiet der sozialökonomischen Verhaltensforschung; in: Rippe, W./Haarland, H.-P. (Hrsg.), Wirtschaftstheorie als Verhaltenstheorie; Berlin 1980, S. 187 - 206.

Nutzinger, H. G. (Sozialethik), Sozialethik und Ökonomie im Spannungsfeld. Anmerkungen zur Diskussion und zu praktischen Handlungsmöglichkeiten; in: Mogge, H. (Hrsg.), Parabel. Ökonomie als Handlungswissenschaft, Münster 1986, S. 43 - 58.

Opp, K.-D. (Methodologie), Methodologie der Sozialwissenschaften. Einführung in Probleme ihrer Theorienbildung, Reinbek b. Hamburg 1976.

Oppenheim, P./*Putnam*, H. (Einheit), Einheit der Wissenschaft als Arbeitshypothese; in: Krüger, L. (Hrsg.), Erkenntnisprobleme der Naturwissenschaften, Köln/Berlin 1970, S. 339 - 371.

Pagenstecher, U. (Verstehen), Verstehen und Erklären in der Nationalökonomie. Methodenkontroversen 1930 - 1985, Nürnberg 1987.

Raffée, H./*Abel*, B. (Hrsg.) (Grundfragen), Wissenschaftstheoretische Grundfragen der Wirtschaftswissenschaften, München 1979.

Rattner, J. (Jung), Carl Gustav Jung; in: Ders. (Hrsg.), Pioniere der Tiefenpsychologie, Wien/München/Zürich 1979, S. 63 - 87.

Rescher, N. (Grenzen), Die Grenzen der Wissenschaft, Stuttgart 1985.

Riedel, M. (Teleologische Erklärung), Teleologische Erklärung und praktische Begründung; in: Apel, K.-O./Manninen, J./Tuomela, R. (Hrsg.), Neue Versuche über Erklären und Verstehen, Frankfurt/M. 1978, S. 7 - 29.

- (Handeln), Zweck- und bedürfnisgebundenes oder freies Handeln?; in: Apel, K. O./Böhler, D./Kadelbach, G. (Hrsg.), Praktische Philosophie/Ethik: Dialoge, Bd. 1, Frankfurt/M. 1984, S. 200 - 223.

Riedl, R. (Spaltung), Die Spaltung des Weltbildes. Biologische Grundlagen des Erklärens und Verstehens, Berlin/Hamburg 1985.

Robert, D. (Meinungsstreit), Makroökonomische Konzeptionen im Meinungsstreit, Baden-Baden 1978.

Robinson, J. (Ideologie), Ökonomische Theorie als Ideologie, Frankfurt/M. 1974.

- (Krise), Zur Krise der ökonomischen Theorie; in: Simmert, D. B. (Hrsg.), Wirtschaftspolitik - kontrovers, Köln 1980, S. 57 - 66.

Rothschild, K. W. (Ökonomische Theorie), Ökonomische Theorie im Wandel; in: Jarre, J. (Hrsg.), Die Zukunf der Ökonomie. Wirtschaftswissenschaftliche Forschungsansätze im Vergleich, 2. Auflage, Loccum 1985, S. 11 - 23.

Rowthorne, B. (Volkswirtschaftslehre), Die neoklassische Volkswirtschaftslehre und ihre Kritiker - eine marxistische Beurteilung; in: Vogt, W. (Hrsg.), Seminar: Politische Ökonomie. Zur Kritik der herrschenden Nationalökonomie, 2. Auflage, Frankfurt/M. 1977, S. 236 - 276.

Rudolph, W./*Tschohl*, P. (Anthropologie), Systematische Anthropologie, München 1977.

Russell, B. (Mystik), Mystik und Logik, Wien/Stuttgart 1952.

Sadegh-zadeh, K. (Medizin), Wissenschaftstheoretische Probleme der Medizin; in: Speck, J. (Hrsg.), Handbuch wissenschaftstheoretischer Begriffe; Bd. 2: G - Q, Göttingen 1980, S. 406 - 411.

Samuelson, P. A. (Volkswirtschaftslehre), Volkswirtschaftslehre. Eine Einführung, Bd. I, 5., vollständig neu bearbeitete Auflage, Köln 1973.

Schaff, A. (Objektivität), Objektivität; in: Speck, J. (Hrsg.) Handbuch wissenschaftstheoretischer Begriffe, Bd. 2: G - Q, Göttingen 1980, S. 460 - 464.

Schaldach, H. (Medizin), Wörterbuch der Medizin, Bd. 2: M - Z, 6.,unveränderte Auflage, Stuttgart 1980.

Schlick, M. (Probleme), Die Probleme der Philosophie in ihrem Zusammenhang. Vorlesungen aus dem Wintersemester 1933/34, Frankfurt/M. 1986.

Schmid, M. (Verstehen), Verstehen und Erklären. Zur Kritik der v. Wrightschen Handlungsphilosophie; in: Salamun, K. (Hrsg.), Sozialphilosophie als Aufklärung. Festschrift für Ernst Topitsch, Tübingen 1979, S. 201 - 216.

Schmoller, G. (Volkswirtschaft (1893)), Die Volkswirtschaft, die Volkswirtschaftslehre und ihre Methode. 1893; in: Ders., Über einige Grundfragen der Socialpolitik und der Volkswirtschaftslehre, Leipzig 1898, S. 213 - 314.

- (Volkswirtschaft (1911)), Volkswirtschaft, Volkswirtschaftslehre und -methode; in: Handwörterbuch der Staatswissenschafen, Bd. 8, 3., gänzlich umgearbeitete Auflage, Jena 1911, S. 426 - 501.

- (Grundriß), Grundriß der Allgemeinen Volkswirtschaftslehre, 1. und 2. Teil, Berlin 1978 (unveränderter Nachdruck der Auflage von 1923).

- (Zweck), Über Zweck und Ziele des Jahrbuchs; in: Kleine Schriften zur Wirtschaftsgeschichte, Wirtschaftstheorie und Wirtschaftspolitik, Bd. I, Teil 1, Leipzig 1985, S. 155 - 172.

- (Methodologie), Zur Methodologie der Staats- und Sozialwissenschaften; in: Kleine Schriften zur Wirtschaftsgeschichte, Wirtschaftstheorie und Wirtschaftspolitik, Bd. I, Teil 1, Leipzig 1985, S. 377 - 396.

- (Begleitbrief), Begleitbrief im "Jahrbuch für Gesetzgebung, Verwaltung und Volkswirtschaft im Deutschen Reich"; in: Kleine Schriften zur Wirtschaftsgeschichte, Wirtschaftstheorie und Wirtschaftspolitik; Bd. I, Teil 4, Leipzig 1986, S. 141.

Schneider, P. K. (Soziologie), Grundlegung der Soziologie, Stuttgart/Berlin/Köln/Mainz 1968.

Schopenhauer, A. (Wurzel), Über die vierfache Wurzel des Satzes vom zureichenden Grunde; in: Sämtliche Werke, Bd. III, Darmstadt 1962, S. 5 - 189.

Schumpeter, J. A. (Geschichte), Geschichte der ökonomischen Analyse, 2. Teilband, Göttingen 1965.

Schurz, G. (Hrsg.) (Erklären), Erklären und Verstehen in der Wissenschaft, München 1988.

Schweitzer, A. (Denken), Aus meinem Leben und Denken, Hamburg 1980.

Schwemmer, O. (Erklärung), Theorie der rationalen Erklärung. Zu den methodologischen Grundlagen der Kulturwissenschaften, München 1976.

Searle, J. R. (Geist), Geist, Hirn und Wissenschaft, Frankfurt/M. 1986.

Skinner, B. F. (Behaviorismus), Was ist Behaviorismus? Reinbek b. Hamburg 1978.

Soltwedel, R. (Relevanz), Zur Relevanz der neoklassischen Theorie für die Wirtschaftspolitik; in: Simmert, D. B. (Hrsg.), Wirtschaftspolitik - kontrovers, Köln 1980, S. 27 - 56.

Spinner, H. F. (Theoretischer Pluralismus), Theoretischer Pluralismus. Prolegomena zu einer kritizistischen Methodologie und Theorie des Erkenntnisfortschritts; in: Albert, H. (Hrsg.), Sozialtheorie und soziale Praxis. Eduard Baumgarten zum 70. Geburtstag, Meisenheim a. Glan 1971, S. 17 - 41.

- (Pluralismus), Pluralismus als Erkenntnismodell, Frankfurt/M. 1974.

Stachowiak, H. (Modelltheorie), Allgemeine Modelltheorie, Wien/New York 1973.

- (Erkenntnis), Erkenntnis, Rationalität und humane Praxis; in: Kaltenbrunner, G.-K. (Hrsg.), Plädoyer für die Vernunft. Signale einer Tendenzwende, München 1974, S. 98 - 119.

- (Bedürfnisse), Bedürfnisse, Werte, Normen und Ziele im dynamischen Gesellschaftsmodell: Ein Forschungsprogramm für die 80 er Jahre?; in: Stachowiak, H./Ellwein, T. (Hrsg.), Bedürfnisse, Werte und Normen im Wandel, Bd. I: Grundlagen, Modelle und Prospektiven, München/Paderborn/Wien/Zürich 1982, S. 271 - 425.

Staudinger, H: (Geschichte), Geschichte als Anthropologie; in: Oelmüller, W. (Hrsg.), Wozu noch Geschichte?, München 1977, S. 34 - 52.

Stegmüller, W. (Metaphysik), Metaphysik, Skepsis, Wissenschaft; 2., verbesserte Auflage, Berlin/Heidelberg/New York 1969.

- (Probleme, IV), Probleme und Resultate der Wissenschaftstheorie und Analytischen Philosophie, Bd. IV, 1. Halbband, Berlin/Heidelberg/New York 1973.

- (Gegenwartsphilosophie II), Hauptströmungen der Gegenwartsphilosophie, Bd. II, 6., erweiterte Auflagel, Stuttgart 1979.

Stoutland, F. (kausale Theorie), Die kausale Theorie der Handlung; in: Apel, K. O./Manninen, J./Tuomela, R. (Hrsg.), Neue Versuche über Erklären und Verstehen, Frankfurt/M. 1978, S. 105 - 152.

Sweezy, P. M. (Theorie), Theorie der kapitalistischen Entwicklung. eine analytische Studie über die Prinzipien der Marxschen Sozialökonomie, Köln 1959.

Theimer, W. (Wissenschaft), Was ist Wissenschaft? Praktische Wissenschaftslehre, Tübingen 1985.

Thiel, C. (Grundlagenkrise), Grundlagenkrise und Grundlagenstreit. Studie über das normative Fundament der Wissenschaften am Beispiel von Mathematik und Sozialwissenschaft, Meisenheim a. Glan 1972.

Topitsch, E./*Salamun*, K. (Ideologie), Ideologie. Herrschaft eines Vor-Urteils, München/Wien 1972.

Toulmin, S. (Kritik), Kritik der kollektiven Vernunft, Frankfurt/M. 1983.

Vanberg, V. (Soziologien), Die zwei Soziologien. Individualismus und Kollektivismus in der Sozialtheorie, Tübingen 1975.

(Verhandlungen), Verhandlungen des Vereins für Socialpolitik (1909); in: Schriften des Vereins für Socialpolitik, Bd. 132, Leipzip 1910.

Vogt, W. (Einleitung), Einleitung; in: Ders. (Hrsg.), Seminar: Politische Ökonomie. Zur Kritik der herrschenden Nationalökonomie, 2. Auflage, Frankfurt/M. 1977, S. 7 - 20.

- (Kritik), Zur Kritik der herrschenden Wirtschaftstheorie; in: Ders. (Hrsg.), Seminar: Politische Ökonomie. Zur Kritik der herrschenden Nationalökonomie, 2. Auflage, Frankfurt/M. 1977, S. 180 - 205.

- (Kapitalismustheorie), Neoklassische Kapitalismustheorie; in: Jarre, J. (Hrsg.), Die Zukunft der Ökonomie. Wirtschaftswissenschaftliche Forschungsansätze im Vergeich, 2. Auflage, Loccum 1985, S. 134 - 140.

Von Beckerath, E. (Einfluß), Der Einfluß der Wirtschaftstheorie auf die Wirtschaftspolitik; in: Topitsch, E. (Hrsg.), Logik der Sozialwissenschaften, 10., veränderte Auflage, Königstein/Ts. 1980. S. 459 - 472.

Von Ferber, C. (Werturteilsstreit), Der Werturteilsstreit 1909/1959. Versuch einer wissenschaftsgeschichtlichen Interpretation; in: Kölner Zeitschrift für Soziologie und Sozialpsychologie, 11. Jahrg., 1959, S. 21 - 37.

Von Wright, G. H. (Norm), Norm und Handlung. Eine logische Untersuchung, Königstein/Ts. 1979. Originalausgabe: Norm and Action. A locical Enquiry, London 1963.

- (Erklären), Erklären und Verstehen, 2. Auflage, Königstein/Ts. 1984. Originalausgabe: Explanation and Understanding, London 1971.

- (Causality), Causality and Determinism, New York/London 1974.

- (Schließen), Über sogenanntes praktisches Schließen; in: Ders., Handlung, Norm und Intention. Untersuchungen zur deontischen Logik, Berlin/New York 1977, S. 61 - 81.

- (Determinismus), Determinismus in den Geschichts- und Sozialwissenschaften. Ein Entwurf; in: Ders., Handlung, Norm und Intention. Untersuchungen zur deontischen Logik, Berlin/New York 1977, S. 131 - 152. Original: Determinism and the Study of Man; in: Manninen, J./Tuomela, R. (ed.), Essays on Explanation and Understanding. Studies in the Foundations of Humanities and Social Sciences, Dodrecht/Boston 1976, p. 415 - 435.

- (Erwiderungen), Erwiderungen; in: Apel, K.-O./Manninen, J./Tuomela, R. (Hrsg.), Neue Versuche über Erklären und Verstehen, Frankfurt/M. 1978, S. 264 - 302.

- (Handeln), Das menschliche Handeln im Lichte seiner Ursachen und Gründe; in: Lenk, H. (Hrsg.), Handlungstheorien interdisziplinär, Bd. 2, 2. Halbband, München 1979, S. 417 - 430.

- (Wittgenstein), Wittgenstein, Frankfurt/M. 1986. Originalausgabe: Wittgenstein, Oxford 1982.

- (Action), Explanation and Understanding of Action; in: Ders., Philosophical Papers, Vol. I (Practical Reason), Oxford 1983, S. 53 - 66.

- (Probleme), Probleme des Erklärens und Verstehens von Handlungen; in: Conceptus. Zeitschrift für Philosophie, Jahrgang XIX, Nr. 47, 1985, S. 3 - 19.

- (Rationalität), Rationalität und Vernunft in der Wissenschaft; in: Universitas 43, 1988, S. 931 - 945.

Wagner, H. (Reflexion), Reflexion; in: Ders., Kritische Philosophie, Würzburg 1980, S. 57 - 63.

Ward, B. (Wirtschaftswissenschaften), Sind die Wirtschaftswissenschaften am Ende? Aporien und Antworten, Stuttgart/Zürich 1976.

- (Idealwelten), Die Idealwelten der Ökonomen. Liberale, Radikale, Konservative; Frankfurt/M. 1981.

Watson, J. B. (Behaviorismus), Behaviorismus, Köln/Berlin 1968.

Weber, Marianne (Lebensbild), Max Weber. Ein Lebensbild, 3. Auflage, unveränderter Nachdruck der 1. Auflage 1926, Tübingen 1984.

Weber, Max ("Objektivität"), Die "Objektivität" sozialwissenschaftlicher und sozialpolitischer Erkenntnisse; in: Gesammelte Aufsätze zur Wissenschaftslehre, Tübingen 1973, S. 146 - 214.

- ("Wertfreiheit"), Der Sinn der "Wertfreiheit" der soziologischen und ökonomischen Wissenschaften; in: Gesammelte Aufsätze zur Wissenschafslehre; Tübingen 1973, S. 489 - 540.

Weber, W./*Topitsch*, E. (Wertfreiheitsproblem), Das Wertfreiheitsproblem seit Max Weber; in: Zeitschrift für Nationalökonomie, Bd. XIII, 1952, S. 158 - 201.

Weise, P. u. Mitarbeiter (Neue Mikroökonomie), Neue Mikroökonomie, Würzburg/Wien 1979.

Wellmer, A. (Von Wright), Georg Henrik von Wright. Über "Erklären" und "Verstehen"; in: Philosophische Rundschau, 26. Jahrg. 1979, S. 1 - 27.

Wilson; J. (Begriffsanalyse), Begriffsanalyse. Eine Einführung, Stuttgart 1984.

Wittgenstein, L. (Gewißheit), Über Gewißheit; in: Ludwig Wittgenstein, Werksausgabe Bd. 8, Frankfurt/M. 1984, S. 113 - 257.

Woll, A. (Volkswirtschaftslehre), Allgemeine Volkswirtschaftslehre, 5. Auflage, München 1976.

Wuketits, F. M. (Biologie), Biologie und Kausalität. Biologische Ansätze zur Kausaliät, Determination und Freiheit, Berlin/Hamburg 1981.

Wulff, M. (Probleme), Theorien und Dogmen als Ursachen wirtschaftspolitischer Probleme, Berlin 1985.

Wurm, W. (Abschaffung), Abschaffung der Soziologie? Behaviorismus als Ideologie, Darmstadt/Neuwied 1974.

Kolibri 360 GmbH
Ferdinand-Jühlke-Straße 7
99095 Erfurt, Deutschland
produktsicherheit@kolibri360.de

Druck:
CPI Druckdienstleistungen GmbH
im Auftrag der
Kolibri 360 GmbH
Ferdinand-Jühlke-Str. 7
99095 Erfurt